AF550097

Johann Haddinga

Bewegte Jahre in Ostfriesland

Gegen das Vergessen

Zeitbilder 1914–1950

Ostfriesland Verlag – SKN

<u>*BIBLIOTHEK OSTFRIESLAND*</u>

Johann Haddinga: Bewegte Jahre in Ostfriesland

im Buchverlag des Hauses
Soltau-Kurier-Norden

1. Auflage 2020
ISBN 978-3-944841-61-8

Lektorat: Gabriele Basse; Korrektur: Annette Freese
Verlagsanschrift: Stellmacherstraße 14, 26506 Norden
Druck und Gesamtherstellung: Soltau-Kurier-Norden
Printed in Germany

Inhalt

Anhang

<u>*Titelbilder:*</u>

Norder Notgeldschein im Inflationsjahr 1923

Schon wenige Monate nach Kriegsbeginn zählt die ostfriesische Seehafenstadt Emden zu den vorrangigen Zielen der alliierten Luftangriffe auf das Deutsche Reich Das Foto zeigt einen Blick in die zerstörte Große Faldernstraße

Tidofelder Glockenweihe vor der Barackenkirche am 21. Oktober 1951 Am Rednerpult der Norder Superintendent Ibo Kortmann

Ein Wort vorweg

Als Ostfriesland Verlag der SKN Medien-Gruppe fühlen wir uns auch im digitalen Zeitalter dem gedruckten Wort im Hinblick auf die Historie Ostfrieslands und unseres Standortes Norden stets verpflichtet. Das vorliegende Buch mit seiner Thematik steht seit geraumer Zeit auf unserer Agenda. In einer Zeit, in der sich gerade wieder sehr plakativ eine Strömung der Ausgrenzung und Ablehnung von Menschen abzeichnet, ist diese Publikation mit ihrem Leitmotiv „Gegen das Vergessen" aktueller denn je und mahnt zu einem menschenwürdigen Umgang miteinander.

Mit unserem ehemaligen Chefredakteur Johann Haddinga haben wir einen Autor in unserem Haus, der in drei Büchern wichtige Vorgänge aus der jüngeren Zeitgeschichte Ostfrieslands aufgearbeitet hat. In Gesprächen konnten wir ihn gewinnen, diese neue Chronik unter dem Titel „Bewegte Jahre in Ostfriesland – Zeitbilder 1914-1950" zu erstellen. Grundlage sind die von Haddinga verfassten Bände „Kriegsalltag in Ostfriesland", „Stunde Null" und „Bewegte Zeiten in Norden", die allesamt vergriffen sind.

Das vorliegende Buch fasst daraus wesentliche Inhaltsauszüge mit kommentiertem Quellenmaterial und beeindruckenden Bildern zusammen und vereint sie – von Grund auf überarbeitet, ergänzt und neu konzipiert – zu ausgewählten Zeitbildern aus Ostfriesland zwischen 1914 und 1950. Schwerpunktthemen sind der Alltag an der „Heimatfront" in den beiden Weltkriegen, die Jahre dazwischen und danach, der Nationalsozialismus, Flucht und Vertreibung, der mühsame Neuanfang nach 1945 und der regionale Weg in das westdeutsche Wirtschaftswunder.

In seinem Buch „Bewegte Zeiten in Norden" ist Johann Haddinga auch auf das nach dem Zweiten Weltkrieg eingerichtete Flüchtlingslager Tidofeld bei Norden eingegangen. Als die Publikation 2010 erschien, existierte eine Projektgruppe, die sich in einem eigenständigen Verein manifestierte und dazu führte, dass am 2. November 2013 die Dokumentationsstätte Gnadenkirche Tidofeld eröffnet wurde. Die Einrichtung konnte folglich im Buch noch nicht beschrieben werden. Seit ihrer Eröffnung erfährt sie jedoch durch Besucher aus dem In- und Ausland höchste Anerkennung. Eine wissenschaftlich und pädagogisch fundierte Leitung sowie engagierte ehrenamtliche Helfer – flankiert von architektonischer Fachkenntnis – sorgen dafür, dass der Institution bundesweit ein hoher Stellenwert in Bezug auf Forschung zu Flucht, Vertreibung, Migration und Integration zukommt. Vor diesem Hintergrund rundet jetzt die aktuelle Darstellung der Dokumentationsstätte Tidofeld die Zeitbilder aus Ostfriesland ab.

„Gegen das Vergessen" – nicht nur eine Mahnung, sondern eine Aufforderung. Hier ein Zeichen zu setzen, ist unser Anliegen. Namhafte Unternehmen und Institutionen konnten wir gewinnen, uns bei diesem Vorhaben zu unterstützen. Ihnen gebührt unser besonderer Dank.

Gabriele Basse
Verlegerin

Wir danken folgenden Institutionen und Unternehmen für die freundliche Unterstützung:

Bomben auf Emden im Zweiten Weltkrieg:
Die verwüstete Brückstraße.

1. Kapitel
Ostfriesischer Alltag im Zweiten Weltkrieg: Die Jahre 1939-1945

Als die deutsche Wehrmacht am 1. September 1939 auf Befehl des Führers und Reichskanzlers Adolf Hitler das Nachbarland Polen überfällt, verlöschen in Europa nach und nach die Lichter. Bis Anfang Mai 1945 prägt der Zweite Weltkrieg mit all seinen verheerenden Folgen den Alltag. Die folgende, aus journalistischer Sicht verfasste Schilderung der Ereignisse und Entwicklungen an der sogenannten Heimatfront in Ostfriesland basiert vor allem auf Zeitungsveröffentlichungen, namentlich aus dem Ostfriesischen Kurier in Norden als Beispiel für eine typische Lokalzeitung und aus der von den Nationalsozialisten herausgegebenen Ostfriesischen Tageszeitung (OTZ). Aber auch andere Blätter und Quellen werden herangezogen. So entsteht zugleich ein Spiegelbild der von den braunen Machthabern betriebenen Pressepolitik und Propaganda, die vieles verschwieg, entstellte, beschönigte, aber zwischen den Zeilen gewollt oder ungewollt zuweilen auch die Wahrheit erkennen ließ. Die Beispiele aus der ideologisch gleichgeschalteten Presselandschaft werden kommentiert, kritisch hinterfragt und in einen Zusammenhang mit den damaligen innen- und außenpolitischen Vorgängen gestellt.

Dienstag, **29. August 1939,** großer Saal des Staatlichen Kurhauses auf Norderney, Saison-Schlusskonzert des Kurorchesters. Generalmusikdirektor Walter Stöver dirigiert das Finale aus der Abschiedssinfonie von Joseph Haydn. Die Musiker zelebrieren das Werk nach dem Willen des Komponisten: Nach und nach löschen sie ihr Kerzenlicht am Notenständer, verlassen das Podium und ziehen sich in den dunklen Hintergrund der Bühne zurück. Als der letzte Ton verklungen ist, verschwindet auch der Dirigent.

Mit dem Abschiedskonzert geht auch die letzte Norderneyer Friedenssaison vor dem Ausbruch des Zweiten Weltkriegs zu Ende. Drei Tage später, am 1. September 1939, überfällt die deutsche Wehrmacht auf Befehl von Führer und Reichskanzler Adolf Hitler Polen. Am 3. September erklären Frankreich und Großbritannien sowie die Staaten des britischen Commonwealth dem Deutschen Reich den Krieg und kommen ihren Bündnisverpflichtungen gegenüber Polen nach. Nachdem Hitler die Tschechoslowakei zerschlagen und das Memelgebiet eingegliedert hat, wollen die Westmächte eine weitere von Deutschland ausgehende Bedrohung der Freiheit und der Demokratie in Europa nicht mehr tatenlos hinnehmen. Durch einen überraschenden Nichtangriffspakt mit der Sowjetunion hat Hitler sich seinerseits außenpolitische Rückendeckung für den Polenfeldzug verschafft. In einem Geheimprotokoll vereinbaren Deutsche und Sowjets die geplante Aufteilung Polens. Am 17. September marschiert die Rote Armee in Ostpolen ein und annektiert die besetzten Gebiete. Das ist die Ausgangslage im Spätsommer 1939.

Bis in den letzten Winkel des Deutschen Reiches haben die im nationalsozialistischen Sinne ideologisch gleichgeschalteten Medien Presse, Rundfunk und Kino-Wochenschau die Bevölkerung seit Anfang August systematisch auf den von deutscher Seite lange vorbereiteten und dann entfesselten Krieg „eingestimmt". Auf Anweisung von Reichspropagandaminister Joseph Goebbels ·wird Mitte des Monats die gezielte Pressehetze gegen Polen verschärft. Die massive Beeinflussung der öffentlichen Meinung und sogar die Platzierung der Berichte in den Zeitungen erfolgt nach täglich wechselnden Goebbels-Anweisungen.

Im Zuge der planmäßigen Kriegsvorbereitungen mit den zunehmenden Einberufungen zur Wehrmacht gerät im Spätsommer 1939 die Sicherstellung der Ernte in Gefahr. Unter dem Motto „Erntehilfe ist Ehrenpflicht" veröffentlicht der nationalsozialistische Norder Kreisleiter Lenhard Everwien folgenden Aufruf: „Wieder steht nach einem Jahr schwerer, sorgfältiger Arbeit das Getreide reif zur Ernte. Es ist die schönste, aber auch die schwerste Zeit für den Landmann, seine Mitarbeiter und Mitarbeiterinnen, weil trotz größter Anspannung aller Kräfte die Landwirtschaft die Ernte nicht ordnungsgemäß bergen kann. Es fehlt ... an ausreichenden Arbeitskräften. Ich rufe daher die gesamte Bevölkerung des Kreises auf zur Erntehilfe. Es gilt, den Lebensunterhalt der Nation zu sichern. Durch Euren Einsatz, Partei- und Volksgenossen, ist dies möglich, werden Verluste vermieden, und Ihr selbst werdet sicherlich nach beendeter Ernte mit Stolz an Eure tätige Mitarbeit denken ... Alle Hände werden gebraucht!" Viele Behörden und Firmen schicken ihr Personal auf die Felder, danach folgen auch die Schulen dem ungewöhnlichen Appell.

Ende August verhaftet die Polizei einen der letzten noch in Aurich lebenden Juden. Oskar Israel Hartog, so das NS-Blatt Ostfriesische Tageszeitung (OTZ), habe sich auf der Straße durch „herausforderndes Benehmen unangenehm bemerkbar gemacht" und sei deshalb „zu seiner eigenen Sicherheit in Schutzhaft genommen worden". Aus Emden berichtet das NS-Blatt: „Um zu verhindern, daß deutsche Menschen mit Juden in einem Geschäft kaufen und beieinanderstehen müssen, ist auf Veranlassung des Kreisleiters folgende Regelung mit sofortiger Wirkung getroffen worden: Es ist ein Jude bestimmt worden, der von einem Großhändler die Kolonialwaren kauft und sie an sämtliche Juden weiterverteilt. Den Juden ist es daher untersagt, ihre Kolonialwaren in deutschen Geschäften zu kaufen. Dasselbe gilt für Fleisch und Fleischwaren. Dafür ist ebenfalls ein Jude bestellt worden ... Backwaren haben die Juden nur beim Bäcker Leufgen zu beziehen. Alle übrigen Waren wie Bekleidung und sonstige Gegenstände können die Juden in allen Geschäften kaufen. Sie müssen ihre Einkäufe aber in der Zeit von drei bis vier Uhr nachmittags erledigen. Wer es vermeiden will, mit Juden in einem Geschäft zusammenzukommen, kann die Zeit von 15 bis 16 Uhr als Einkaufszeit meiden. Zu allen anderen Zeiten haben Juden in deutschen Geschäften nichts zu suchen."

Am 27. August, einem Sonntag, wird im Deutschen Reich die Bezugsscheinpflicht für den Grundbedarf an Lebensmitteln, Seife, bestimmten Textilien sowie Hausbrandkohle eingeführt. Die Zeitungen bringen die Rationierung nur zwischen den Zeilen mit dem bevorstehenden Kriegsbeginn in Verbindung. Der Ostfriesische Kurier schreibt: „Die Einrichtung der Bezugsscheine, die in Norden verteilt wurden, bedeutet lediglich eine Vorsichtsmaßnahme. Der nationalsozialistische Staat will von vornherein jedem Hamstern einen Riegel vorschieben. Mit unserer Weltanschauung ist es nicht zu vereinbaren, daß jemand, der viel Zeit hat, von einem Laden in den anderen zu laufen, oder der über die finanziellen Mittel verfügt, mehr Lebensmittel erhält als irgendjemand anders. Die reichlich vorhandenen Lebensmittel werden gleichmäßig ohne Ansehen der Person auf alle Volksgenossen verteilt unter besonderer Berücksichtigung besonderer Bedürfnisse ... Richtig eingeteilt, kommt jeder Haushalt mit den zur Verfügung stehenden bezugsscheinpflichtigen Waren ohne weiteres aus. Lediglich auf dem Gebiete des Tees dürfte in Ostfriesland eine Umstellung nötig sein, wenn es bei den 20 Gramm im Monat bleibt. Die Lebensmittelliste ist naturgemäß aufgrund des Reichsdurchschnitts aufgestellt worden, und dementsprechend ist auch die Teezuteilung erfolgt. Da wir jedoch in Ostfriesland im Normalzustand nicht den Kaffee in Anspruch nehmen, der uns aufgrund der Bezugsscheine zusteht, darf wohl damit gerechnet werden, daß es den Bemühungen unserer Behörden gelingt, hier einen gewissen Ausgleich herbeizuführen ..." Am 30. August verkünden die Behörden auch die Einführung von Bezugsscheinen für Kraftstoffe. Anträge auf sogenannte Tankausweiskarten müssen bei den Landratsämtern gestellt werden. Alle unnötigen Fahrten haben „im Interesse der Gesamtheit" unbedingt zu unterbleiben. Ende August häufen sich in den Zeitungen auch Meldungen, nach denen geplante Veranstaltungen vorerst oder bis auf Weiteres verschoben werden. Die Reichsbahn und die AG Reederei Norden-Frisia künden vorläufige Fahrplaneinschränkungen an. Der Zirkus Althoff sagt seine schon mehrfach angekündigten Gastspiele in mehreren ostfriesischen Orten ohne Angabe von Gründen ab.

Der Kriegsausbruch

Am 1. September 1939 marschieren deutsche Truppen in Polen ein. Die Luftwaffe und die Kriegsmarine unterstützen den Überfall. In großer Aufmachung informieren die ostfriesischen Zeitungen am 2. September über die jeweils im Wortlaut wiedergegebene Hitler-Rede zu dem von deutscher Seite provozierten Ausbruch des Zweiten Weltkriegs. Auf den politischen Seiten der Blätter erscheint an diesem Tag der erste Bericht des Oberkommandos der Wehrmacht (OKW); in den propagandistisch aufbereiteten Lagemeldungen wird das Vordringen der deutschen Truppen in Polen geschildert. Die Behörden veröffentlichen strikte Vorschriften für das Verhalten der Bevölkerung bei Fliegeralarm und Anordnungen für die sogenannte Verdunkelung, mit deren Hilfe den gegnerischen Luftstreitkräften die Orientierung während der Dunkelheit erschwert werden soll. Sie teilen ferner mit, dass im Rahmen der zivilen Luftschutzmaßnahmen der Schulunterricht für eine befristete Zeit ausfällt; er wird allerdings Mitte des Monats wieder aufgenommen, aber hin und wieder durch Luftschutzübungen unterbrochen. Bereits am 4. September wird in vielen Orten entlang der ostfriesisch-oldenburgischen Küste der erste Fliegeralarm ausgelöst. Britische Bomber greifen Wilhelmshaven und

Cuxhaven an. Nach dem ersten Fliegeralarm rügt das regionale Luftgaukommando die Bevölkerung: „Es ist vielerorts festgestellt worden, dass eine Reihe von Häusern der in tiefstem Dunkel liegenden Städte bei der Auslösung des Alarms plötzlich erhellt wurden. In den Wohnungen ging das Licht an, und die neugierigen Bewohner zeigten sich an den geöffneten Fenstern."

Mit immer neuen Verboten, Anordnungen und Richtlinien greifen die Behörden und die nationalsozialistischen Machthaber nach Kriegsausbruch immer stärker in den Alltag der Zivilbevölkerung ein. In den Zeitungen ist fast täglich von Preisverordnungen, Kriegslöhnen und Kriegssteuern die Rede. Für eine befristete Zeit werden alle „öffentlichen Tanzlustbarkeiten" untersagt. Den Hausfrauen wird vorgeschrieben, ihre Besorgungen in den Geschäften nur noch vormittags zu erledigen: Die späten Nachmittags- und frühen Abendstunden müssten den Berufstätigen vorbehalten bleiben.

Mitte September sind die jungen Leute in Emden und Norden an der Reihe. In scharfer Form prangert die OTZ den in beiden Städten seit Jahren beliebten „Stadtbummel" der Jugend an. Die zahlreichen „Sünder" seien darauf hingewiesen worden, dass angesichts der verordneten Verdunkelung die „Überfüllung" der Straßen durch „Hunderte von Müßiggängern" nicht geduldet werden könne. Jeder habe sich dem Ernst der Stunde anzupassen. Die Streifen der Polizei mit Unterstützung der SA (Sturmabteilung) seien so oft wiederholt worden, „bis sich die Jugendlichen den Bummel abgewöhnt haben". An die jungen Leute in Emden ergeht eine ähnliche Androhung.

Ab 20. September, drei Wochen nach Ausbruch des Zweiten Weltkrieges, verbietet Reichsverkehrsminister Julius Dorpmöller im Deutschen Reich die Benutzung privater Kraftfahrzeuge. Nur wenn die Weiterbenutzung im öffentlichen Interesse liegt, sind Ausnahmegenehmigungen möglich. Privat benutzt werden dürfen nur noch Kraftfahrzeuge, die einen roten Winkel auf dem amtlichen Kennzeichen tragen. Schon am 25. September ändern die Machthaber im Deutschen Reich das kurz vor Kriegsausbruch eingeführte System der Rationierung von Lebensmitteln. Für bestimmte Nahrungs- und Genussmittelsorten werden stattdessen Einzelkarten eingeführt. So gibt es ab jetzt die Reichsbrotkarte, die Reichsfettkarte, die Reichszuckerkarte. Doch damit nicht genug: Wie die Lokalzeitungen erläutern, werden die neuen Lebensmittelkarten nur aufgrund einer vollständig ausgefüllten Haushalts-Stammkarte ausgegeben, „die dazu dient, festzustellen, welche Lebensmittelkarten der einzelne Verbraucher monatlich zu empfangen hat". Der Papierkrieg nimmt Formen an. Mit vielen Beschönigungen werden die „Volksgenossen“ nunmehr davon in Kenntnis gesetzt, dass das in den ersten Kriegswochen noch frei verkäufliche Brot ab Ende September auch rationiert ist. Die Ende September 1939 eingeführten Lebensmittelkarten sollten von nun an für rund zehn Jahre jeden Deutschen begleiten. Als „Vorsorge für den Winter“ verfügt die Partei für ihre weiblichen Mitglieder in den Ortsgruppen der NSDAP besondere „Einmachtage“, an denen in Gruppenarbeit Äpfel geschält, Pflaumen entsteint, Bohnen geschnippelt werden müssen. Es wird gekocht und gesüßt und schließlich alles in Dosen abgefüllt. Nach Zeitungsberichten melden die Partei-Kreise Norden und Emden Ende September die Herstellung von 13 000 Konserven an den übergeordneten Gau Weser-Ems.

Jede noch so unbedeutende Nachlässigkeit im öffentlichen Verhalten wird gerügt und angeprangert. So berichten die Zeitungen über einen Norder Radfahrer, der offensichtlich vergessen hatte, seine weiten Hosenbeine durch Klammern zu sichern. Die Folge: Die Hose verfing sich im Pedal, der Mann stürzte. Diese „sinnlose Vergeudung“ eines volkswirtschaftlich wichtigen Beinkleides genügt, dem Radfahrer eine „empfindliche Strafe“ aufzubrummen.

Am 6. Oktober kapitulieren bei Kock und Lublin die letzten polnischen Einheiten. In einer Rede vor dem Deutschen Reichstag in der Berliner Krolloper unterbreitet Hitler den Westmächten ein „Friedensangebot“ zu seinen Bedingungen. Voraussetzung ist die Anerkennung seiner bisherigen Eroberungen. Frankreich und Großbritannien lehnen ab. Die Hitler-Rede wird von allen deutschen Zeitungen auf mehreren Seiten wörtlich abgedruckt. Der Sieg über Polen findet auf Befehl der Partei eine Woche lang in Stadt und Land seh- und hörbaren Ausdruck. Die gleichgeschaltete Presse verkündet: „Aus Anlaß des bevorstehenden Einzuges der deutschen Truppen in Warschau werden die Kirchen neben der bereits angeordneten Beflaggung zum dankerfüllten Gedenken des Sieges und zum Gedenken an die Gefallenen vom Tage des Einmarsches ab für die Dauer von sieben Tagen mittags eine Stunde lang, und zwar von 12 bis 13 Uhr, die Glocken läuten.“ Kein Wort dagegen erfahren die Leser von den Mitte Oktober beginnenden Vorbereitungen der nationalsozialistischen Machthaber und des Heeres für die – dann jedoch mehrfach verschobene – deutsche Offensive im Westen. Die Pläne sehen eine Eroberung Frankreichs unter Verletzung der Neutralität von Belgien, Luxemburg und den Niederlanden vor. Gleichzeitig beginnen deutsche Zerstörer mit der Verlegung von Minen auf den Schifffahrtswegen vor der englischen Küste. Am 14. Oktober versenkt das deutsche U-Boot U 47 unter Kapitänleutnant Günther

Prien auf dem britischen Flottenstützpunkt Scapa Flow das 29 000-Tonnen-Schlachtschiff „Royal Oak". Tagelang feiern die Zeitungen die „Helden von Scapa Flow". Hintergründig jedoch stimmt die Propaganda die „Volksgenossen" um diese Zeit durchaus auf die geplante Westoffensive ein. Ab Mitte Oktober spielen die deutschen Reichssender nicht mehr den „Marsch der Deutschen in Polen", sondern mehrmals täglich das von Herms Niel komponierte Kampflied „Denn wir fahren gegen Engeland" („Gib mir deine Hand, deine liebe Hand ..."). Der Text, den die Zeitungen zum Mitsingen veröffentlichen, stammt aus dem ersten Weltkriegsjahr 1914 – von dem Heidedichter Hermann Löns.

Angesichts der nach außen hin relativen Ruhe an den Fronten werden einige der bei Ausbruch des Krieges erlassenen Verordnungen vorläufig gelockert. Die Schulen nehmen den vollen Unterricht wieder auf, in Leer wird der zunächst abgesagte Gallimarkt nun doch stattfinden. In den Lokalen wird das befristete Tanzverbot aufgehoben. „Die Jugend in der Heimat darf wieder tanzen", heißt es in den ostfriesischen Zeitungen. Wörtlich: „Aber sie wird Maß zu halten wissen und bei allem Frohsinn nicht vergessen, daß diese Stunden ein Urlaub von der ernsten Pflicht sind. Und auch die Musik soll so sein, daß sie die Ohren nicht beleidigt. Die Kapellmeister müssen heute mehr denn je wissen, daß sie mit ihren Musikern gleichfalls Diener einer echten Fröhlichkeit sein sollen und nicht musizierende Quacksalber." Mit anderen Worten: Swing tanzen ist verpönt, „deutsche Tanzmusik", was immer darunter verstanden wird, ist gefragt.

Groß berichten die Blätter über die von Adolf Hitler eröffnete Sammlung für das Kriegswinterhilfswerk (WHW) 1939/40. Nach der schon in den Vorjahren geübten Praxis wird die Bevölkerung zu Geldspenden aufgefordert. Die überall im Reich gesammelten Beträge sollen an Bedürftige, Kriegsgeschädigte und Hilfswerke der Partei verteilt werden.

Eintopfsonntag

Am sogenannten Eintopfsonntag werden in den Gaststätten zwischen 10 und 17 Uhr vier Gerichte abgegeben: Brühkartoffeln mit Einlage, Weißkohl mit Rindfleisch, Fischgerichte und Gemüsetopf nach Wahl. Die Speisebetriebe werden in drei Klassen eingeteilt. In Klasse 1 beträgt der Preis für das Eintopfgericht 70 Pfennig (davon 20 Pfennig Spende für das WHW), in Klasse 2 eine Reichsmark (30 Pfennig Spende), in der

3. Klasse zwei Reichsmark (1,20 Mark Spende). Jeder Gast erhält für die Spende eine Quittung. Wie überall im Reich werden auch in Ostfriesland am 1. Oktober, einem Sonntag, Ehrenkreuze an kinderreiche Mütter verliehen. Sie erhalten es in Gold (acht und mehr Kinder), in Silber (sechs und sieben Kinder) und in Bronze (vier und fünf Kinder). Das Kreuz wird an einem Band um den Hals getragen und trägt die Inschrift: „Das Kind adelt die Mutter".

Im dritten Kriegsmonat, Mitte November 1939, führen die deutschen Behörden die Reichskleiderkarte ein. Sie ist ein Jahr gültig und löst die seit Kriegsbeginn ausgegebenen Bezugsscheine für Spinnstoffwaren weitgehend ab. Damenwintermäntel, Herren-Sommer- und -Winterkleidung, Bett- und Hauswäsche sowie Arbeits- und Berufskleidung sind allerdings auch weiterhin nur über Bezugsscheine zu beziehen. Neue Mäntel können in den Textilgeschäften ohnehin nur gegen Ablieferung der alten abgegeben werden.

Anfang November werden die Kinobesitzer angewiesen, ihre Lichtspielhäuser zumindest an einem Sonntagvormittag im Monat für nationalsozialistische Filmfeierstunden der Hitlerjugend zu öffnen. Die OTZ berichtet am 6. November über die Veranstaltung in den Norder Lichtspielen (heute Reichshof): „Am Sonntagmorgen waren die Einheiten des HJ-Standortes einschließlich Bund Deutscher Mädel, Jungmädel und Jungvolk zur Jugendfilmstunde in den Norder Lichtspielen versammelt. Zu Beginn der Stunde gedachten sie der Toten, ein Hitlerjunge sprach darauf ein kurzes Gedicht. Nach dem gemeinsam gesungenen Lied ‚Ein junges Volk steht auf' lauschte man den vom Rundfunk übertragenen Worten von Reichsminister Dr. Goebbels. Ein weiteres Lied leitete zur Filmaufführung über. Die Wochenschau leitete über zu dem großen Filmwerk über den Westwall."

Die HJ-Altersjahrgänge 1921 bis 1923 können an dem befohlenen Kinobesuch allerdings nicht teilnehmen. Wie in vielen Orten des Deutschen Reiches beginnt an diesem Sonntag auch für sie die vormilitärische Schulung. Frühmorgens treten sie mit Fahrrädern auf dem Norder Torfmarkt an. In zwei Gruppen geht es nach Hage und zum Norder Sportplatz. Dort werden sie in Grundformen des Exerzierens ausgebildet. In den Pausen wird heißer Kaffee gereicht. Ab Mitte November treffen in Ostfriesland die ersten polnischen Kriegsgefangenen und auch die ersten angeblich frei angeworbenen polnischen Arbeitskräfte ein. Sie werden auf verschiedene Bauernhöfe verteilt.

Von der Nordseeinsel Juist meldet ein Zeitungsreporter: „Dem Aufruf des Ortsgruppenleiters und Bürgermeisters folgend, stellten sich alle noch nicht zur Wehrmacht eingezogenen Männer zur Verfügung, um im Wege des Hand- und Spanndienstes zwei große Luftschutzräume am Fuß der Dünen herzurichten. Sie haben ein Ausmaß von zehn mal fünf Meter und bieten unseren Schülern bei etwaigen Luftangriffen Schutz. Freudig stellten sich die Männer der Insel und die Schüler des Aufbaulehrgangs der Schule im Loog zur Verfügung. Dem Aufruf des Kreisleiters folgend, führte die Partei-Ortsgruppe Juist eine Buchsammlung für die Wehrmacht im Rahmen des Kriegswinterhilfswerkes durch. Die Sammlung ergab 262 Bücher." In den Dienst des Winterhilfswerks stellen sich auch die Fischer in den ostfriesischen Küstenhäfen und an der Ems. Auf Anregung von Parteifunktionären spenden sie die Barerträge ganzer Tagesfänge. In Greetsiel sind es beispielsweise 323 Zentner Futterkrabben und 4622 Pfund Speisekrabben. Die Norddeicher verzichten auf einen Erlös von 4770 Mark aus einem Miesmuschel-Tagesfang. Die NSDAP wertet dies als „vorbildliches Beispiel für nationalsozialistischen Opfersinn und Einsatzbereitschaft". Die Propaganda nutzt die Aktion weidlich aus.

Verdunkelung

Unnachgiebig gehen die Behörden gegen die „Verdunkelungssünder" vor. Der Ostfriesische Kurier berichtet: „Bei einem abendlichen Rundgang durch die Straßen der Stadt Norden muß immer wieder festgestellt werden, daß eine Anzahl von Volksgenossen über die Anfangsgründe der Verdunkelung noch nicht hinwegkam. So ist in der Hindenburgstraße (Neuer Weg) ein großes Schaufenster zu bewundern, das lediglich mit einigen stark durchlöcherten Packpapierbogen verhängt wird. Ferner ist es unmöglich, daß im Oberstock der Hauswirtschaftlichen Berufsschule am Burggraben die Fenster lediglich durch gelbe Vorhänge verdunkelt sind, so daß sie kilometerweit ins Land hineinleuchten. Vielfach sieht man auch noch helle Dachfenster. All diese Volksgenossen warten offenbar darauf, polizeiliche Strafmandate über zehn Reichsmark zu erhalten. Das ist nämlich der Mindestsatz. Dringend notwendig ist ferner, daß in den Hauptstraßen die Drüppel (Treppen) vor den Haustüren seitlich mit weißer Kalkfarbe bestrichen werden, vor allem dann, wenn es mehrere Stufen sind." Aus Leer, Emden und vielen anderen Gemeinden wird von „Verdunkelungssündern" berichtet, denen die Polizei zum Teil empfindliche Strafen aufbrummt. Lobend heißt es dagegen aus Arle: „Bei einem Gang durch das abendliche Dorf kann man feststellen, daß die Wohnungen ordnungsgemäß abgedunkelt sind. Die Dörfler haben sich für diese Maßnahme, die zum Beispiel bei großen Höfen recht schwierig ist, praktische und bequeme Vorrichtungen gebaut. Gänzlich eingeschlafen ist heute der früher schon geringe Abendverkehr. Zur Verteilung kam hier in diesen Tagen Petroleum. Bei der Ausgabe zeigte sich, daß in noch sehr vielen Haushaltungen die Petroleumlampe Licht spenden muß." Scharfer Frost und heftige Schneefälle prägen im ersten Kriegswinter 1939/40 auch in Ostfriesland den Alltag der Zivilbevölkerung. Das Weihnachtsfest und der Übergang in das neue Jahrzehnt verlaufen relativ ruhig. In den von den Zeitungen veröffentlichten Aufrufen der nationalsozialistischen Machthaber ist viel von „bevorstehenden Entscheidungen" des Jahres 1940 die Rede.

Bis auf vereinzelte Versuche der britischen Luftwaffe, in das deutsche Nordseeküstengebiet einzudringen, spüren die Ostfriesen auch in diesen Wochen noch wenig von den äußeren Kriegseinwirkungen. **Im Januar 1940** wird die ostfriesische Inselkette zum militärischen Sicherheitsbereich erklärt. Die Kommandanten der einzelnen Abschnitte geben entsprechende Verordnungen in den Tageszeitungen bekannt. Darin wird Inländern der Aufenthalt an Bord von Fahrzeugen, die Reeden oder Häfen der Inseln anlaufen, sowie das Betreten der Eilande ohne Ausweis verboten. Gleichzeitig wird ein Fotografier- und Malverbot ausgesprochen. Die Wirtschaftsgruppe Gaststätten- und Beherbergungsgewerbe erinnert die angeschlossenen Betriebe daran, dass das Publikum in den Gasträumen regelmäßig die Möglichkeit haben muss, die Nachrichtensendungen des deutschen Rundfunks mitzuhören. Umgekehrt sei es in letzter Zeit jedoch auch vorgekommen, „daß sich vereinzelt rücksichtslose Gäste laut und ungeniert unterhalten haben, wenn Nachrichten gegeben wurden". Der Übertragung von Rundfunknachrichten sei „Aufmerksamkeit zu widmen".

Anfang März werden die verantwortlichen Redakteure der im Weser-Ems-Gebiet erscheinenden und gleichgeschalteten Tageszeitungen von einem Referenten des Reichspropaganda-Amtes aus Berlin und dem Gaupresseamtsleiter Aßling in Oldenburg wieder einmal ideologisch ausgerichtet. Die sogenannten Hauptschriftleiter hören Vorträge über die Führungsaufgaben der deutschen Presse im nationalsozialistischen Staat und nehmen Richtlinien entgegen, nach denen „der Kampfgeist der Wehrmacht und der NSDAP mit allen ihren Gliederungen" sich täglich von Neuem im Bild der Tageszeitungen widerspiegeln müsse. Größte Aktivität sei am Platze. Gerade im Krieg sei es daher notwendig, dass selbst die kleinste Zeitung „eine kämpferische Note vor allem in der Aufmachung" trage. Hinter der Anweisung verbirgt sich, wie wenige Tage später klar wird, die systematische Vorbereitung der Bevölkerung auf die unmittelbar bevorste-

Aufmärsche und Kundgebungen der NSDAP und der Wehrmacht prägen in der NS-Zeit immer wieder den Alltag und die Feiertage. Das Rathaus in Emden und die Häuserzeile am Delft bieten eine wirkungsvolle Kulisse.

Ende September 1939 auf dem Güterbahnhof in Norden:
Pferde aus dem Landkreis werden für den Fronteinsatz verladen.

Eine ostfriesische Ortsgruppe der NSDAP packt in der
Adventszeit 1940 Pakete für die Wehrmacht.

Schulkinder in Osteel tragen gesammelte und getrocknete Heilkräuter zu einer Verkaufsstelle.

Heimatabend beim Bund Deutscher Mädel (BDM): Junge Ostfriesinnen werden ideologisch ausgerichtet.

Bekanntmachungen

Kreis Norden.

Abgabe von Heringen.

Nachdem die Verbraucher in den Städten Emden und Norden bereits je einen Hering haben beziehen können, sollen jetzt auch der ganze Kreis Norden sowie die Kreise Aurich und Wittmund beliefert werden.

Die Verbraucher in diesen Kreisen erhalten je einen Hering, und zwar in den Geschäften, in denen die Fischvollkonserven bezogen wurden. Die Ausgabe findet jedoch erst in einigen Tagen statt, da die Geschäfte erst beliefert werden müssen. 3295

Das geschieht auf folgende Weise:

Kaufleute haben eine Erklärung nach folgendem Muster auszufertigen:

Erklärung.

Bei mir wurden für . . . Personen Fischvollkonserven bezogen. Ich benötige mithin . . . Heringe.

Diese Erklärung ist dem Bürgermeister zur Bestätigung der in ihr angegebenen Menge vorzulegen, damit Ueberforderungen vermieden werden.

Diese Erklärung muß spätestens bis zum 25. Juli der zuständigen Lieferfirma (siehe unten) zugestellt werden. Dieser Termin muß unbedingt eingehalten werden.

Sollten Kaufleute nicht ein ganzes Faß beziehen können, müssen sich gegebenenfalls mehrere in ein Faß teilen. Die Abgabe der Heringe an die Verbraucher erfolgt gegen Vorlage der neuen Nährmittelkarte Nr. 26. Die Geschäfte haben hierbei ihren Firmenstempel auf die Nährmittelkarte zu setzen und dabei den Vermerk „Hering" zu machen. Gemeinschaftsläger dürfen nicht beliefert werden.

Lieferfirmen für die Heringe sind:

1. für die Kreise Aurich und Norden die Firma P. W. Wessels Wwe., Emden;
2. für den Kreis Wittmund Firma Carl Heinr. Sievers u. Co., Bremen.

Norden, den 17. Juli 1941.

Der Landrat.
Ernährungsamt, Abteilung B.

Deutsche Wirtschaft im Zweiten Weltkrieg: viel Aufwand um einen Hering.

Holländischer Tee-Ersatz „Z“,
flüssig, ganz vorzüglich im Geschmack, 1/4 Liter 2.14 RM.
Flaschen sind mitzubringen. Letzte Zuteilung.
Siebo Woydt, 1359
Adolf-Hitler-Straße 3. Fernsprecher 2788.

1942 preisen Kaufleute in Ostfriesland den „Holländischen Tee-Ersatz Z“ an. Neben dem flüssigen Produkt werden auch sogenannte Teetabletten angeboten.

Erbsen, Bohnen und Kamille: Die Zivilbevölkerung muss im Zweiten Weltkrieg an befohlenen Ernte- und Pflückeinsätzen teilnehmen.

Militärischer Aufmarsch mit Totenehrung vor der Norder Ludgerikirche am sogenannten „Heldengedenktag". Am Gotteshaus weht die Hakenkreuzfahne.

„Tag der Wehrmacht" Ende März 1941 im Marinelager Tidofeld bei Norden: Eintopfessen für die Besucher.

Beim „Tag der Wehrmacht" 1941 im Lager Tidofeld erläutern Marinesoldaten einer Besucherin den Umgang mit einer Waffe.

Am Leierkasten: Beim „Tag der Wehrmacht" 1941 in Tidofeld tritt ein Soldat in der Maske des britischen Premierministers Winston Churchill auf.

*Märchenfiguren, Ansteckplaketten und kleine Broschüren,
darunter „Helden der Wehrmacht“, als Belohnungen für die Geldspender
des Winterhilfswerks im Zweiten Weltkrieg.*

henden weiteren Phasen des Krieges, den Hitler planmäßig vorantreibt. Doch nicht nur über die Presse, sondern auch über die Sender des Großdeutschen Rundfunks dringt das propagandistische Trommelfeuer mit unverblümten Hetzkampagnen vor allem gegen die Nachbarländer bis in die letzten Winkel des Reiches. Mit der trügerischen Ruhe nach dem Polenfeldzug ist es offensichtlich vorbei.

Am 9. April 1940 beginnen deutsche Truppenverbände ohne vorherige Kriegserklärung mit der Besetzung von Dänemark und Norwegen. Während die Dänen bereits einen Tag darauf kapitulieren, leisten die Norweger unterstützt von alliierten Streitkräften – zum Teil heftigen Widerstand. Bei Narvik kommt es zu erbitterten Kämpfen. Am 10. Mai eröffnet Hitler gleichzeitig die deutsche Offensive im Westen. Ebenfalls ohne Kriegserklärung und unter Verletzung der Neutralität überfallen deutsche Heeresdivisionen und Lufteinheiten Luxemburg, die Niederlande und Belgien. In wenigen Tagen dringen sie bis zur französischen Kanalküste vor. Am 14. Juni wird Paris von deutschen Truppen kampflos eingenommen, acht Tage später ein deutsch-französischer Waffenstillstand geschlossen, der Frankreich in eine besetzte und eine unbesetzte Zone aufteilt. Ständige Sondermeldungen im Rundfunk und verlängerte Extra-Wochenschauen in den Lichtspielhäusern schüren die Siegesstimmung, die von der überwiegenden Mehrheit des Volkes kritiklos mitgetragen wird. Die braune Diktatur nähert sich dem Höhepunkt ihrer Macht.

Es ist nicht erstaunlich, dass die ständigen Appelle an die „Opferbereitschaft" der Zivilbevölkerung auf fruchtbaren Boden fallen. Reichsmarschall Hermann Göring ruft zu einer groß angelegten Metallspende auf. Die Sammelaktion wird als „Geschenk des Volkes" anlässlich des 51. Geburtstages von Hitler propagiert. Die von ausländischen Rohstofflieferungen nahezu abgeschnittene deutsche Rüstungsindustrie benötigt vor allem Kupfer, Bronze, Messing, Zinn, Blei und Nickel. In den ostfriesischen Zeitungen wird allerdings darauf hingewiesen, dass niemand Kunstwerke oder kunstgewerbliche Gegenstände sowie alte Erinnerungsstücke aus dem Familienbesitz abgeben müsse. Die Partei werde darüber wachen, dass keinerlei Druck „von allzu Eifrigen" ausgeübt werde. Jeder Spender erhalte eine Urkunde als Anerkennung. Wie sich später herausstellt, spendet im Durchschnitt jeder Haushalt zwischen zwei und 15 Kilogramm Metall. Der Gesamtertrag soll die Vollbeschäftigung von sieben Metallhütten sichern. Fast täglich veröffentlichen die Lokalzeitungen von nun an Erfolgsmeldungen über die Aktion. Aus vielen Berichten geht hervor, dass in den Sammelstellen in Ostfriesland schier unzählige Antiquitäten aus Privatbesitz abgegeben werden. „Manchem Stück sieht man es an, daß sich sein Besitzer nur schwer von ihm getrennt hat", heißt es in der OTZ. Am

13. April werden in aller Frühe die Eisenteile der historischen Norder Osterpoort vor der Ludgerikirche und kurz darauf die eisernen Grabumzäunungen auf dem Alten Friedhof entfernt.

In nur wenigen, fast gleichlautenden Zeilen berichten die ostfriesischen Blätter, dass die Orte Aurich, Norderney, Weener und Dornum nunmehr „judenfrei" sind. Die Notiz aus Weener klingt besonders zynisch: „Der letzte dieser Parasiten hat jetzt die Stadt verlassen, wie gelegentlich bei einer Kundgebung der Partei bekanntgegeben wurde." Über den Verbleib der jüdischen Mitbürger wird die Leserschaft nicht aufgeklärt. Nach dem deutschen Überfall auf die westlichen Nachbarländer bereiten die Tageszeitungen und der Rundfunk die Leser und Hörer im Juni/Juli auf das nächste Angriffsziel vor: England. Spaltenlange Hetzartikel und ganzseitige Landkarten unterstreichen die Absicht.

Anfang Juni schickt die OTZ einen Redakteur in die besetzten Niederlande. In mehreren Artikeln beschreibt der Berichterstatter die Situation aus seiner Sicht und erweckt den Eindruck, dass das Alltagsleben auch unter deutscher Herrschaft völlig normal verläuft; die Landesbewohner seien vollauf zufrieden. Aus Groningen heißt es: „Das Hakenkreuzbanner gegenüber dem Stadthaus weist darauf hin, daß auch hier ein Werk begonnen worden ist, das auf eine Festigung des Verhältnisses zu Deutschland hinstrebt. Beauftragter des Reichskommissars für die besetzten Gebiete ist hier Landrat Dr. Conring aus Leer, der durch sein langjähriges Wirken im nordwestdeutschen Grenzgebiet aufs beste mit den gleichgelagerten Verhältnissen dieser Küstenlandschaft vertraut ist." Die nun auch in den Niederlanden einsetzende Judenverfolgung spricht der ostfriesische Reporter in einer Schilderung des Viehmarktes von Leeuwarden an. Er beginnt mit einem diskriminierenden Vergleich und einer drohenden Ankündigung:

„Das prächtige Bild besten Nutzviehs erfreut das Auge. Störend sind lediglich die hier noch recht dreist in Erscheinung tretenden jüdischen Händler, die auch in Holzschuhen nicht als bodenständig angesehen werden können. Aber die neue Zeit kündigt sich an, hin und wieder bemerkt man deutsche Soldaten, die dem Marktgetriebe ihre Aufmerksamkeit schenken ... Als wir am Nachmittag auf dem Bahnhof unseren Zug erwarten, bemerken wir einen Konfektionsjuden, der inmitten biederer Holländer Platz gefunden hat. Ist der Weg noch weit, bis auch in diesem Lande der nötige Abstand gewahrt wird zwischen den Menschen germanischer Herkunft und jenen Wüstensöhnen, die an diese Küste verschlagen sind, ohne hier Heimatrecht zu verdienen ..."

Brandplättchen

Im Herbst und Winter 1940 verschärft sich der seit Ende August andauernde deutsch-britische Luftkrieg. In den ostfriesischen Zeitungen werden die Bombardements auf englische Städte groß herausgestellt und „gefeiert“, die teils erheblichen Verluste jedoch verschwiegen oder umschrieben. Sofern sie nicht propagandistisch auszuschlachten sind, werden die Folgen der britischen Angriffe auf deutsche Ziele in den täglich veröffentlichten Wehrmachtsberichten größtenteils verharmlost. Nach ersten Bombenabwürfen auf Emden im Frühjahr und Sommer wird nun auch die Bevölkerung im übrigen Ostfriesland zunehmend vor allem in den Nachtstunden durch die Alarmsirenen und Verbände der Royal Air Force, die das Küstengebiet überfliegen und vereinzelt Bomben abwerfen, aufgeschreckt. Ziele der Briten sind vor allem die norddeutschen Hafenstädte, darunter auch Wilhelmshaven und Bremen sowie die Reichshauptstadt Berlin. Währenddessen gibt Hitler Mitte Oktober eine deutsche Landungsoperation in Großbritannien („Unternehmen Seelöwe“) auf. In einer Weisung vom 18. Dezember („Fall Barbarossa“) laufen statt dessen die Vorbereitungen für einen 1941 beabsichtigten Feldzug gegen die Sowjetunion, mit der das Deutsche Reich 1939 einen Nichtangriffspakt abgeschlossen hat.

Neben Spreng- und Brandbomben werden aus den britischen Flugzeugen auch sogenannte Brandplättchen abgeworfen. Die OTZ erläutert im Oktober 1940 diese Mini-Waffe:

„Das sind kleine Filmstreifen in der Größe eines Zigarettenbildes. Sie sehen aus wie die bekannten Rollfilmstreifen, entweder farblos, durchsichtig oder schwarz. Sie haben in der Mitte ein rundes Loch und darüber einen Mullstreifen oder Wattebäuschchen, das mit einer Art Bürostanzklammer an dem Filmplättchen befestigt ist. In diesem Mullstreifen befindet sich ein kleines, rundes Scheibchen Phosphor, das nur Bruchteile eines Gramms wiegt und etwas kleiner ist als ein Pfennigstück. Dieser Phosphor ist wachsweich und sehr giftig. Er ... entzündet sich von selbst durch die Einwirkung von Luftsauerstoff und Wärme. Die Verpackung ... hat den Zweck, seine vorzeitige Entzündung zu verhindern. Erst wenn die Watte trocken geworden ist, verbrennt der Phosphor und entzündet zugleich das aus Zelluloid bestehende Filmplättchen ... Man soll diese Brandplättchen einsammeln, in ein Gefäß mit Wasser werfen und auf keinen Fall in die Hosentasche stecken.“

Aus vielen ostfriesischen Orten wird gemeldet, dass Kinder mit den gefundenen Plättchen spielen. Die Wirkung der kleinen Filmstreifen ist begrenzt, doch in den Zeitungsberichten werden sie als Beweis für die britischen „Terrorakte gegen die Zivilbevölkerung“ dargestellt. Doch nicht nur die Brandplättchen, sondern auch die ersten Flugblätter aus englischen Quellen tauchen um diese Zeit in Ostfriesland auf. Flugblätter gehören sowohl auf britischer als auch auf deutscher Seite von nun an zum Propagandamittel der psychologischen Kriegsführung. Sie enthalten wahrheitsgetreue Nachrichten in Kurzform und bewusst eingestreute Falschmeldungen zur Täuschung.

Während die nationalsozialistischen Machthaber nun auch im besetzten Ausland die jüdischen Mitbürger ausgrenzen und schikanieren, mit Deportationen und der Einrichtung des jüdischen Großghettos in Warschau beginnen, läuft im Spätherbst 1940 in den deutschen Kinos, die sonst vorwiegend „leichte Kost“ der Ufa zeigen, der Film „Der ewige Jude“ an. Zur ostfriesischen Premiere in Emden schreibt die OTZ ebenso vielsagend wie deutlich: „Die einzigartigen Dokumente einer nunmehr in Europa aussterbenden Erscheinung werden einstmals zu den interessantesten Belegen europäischer Vergangenheit gehören.“ In den Norder Lichtspielen wird der Film an den letzten drei Tagen vor Heiligabend gezeigt. Auf drastische Weise organisiert die Hitler-Jugend in den Adventswochen 1940 die sogenannte Reichsstraßensammlung für das Winterhilfswerk. In vielen Orten blockiert sie die Bürgersteige und Fahrbahnen. Gegen eine Spende gibt es kleine Figuren und Ansteckplaketten.

Im Dezember 1940 erhalten auffallend viele Soldaten Weihnachtsurlaub und können das Fest in der Heimat verbringen. Umgekehrt herrscht Hochbetrieb bei der Reichspost: Schier unzählige Feldpostpäckchen werden an die Front oder an die Soldaten in den besetzten Gebieten geschickt. Am 20. Dezember melden die ostfriesischen Lokalblätter: „Mit sofortiger Wirkung wird das bestehende Tanzverbot insofern aufgelockert, als bis auf weiteres an drei Tagen in der Woche ab 16 Uhr wieder getanzt werden darf ... In der Zeit vom 25. Dezember bis 1. Januar darf an allen Tagen in der Woche getanzt werden.“

Im kalten und schneereichen **Winter 1940/41** kommt es im Januar und Februar in Deutschland erstmals seit Ausbruch des Krieges zu spürbaren Engpässen in der Versorgung mit Nahrungsmitteln, Gebrauchsgütern und Kohle. Die Rüstungsproduktion hat absolut Vorrang. Die wichtigsten politischen Schlagzeilen dieser Tage: Nach britischen Kriegserfolgen in Nordafrika unterstützen deutsche Truppen die in Bedrängnis geratenen italienischen Streitkräfte. Am 24. Februar werden erste Gefechte zwischen deutschen und britischen Einheiten gemeldet. Das Deutsche Afrika-Korps steht unter dem Kommando von Generalleutnant Erwin Rommel. Am 1. März tritt Bulgarien dem sogenannten Dreimächtepakt bei; dieses Bündnis war 1940 zwischen Japan, Italien und dem Deutschen Reich geschlossen worden. Mithilfe des Paktes, dem seit November 1940 auch Rumänien, Ungarn und die Slowakei angehören, können die Deutschen ihren Einfluss auf dem Balkan verstärken.

Mit Beginn der 21. Zuteilungsperiode wird 1941 im ostfriesisch-oldenburgischen Teetrinkerbezirk die Sonderzuteilung von Tee für die „Versorgungsberechtigten" vom vollendeten 35. Lebensjahr an von 40 auf 30 Gramm herabgesetzt. Im Zusammenhang mit dieser weiteren Einschränkung veröffentlichen die ostfriesischen Zeitungen Berichte über Versuche mit gemahlenem Tee. Ein Institut in Leipzig habe festgestellt, dass sich auf diese Weise eine Ersparnis von 25 bis 50 Prozent erzielen lasse. Geschmacksunterschiede gegenüber Aufgüssen aus zerkleinerten Teeblättern seien kaum festzustellen. Die Zeitungen berichten aber auch über Niederländer, die in Ostfriesland heimlich als Schwarzhändler auftreten und für ein Pfund Tee 45 Reichsmark verlangen.

Tag der Wehrmacht

Am 23. und 24. März 1941, einem Wochenende, nimmt die Zivilbevölkerung an vielen militärischen Standorten am „Tag der Wehrmacht" für das zweite Kriegswinterhilfswerk teil. Einer der ostfriesischen Anziehungspunkte für die Volksmassen ist das Lager Tidofeld bei Norden. Der Ostfriesische Kurier berichtet: „Um die Mittagsstunde begann die Völkerwanderung. Jeder strebte dem Lager zu, wo er auf Grund der erstandenen Essenkarte zu Mittag speisen konnte. Was die Gäste hier vielfach zu sehen und zu hören bekamen, versetzte sie gleich in jene aufgelockerte und heitere Stimmung, die der Norder sonst eigentlich nur zum Pfingstmarkt aufzubringen vermag ... ‚Aus Norden, Süden, Osten, Westen, herein, bei uns ist es am besten!' so war am Eingang eines Lagers zu lesen, das von friderizianischen Soldaten mit Sammelbüchsen eisern bewacht wurde. Wer etwa mit einem Kraftwagen die Hauptstraße passieren wollte, mußte anhalten und zunächst seinen Zoll entrichten, denn quer über die Straße war ein bunter Schlagbaum gelegt. Überhaupt hatten es sich die Soldaten aller Dienstgrade nicht nehmen lassen, überall dort mit Sammelbüchsen zu klappern, wo man sie kaum vermuten konnte ... In den Lagern selbst war für allerlei Kurzweil gesorgt. Gegen geringes Entgelt konnte man sich den Genuß eines regelrechten Markttrubels originellster Art leisten ... An einer Ecke saß ein Leierkastenmann in der Maske von W. C. (Anmerkung: gemeint ist der britische Premierminister Winston Churchill). Ein Schild wies darauf hin, daß dieser beklagenswerte Alte für seine Flotte sammelt. Ein auf Holz gemaltes Kraftrad konnte benagelt werden ... Zunächst aber begab man sich in die sauberen Speisesäle, wo als Eintopfgericht eine wahrhaft köstliche Erbsensuppe vorgesetzt wurde. Es klappte alles vorzüglich. Keiner brauchte zu warten, flinke Matrosen sorgten dafür, daß immer neue Schläge auf den Tisch kamen. Anschließend machte man seinen Verdauungsspaziergang zum Festplatz. Wer seine Kraft erproben wollte, konnte sich am Hau-den-Lukas austoben, während andere sich im Schießen übten, mit Kleinkaliber und Gewehr 98 sowie mit dem Maschinengewehr." In anderen ostfriesischen Wehrmachtslagern herrscht ein ähnliches Treiben.

Barbarossa

Nach Überraschungsangriffen gegen Griechenland und Jugoslawien Anfang April 1941 und zunächst erfolgreichen Vormärschen in Nordafrika überfallen deutsche Divisionen mit drei Millionen Soldaten am 22. Juni um 3.15 Uhr morgens ohne Kriegserklärung die Sowjetunion. Obwohl die sowjetische Führung über die seit Herbst 1940 verfolgten Pläne informiert war, ist die Rote Armee völlig unvorbereitet. Mit dem Überfall an diesem Sonntagmorgen verwirklicht Adolf Hitler seine oft bekundete Absicht, „Lebensraum im Osten zu gewinnen" und einen rassenideologischen Vernichtungskrieg gegen das, wie es heißt, „ slawische Untermenschentum" zu führen. Bedenkenlos unterläuft die deutsche Seite den im August 1939 geschlossenen Nichtangriffspakt mit dem Kreml. Als Grund für das „Unternehmen Barbarossa" nennt Hitler angebliche Pläne der Sowjets, „dem nationalsozialistischen Deutschland in seinem Existenzkampf in den Rücken zu fallen". Unter der Überschrift „Schicksalskampf für die Rettung Europas – Marsch gegen den Bolschewismus" berichtet die OTZ über den deutschen Vorstoß. In den folgenden Wochen und Monaten werden die von oben gelenkten Medien nicht müde, dem Leserpublikum den „bolschewistischen Untermenschen" (so der ständig wiederholte Wortlaut) in Text und Bild vorzuführen. Verschwiegen wird dagegen das grausame Werk deutscher Einsatzkommandos, die hinter der Front und mit Wissen der Wehrmachtsführung vor allem kommunistische Funktionäre und Juden in der Sowjetunion systematisch ermorden.

Unter dem Motto „1941 – das Jahr der Entscheidungen" organisiert die NSDAP Anfang April die bis dahin größte „Versammlungs-Stoßaktion" der Partei im Gau Weser-Ems. In allen größeren Orten Ostfrieslands treten zahlreiche auswärtige Funktionäre auf. In ihren Ansprachen konzentrieren sie sich auf den angeblich bevorstehenden Sieg über England. Mit pompösen Aufmärschen und Weihestunden wird am 20. April Hitlers Geburtstag gefeiert. Die Hauptstraßen der Städte verwandeln sich in ein Flaggenmeer; aus fast jedem Schaufenster grüßt ein geschmücktes Führerbild.

In immer kürzeren Abständen greifen britische Flugzeuge Ziele im nordwestdeutschen Küstengebiet und vor allem die Hafenstädte an. Ihre Vergeltungsschläge gegen die ebenso massiven deutschen Luftangriffe auf England treffen am 10. April um 16 Uhr auch die Insel Norderney. Zehn Maschinen werfen Spreng- und Brandbomben in den Ort und in den Strandbereich. Mehrere Wohn- und Geschäftshäuser werden getroffen. Der Angriff fordert acht Todesopfer und zahlreiche Verletzte. Bei einem zweiten Bombenabwurf am 28. April sterben zwei Insulaner.

In öffentlichen Vorführungen unter freiem Himmel klären Experten in mehreren ostfriesischen Orten die Bevölkerung über die Wirkung und die Bekämpfung von Brandbomben auf. Die OTZ berichtet: „Die Erfahrungen haben gezeigt, daß zur Bekämpfung mit Sand gefüllte Papiertüten hervorragend geeignet sind. Es ist daher Pflicht, in allen Gebäuden solche ... Tüten jederzeit griffbereit aufzustellen. In jedem Raum muß mindestens eine Sandtüte stehen. Damit jeder Volksgenosse in der Lage ist, dieser Pflicht unverzüglich nachzukommen, ist vor einiger Zeit an verschiedenen Stellen Sand angefahren worden. Bei den Einwohnern, wo der Sand liegt, sind für 0,50 Reichsmark zehn Tüten und zwei Eimer Sand zu erhalten. Die Luftschutzwarte werden in den nächsten Tagen nachprüfen, ob den Anordnungen auch Folge geleistet wird."

In der Sowjetunion setzen die deutschen Truppen im Sommer und Frühherbst 1941 ihren Vormarsch scheinbar unaufhaltsam fort. Heftige Regenfälle, die das Land allmählich in eine Schlammwüste verwandeln, führen allerdings zu ersten Schwierigkeiten. Mitte September beginnt die dann 900 Tage dauernde deutsche Belagerung von Leningrad.

Ab dem 19. September 1941 müssen alle im deutschen Reich lebenden Juden den sogenannten ‚Judenstern" tragen. In einer Meldung, die Mitte des Monats in den Lokalteilen der Tageszeitungen veröffentlicht wird und an Zynismus nicht mehr zu überbieten ist, heißt es dazu wörtlich: „Der gelbe Judenstern ... ist sichtbar auf der linken Brustseite des obersten Kleidungsstückes zu tragen ... Der deutsche Soldat hat im Ostfeldzug den Juden in seiner ganzen Widerwärtigkeit und Grausamkeit kennengelernt. Dieses Erlebnis läßt den deutschen Soldaten und das deutsche Volk in seiner Gesamtheit fordern, daß dem Juden in der Heimat die Möglichkeit genommen wird, sich zu tarnen und damit jene Bestimmung zu durchbrechen, die dem deutschen Volksgenossen die Berührung mit dem Juden erspart."

Mit der Kennzeichnungsverordnung und dem im Oktober verfügten Auswanderungsverbot für Juden bereitet die nationalsozialistische Führung die intern bereits angelaufene „Endlösung" und somit die systematische Ermordung aller im Deutschen Reich lebenden jüdischen Mitbürger vor. Sie errichtet weitere Konzentrationslager und lässt verschiedene Tötungsmethoden ausprobieren. Wer heimlich Auslandssender hört, vor allem den deutschsprachigen Dienst des Londoner Rundfunks BBC, erfährt etwas über die Absichten der braunen Machthaber. Obwohl das Abhören der „Feindsender" hart bestraft wird, nimmt die Zahl der im NS-Jargon so bezeichneten „Rundfunkverbrecher" offensichtlich zu. In Nürnberg wird ein Mann zum Tode verurteilt, der seiner Frau den Inhalt einer ausländischen Radiosendung erzählt hatte. In den ostfriesischen Blättern erscheint in diesem Zusammenhang folgende Meldung: „Vom Sondergericht Hannover wurde der in Untersuchungshaft befindliche Albrecht Alberts aus Schwittersum (Kreis Norden) wegen Abhörens ausländischer Nachrichten in den Jahren 1940 und 41 zu zwei Jahren Zuchthaus und drei Jahren Ehrverlust verurteilt. Der bisher unbescholtene Angeklagte war in vollem Umfange geständig."

Bemerkenswert ist eine Meldung, die Mitte Juli in den Lokalzeitungen erscheint. Zitat: „Die Verbundenheit mit der Front bedingt, daß die Wehrmachtsberichte mit besonderer Aufmerksamkeit angehört werden. Um Störungen der Gäste beim ruhigen Zuhören zu vermeiden, (ist) jetzt eine verbindliche Anordnung getroffen (worden). Danach hat bei der ersten Übermittlung des deutschen und italienischen Wehrmachtsberichtes und um 20 Uhr (Nachrichten) sowie bei der Übertragung von Sondermeldungen die Gefolgschaft in den Gaststätten unverzüglich jegliches Bedienen der Gäste zu unterlassen, sich an einem geeigneten Platz im Gaststättenraum zu versammeln und dort bis zur Beendigung der Wiedergabe der Berichte schweigend zu verweilen. Die Betriebsinhaber werden verpflichtet, entsprechende Maßnahmen zu veranlassen und auch bei den Gästen dafür Sorge zu tragen, daß eine ungestörte Übertragung der Berichte sichergestellt wird."

Im August wird die Bevölkerung aufgerufen, sich an der „Reichsspinnstoffsammlung" zu beteiligen. Gesammelt werden gebrauchte Textilien aller Art, noch verwendbare Reste und Lumpen. In einem Aufruf dazu heißt es: „So wollen wir alle ... zu Hause unseren Lumpensack öffnen und auf diese Weise dem deutschen Volk eine Vorratskammer für kommende Zeiten schaffen. Deshalb bringt noch heute Eure Spinnstoffreste zur nächsten Annahmestelle Eurer zuständigen (Partei)-Ortsgruppe, denn auch damit helft Ihr mit am Endsieg des deutschen Volkes!" Der Ostfriesische Kurier veröffentlicht in diesem Zusammenhang am 11. August einen Appell unter der zweideutigen Überschrift: „In der Stadt Norden gibt es viele Lumpen – Wer sie verborgen hält, versündigt sich."

Fremdarbeiter

„Achtet auf die Polen" lautet eine Mitteilung, die Ende August 1941 in den ostfriesischen Zeitungen erscheint. Sie befasst sich mit der „Behandlung" von ausländischen Fremdarbeitern und Kriegsgefangenen, die in zahlreichen landwirtschaftlichen Betrieben Zwangsarbeit leisten müssen. Das folgende Zitat spiegelt die Rassenideologie und den bewusst geschürten Fremdenhass der Nationalsozialisten: „Der Krieg hat die wehrfähigen Männer unserer Dörfer und Städte an die Front gerufen. Ihre Arbeitsplätze in der Heimat werden von fremden Männern eingenommen, und aller Wahrscheinlichkeit nach werden auch nach beendetem Krieg fremde Arbeitskräfte, besonders Polen, lange hierbleiben müssen. Das schadet auch nichts. Es ist nur notwendig, gegenüber fremdblütigen Arbeitern Abstand zu zeigen. Sie sind ausschließlich zum Arbeiten hergekommen. Es muß aber auch von jedem Bauern erwartet werden, daß er bei der Abwehr des fremden Blutes seinen landwirtschaftlichen Gehilfinnen das größte Verständnis entgegenbringt. Völlig ausgeschlossen ist, daß seine Gehilfinnen ... in nächster Nähe des Polen schlafen. Eine solche Schlafstelle darf einem deutschen Mädchen nicht zugemutet werden. Es entspricht nicht der Würde eines deutschen Mädchens, daß es sich mit dem Polen in der gleichen Waschschüssel wäscht und mit ihm an einem Tisch sitzt und ißt. Wenn sich sonst das Miteinanderarbeiten auch nicht umgehen läßt, in die Hausgemeinschaft gehört der Pole nicht hinein."

Nachdem die Niederdeutsche Bühne Norden im September Gastspiele in den von den Deutschen besetzten niederländischen Nachbarprovinzen gegeben hat, kommt im Oktober eine aus 15 Mitgliedern bestehende Spielgruppe der „Agrarischen Jugend" aus der Provinz Drenthe in das Weser-Ems-Gebiet. Nach Besichtigungen in Bad Zwischenahn und Jever tritt die Gruppe im Deutschen Haus in Norden mit dem Blut-und-

Boden-Drama „De Grond“ von Geert Teis auf. Die einzelnen Akte der Aufführung in niederländischer Sprache werden von Ivo Braak, Obmann des Niederdeutschen Bühnenbundes, kommentiert. Die Besuche erfolgen im Rahmen eines sogenannten deutsch-niederländischen Kulturaustausches. Die Nationalsozialisten täuschen dem Publikum auf beiden Seiten damit einerseits eine in Wirklichkeit nicht vorhandene „Normalität“ in den gegenseitigen Beziehungen vor. Andererseits passt die Tätigkeit von Mundart-Bühnen und die Pflege von Brauchtum und Tradition in ihre Ideologie. Entsprechend „vereinnahmen“ sie Vereine und Organisationen, die sich damit befassen, für ihre Zwecke. Im Herbst und Winter 1941 treten die „Heitere Musikbühne Berlin“ mit der Operette „Der Vetter aus Dingsda“ von Eduard Künneke und das Oldenburger Staatstheater mit einem Lustspiel in Ostfriesland auf.

Aus den täglich abgedruckten Wehrmachtsberichten lässt sich ablesen, dass britische Verbände in diesen Monaten fast Nacht für Nacht in das nordwestdeutsche Küstengebiet einfliegen oder diesen Bereich als Luftkorridor für Weiterflüge in das übrige Reichsgebiet benutzen. Über Ziele, Opfer und Schäden der Bombenabwürfe wird jeweils nur knapp und sehr pauschal, zumeist verharmlosend, berichtet. Folgenschwere Bombenangriffe, die nicht zu verschweigen sind, werden andererseits in größeren Berichten vorwiegend unter propagandistischen Gesichtspunkten ausgewertet. Hervorgehoben wird immer wieder der „Einsatz der Zivilbevölkerung, der Schlimmes verhüten half“.

Am 18. November 1941 erscheinen in den ostfriesischen Zeitungen erneut „Verhaltensmaßregeln“ gegenüber Juden. In dem Beitrag, der an Haß und Hetze kaum noch zu überbieten ist, heißt es unter anderem unverblümt: „Wenn einer den Judenstern trägt, so ist er damit als Volksfeind gekennzeichnet. Wer mit ihm noch privaten Umgang pflegt, gehört zu ihm und muß gleich wie ein Jude bewertet und behandelt werden. Er verdient die Verachtung des ganzen Volkes. Jeder deutsche Soldat, der in diesem Krieg fällt, geht auf das Schuldkonto der Juden. Sie haben ihn auf dem Gewissen, und sie müssen deshalb auch dafür bezahlen. Die Juden sind schuld am Kriege, sie erleiden durch die Behandlung, die wir ihnen angedeihen lassen, kein Unrecht. Sie haben sie mehr als verdient.“

Der japanische Luftangriff auf den amerikanischen Stützpunkt Pearl Harbor (Hawaii) am 7. Dezember 1941 hat den Kriegseintritt der USA zur Folge. An der Ostfront eröffnet die sowjetische Armee zu diesem Zeitpunkt eine erfolgreiche Offensive gegen die zurückweichenden, schlecht ausgerüsteten deutschen Truppen. Beide Ereignisse leiten eine Wende des Krieges ein. In den deutschen Tageszeitungen wächst die Zahl der Todesanzeigen für gefallene Soldaten. Aufgrund der zunehmenden Papierknappheit nimmt der Umfang der Blätter zum Teil rapide ab.

Blauer Dunst

Ab 1942 wird die Rationierung von Lebens- und Genussmitteln weiter verschärft. Immer häufiger tauchen in den Zeitungen kurze Beiträge und Anzeigen mit Hinweisen auf Ersatzstoffe, aber auch mit Ratschlägen für die Hausfrau auf. In Ostfriesland bieten Firmen und Kaufleute im April für kurze Zeit den „holländischen flüssigen Tee-Ersatz Z" an, der neben den ebenfalls aus niederländischen Quellen stammenden Teetabletten um diese Zeit offensichtlich im Umlauf ist. Am 1. Februar werden im Deutschen Reich einheitliche Kontrollkarten und -ausweise für den Kauf von Tabakwaren eingeführt. Im Rahmen einer reichsweiten Sammlung von Woll-, Pelz- und Skisachen für die frierenden Soldaten an der Ostfront liefert die deutsche Bevölkerung im Winter 1941/42 über 67 Millionen Einzelstücke bei den Sammelstellen und in den Nähstuben der Partei ab. Die OTZ bemerkt: „Obwohl unsere engere Heimat Ostfriesland häufig Luftangriffen ausgesetzt ist, hat sie trotzdem einen gewaltigen Erfolg bei der Woll- und Pelzsachensammlung ... erzielt. In allen Kreisen haben die Sammler gebefreudige Herzen gefunden, die aus trotzigem Behauptungswillen ihre Spenden geben."

Kriegsglocken

„Zur Erweiterung der Reserven unserer Rohstoffwirtschaft werden gegenwärtig die überzähligen Kirchenglocken abgenommen", meldet die OTZ am 13. Januar. Es handele sich um eine „vorsorgliche Maßnahme, wie sie in allen Feldzügen seit den Befreiungskriegen vorgenommen worden ist". In Norden sei am 12. Januar im Ludgeri-Turm mit der Abnahme der „entbehrlichen Glocken" und des Glockenspiels begonnen worden. Ähnliche Meldungen liegen aus vielen anderen Orten Ostfrieslands vor.

Aus unterschiedlichen Gründen (unter anderem Einsparungen, Personalmangel) bringen die deutschen Reichssender Berlin, Hamburg, Königsberg, Breslau, Wien und andere Stationen innerhalb des Großdeutschen Rundfunks sowie der national verbreitete Deutschlandsender seit einiger Zeit ein gemeinsames, vorwiegend unterhaltendes Programm. Auch diese Maßnahme stößt offensichtlich nicht nur auf Gegenliebe; viele Hörer verlangen ein Alternativ-Angebot mit gehobenen Beiträgen und ernster Musik. Ab Anfang Februar 1942 werden daraufhin reichsweit zwei Programme eingeführt: ein „leichtes“ Angebot der Reichssender auf Mittelwelle, ein anspruchsvolleres des Deutschlandsenders auf Langwelle. Bei Sondermeldungen werden die Programme zusammengeschaltet. Die ostfriesischen Zeitungen weisen täglich auf die Sendefolgen hin. Ausführlich berichten die Blätter in diesen Wochen auch über das allabendlich vom Soldatensender Belgrad ausgestrahlte Lied „Lili Marleen“ und dessen Interpretin Lale Andersen. Der Text des populären Schlagers wird in den Lokalteilen abgedruckt.

Mitte 1942 gelingen der deutschen Seite auf den Kriegsschauplätzen in der Sowjetunion und in Afrika noch einmal Offensiven und militärische Erfolge, bevor sich gegen Jahresende mit der Kapitulation der deutschen 6. Armee in Stalingrad das Blatt endgültig wendet. Am 19. August scheitert an der französischen Kanalküste bei Dieppe ein erster Landungsversuch alliierter Verbände. Nach neun Stunden ziehen sich die Landungstruppen unter dem Feuer der deutschen Artillerie zurück. Mit dem Abtransport von 5000 Männern, Frauen und Kindern beginnt Mitte Juli die Deportation der im Warschauer Ghetto zusammengepferchten Juden in das nahe Vernichtungslager Treblinka, wo in den darauffolgenden Wochen nahezu 67 000 Juden aus Warschau in den Gaskammern ermordet werden.

Schutz in Bunkern

Im Juni und Juli 1942 kommt es erneut zu schweren britischen Luftangriffen auf nordwestdeutsche Hafenstädte, darunter Emden. Wiederum sind Tote und Schwerverletzte zu beklagen. Betroffen davon sind auch die ländlichen Nachbargemeinden in den Kreisen Norden und Leer. Im Gegensatz zur beschönigenden und verharmlosenden „Verschleierungstaktik“ in den ersten beiden Kriegsjahren berichten die Lokalblätter, vor allem die OTZ, jetzt sehr offen und in großer Aufmachung über die Angriffe. Im Vordergrund stehen dabei allerdings der angeblich zunehmende „Widerstandswille“ und die „vorbildliche Haltung“ der Bevölkerung. Anlässlich eines Gesprächs mit dem damaligen Emder Oberbürgermeister Carl Renken gibt die OTZ Mitte Juli 1942 erstmals zu, dass die Seehafenstadt seit dem ersten Angriff am 13. Juli 1940 „Hunderte von Alarmen, vorwiegend Nachtalarme, gehabt hat". Die Alarmdauer habe zwischen 20 Minuten und fünf Stunden gelegen. „Tausende Brand- und Sprengbomben sind auf die Stadt niedergegangen und bekämpft worden." Ein weiteres Zitat aus dem Renken-Gespräch: „Wenn die Stadt verhältnismäßig wenig Opfer zu beklagen hat, so liegt das vor allen Dingen daran, daß der Bunkerbau so rechtzeitig in Angriff genommen wurde, daß jetzt (bei) den großen Angriffen die Bunker zum größten Teil benutzt werden konnten." Auch sonst sei die Stadt „vorbildlich auf die Angriffe vorbereitet", lobt die Parteizeitung.

Die im Sommer 1942 zunehmende Papierknappheit zwingt die Verlage, den ohnehin schon „verdünnten" Umfang der Tageszeitungen noch einmal drastisch zu reduzieren. An einigen Werktagen erscheinen die Lokalblätter nur noch mit vier Seiten. Ein anonymer Poet unternimmit den heute kurios wirkenden Versuch, der Sache eine vorteilhafte Seite abzugewinnen:

„Was? Wieder nur vier Seiten?
Was sind das heut für Zeiten!
Es hat nun mal sein Temperament,
der Abonnent.
Auch sieht er gern, wenn's Fülle hat,
sein altes Leib- und Magenblatt.
Geliebter Leser, ruhig Blut,
der Inhalt macht es wieder gut.
Und außerdem und Hand aufs Herz,
warum schielst Du jetzt seitenwärts?
Hast Du uns immer durchgelesen,
als wir noch friedensstark gewesen?
Na, siehst Du wohl,
jetzt kannst Du's leicht,
ist auch was Gutes mit erreicht.
Nimm uns in alter Treue hin
und glaub: Dünn ist nicht immer dünn!"

Im grauen Kriegsalltag müssen sich die Menschen um diese Zeit an ein neues Luftwarnsignal der auf manchen Dächern installierten Sirenen gewöhnen: Es besteht aus der dreimaligen Wiederholung eines hohen Dauertons von je 15 Sekunden Länge und bedeutet, dass feindliche Flugzeuge zwar einfliegen, aber mit größeren Luftangriffen nicht gerechnet wird. „Luftschutzmäßiges Verhalten“ ist nicht vorgeschrieben. In Amtlichen Bekanntmachungen wird die neue „öffentliche Luftwarnung“ (so die offizielle Bezeichnung) ausdrücklich vom üblichen Fliegeralarm (eine Minute Heulton) unterschieden, bei dem in jedem Fall Bunker und andere Schutzräume aufgesucht werden müssen.

Die Herbst- und Wintermonate 1942 bringen die Wende im Verlauf des Zweiten Weltkriegs. An nahezu allen Fronten bestimmen von nun an die Alliierten das Geschehen und gehen überall in die Offensive. Anfang November gibt Erwin Rommel, Generalfeldmarschall und Kommandeur der deutsch-italienischen Panzerarmee Afrika, die El-Alamein-Stellung auf und beschließt gegen den ausdrücklichen Haltebefehl Hitlers den Rückzug der Truppe. Am 8. November landen US-amerikanische und britische Streitkräfte in Stärke von 107 000 Mann in Marokko und Algerien. Am 22. November wird die deutsche 6. Armee von sowjetischen Verbänden in Stalingrad eingekesselt. Es beginnt ein erbarmungsloses Ringen um jeden Zentimeter Boden, die Versorgungslage ist katastrophal. Anfang 1943 kapitulieren die Überlebenden. Während die Kino-Wochenschauen diese nahezu ignorieren, lassen die täglichen Wehrmachtsberichte, der Großdeutsche Rundfunk und die Tageszeitungen das Ausmaß dieser auf Dauer kriegsentscheidenden Ereignisse zumindest zwar erahnen, aber die Wahrheit wird wie gehabt und auch weiterhin üblich verschleiert, verharmlost und entstellt.

Die Lokalzeitungen der ostfriesischen Blätter bieten dem Leser in diesen Wochen und Monaten das zwiespältige Bild einer scheinbaren Normalität im harten Kriegsalltag. Auffallend ist das relativ große Unterhaltungsangebot, das zunehmend als „Waffe“ der Ablenkung und Entspannung eingesetzt und worüber in den dünnen Zeitungen verhältnismäßig breit berichtet wird. Wie eh und je finden auch 1942 in Leer, Norden und Aurich die traditionellen, erstaunlich vielseitig beschickten Herbst-Jahrmärkte statt. Ende November gastiert der populäre Schlagersänger und Rundfunkstar Rudi Schuricke („Schenk mir dein Lächeln, Maria“ und „Wieder geht ein schöner Tag zu Ende“) in allen ostfriesischen Städten. In den Kinos haben kurzweilige Lustspiele mit Hans Moser, Oskar Sima, Wolf Albach-Retty, Lil Dagover und Elfie Mayerhofer Hochkonjunktur; gut besucht sind aber auch italienische Opernfilme wie „Tosca“ und „Der Barbier von Sevilla“. Größter Beliebtheit erfreuen sich nach wie vor die zumeist sonntäglichen Extra-Vorstellungen mit Märchen- und Kasperlefilmen für Kinder („Hänsel und Gretel“, „Dornröschen“, „Der Kleine Häwelmann“). Meisterwerke des internationalen

Filmschaffens werden im Deutschen Reich und in den besetzten Gebieten allerdings nicht gezeigt. Mit Rücksicht auf den frühen Einbruch der Dunkelheit und den fast allabendlich zu erwartenden Fliegeralarm beginnen die ostfriesischen Lichtspieltheater ihre zweistündigen Vorstellungen ab Herbst 1942 jeweils bereits um 18 Uhr.

Hitler und Emden

In einer Kundgebung zum Auftakt des Kriegs-Winter-Hilfswerks 1942/43 im Berliner Sportpalast verweist Adolf Hitler Anfang Oktober indirekt auf die Stadt Emden. Zitat: „Ich muß in diesem Augenblick der Front versichern, wie grenzenlos tapfer diese deutsche Heimat auch ihrerseits den Krieg dort, wo er sie selbst mit der schlimmsten Härte trifft, hinnimmt und erduldet. Ich kenne eine Stadt, eine friesische Stadt, die ich längst evakuieren wollte, weil sie immer wieder angegriffen wurde. Ich wollte dann die Kinder und die Frauen dort wegnehmen, um sie in Sicherheit zu bringen. Es war ausgeschlossen, sie kehrten immer wieder in ihre Stadt zurück. Sie waren nicht wegzubringen, obwohl diese so schwer gelitten hatte. Es werden aber auch hier zahlreiche Heldentaten vollbracht, nicht nur von Männern, sondern auch von Frauen (und) Knaben, die noch kaum das 15., 16. oder 17. Lebensjahr erreicht haben. Sie setzen sich mit ihrem ganzen Leben ein, in der Erkenntnis, daß wir in diesem Krieg eine einzige verschworene Gemeinschaft sind, die weiß, daß wir alle entweder diesen Krieg siegreich überstehen oder gemeinsam zur Ausrottung bestimmt sind." Zwei Wochen nach dieser Rede weilt ein Kamerateam in Emden und macht Aufnahmen für einen Film, der den Titel „Ich kenne eine friesische Stadt" tragen und den von Hitler beschriebenen Einsatz der Emder zeigen soll. Auftraggeber ist das Reichspropagandaministerium. Das Team dreht vor allem in Emder Gemeinschaftsküchen und Hochbunkern. Aber auch in einem Auffanglager für bombengeschädigte Emder in Marienhafe werden Aufnahmen gemacht.

Anfang November beziehen einige Familien, die bei den Angriffen Haus und Habe verloren haben, neue Siedlungshäuser, die laut OTZ von der Stadt Emden im Hümmling gebaut worden sind. Vor dem Hintergrund der steigenden Wohnungsnot appelliert Oberbürgermeister Renken an die Besitzer von noch intakten Häusern, freiwillig Räume für Bombengeschädigte zur Verfügung zu stellen. Für alle, die in Emden ausharren, gibt es mittlerweile kleine „Frontzulagen" im Rahmen der Lebensmittelversorgung.

Totaler Krieg

Am **18. Februar 1943** verkündet Reichspropagandaminister Goebbels im Berliner Sportpalast unter dem tosenden Beifall von ausgewählten Volksgenossen „aus allen Schichten“ den „totalen Krieg“ – ein Schlagwort, das schon seit Anfang Januar immer häufiger in den deutschen Tageszeitungen auftaucht. Dahinter verbirgt sich die Mobilisierung aller verfügbaren menschlichen und materiellen Reserven. Mit der Kapitulation der von sowjetischen Truppen eingeschlossenen 6. Armee in Stalingrad am 31. Januar und 2. Februar ist der Zweite Weltkrieg tatsächlich am entscheidenden Wendepunkt angelangt: Die gegen das Deutsche Reich verbündeten Alliierten gewinnen an allen Fronten die Oberhand. Auf der anderen Seite verstärken die Nationalsozialisten ihre Gräueltaten an Juden und anderen Bevölkerungsgruppen im Reich und in den besetzten Ländern.

Die verheerende Niederlage von Stalingrad dagegen wird in den Blättern nun keineswegs mehr verschwiegen oder gar verharmlost – sie wird sogar breit dargestellt, aber als Vorbild für einen „Heldenkampf bis zum letzten Blutstropfen“ propagandistisch umgemünzt und zum Anlass genommen, den Durchhaltewillen auch der Zivilbevölkerung zu steigern. Mit Schlagzeilen wie „Bis zum letzten Atemzug getreu“ oder „Wir müssen Helden sein“ unterstützt die Presse bis in die Lokalteile hinein alle Maßnahmen und Reglementierungen, die nun erfolgen. Geschlossen werden müssen alle nicht kriegswichtigen Betriebe des Handels, Handwerks und des Gaststättengewerbes – darunter Geschäfte für Gold- und Silberwaren, teures Porzellan und Süßwaren. Auch dadurch sollen Kräfte für die „totale Mobilmachung“ freigesetzt werden.

In den „Meldungen aus dem Reich“ (geheime Lageberichte des Sicherheitsdienstes der Schutzstaffel SS) über die Stimmung in der Bevölkerung wird am 18. Januar 1943 festgestellt: Allgemein werde anerkannt, dass die Berichterstattung der Presse diesmal die Härte der Kämpfe an der Ostfront zum Ausdruck bringe. Sie gebe jedoch keine klaren Aufschlüsse über die militärische Situation. In den Meldungen sei sicher nichts enthalten, was nicht stimme, aber es werde auch nicht alles gesagt. Die Unklarheit der Meldungen und die „indirekte“ Bekanntgabe ungünstiger Entwicklungen erziehe beinahe dazu, ständig zwischen den Zeilen zu lesen. Dass Stalingrad abgeschnitten sei, habe man aus der Presse dadurch erfahren, dass die deutschen Truppen dort „von allen Seiten angegriffen“ würden. Dass die Lage ernst sei, ergebe sich aus der gängigen Praxis, in solchen Fällen das Heldentum der Soldaten besonders herauszustellen ...

Als völlig vertrauenswürdig würden nur die Mitteilungen angesehen, die unmittelbar von der Front kämen. Wenn die Lage im Osten jetzt mit größter Besorgnis betrachtet werde, so sei dies darauf zurückzuführen, dass die jetzt eintreffenden Feldpostbriefe teilweise düster lauteten.

Im Zusammenhang mit einer in Berlin stattfindenden Kundgebung und einer Proklamation Hitlers zur Erinnerung an die nationalsozialistische Machtübernahme vom 30. Januar 1933 ordnet die Reichsregierung an: „Die Proklamation muß von den Zeitungen aufs beste gebracht werden. Bei vier Spalten könne man etwa die linke Spalte für den Stimmungsbericht, die beiden mittleren für die Proklamation und die rechte für den Leitartikel über den Kernsatz der Proklamation verwenden. Vierspaltige Überschriften dann selbstverständlich. In dem Stimmungsbericht hat der Siegeswille des deutschen Volkes ganz klar und überzeugend zum Ausdruck zu kommen. Die Rede des Ministers Dr. Goebbels muß dann anschließend folgen." Im Übrigen müsse der Stimmungsbericht „ein Meisterstück der Berichterstattung" sein.

Schloss Lütetsburg – Zerstörung durch Notabwurf

Am 11. Juni 1943, einen Tag vor Pfingsten, wird der Dorfkern von Lütetsburg aus buchstäblich heiterem Himmel das Ziel eines Luftangriffs: In wenigen Sekunden fallen am frühen Abend zahlreiche Bomben in die Vorburg und in die Nebengebäude des Schlosses, in die Gärtnerei und in das umliegende Gelände. Bei dem Abwurf handelt es sich um das „Nachspiel" eines gegen 18 Uhr erfolgten Großangriffs amerikanischer Bomber auf Wilhelmshaven. Die über Jever und das ostfriesische Küstengebiet nach Nordwesten zurückfliegenden Maschinen werden von deutschen Jägern beschossen; sieben Flugzeuge stürzen ab. Das Zerstörungswerk in Lütetsburg, bei dem es sich späteren Berichten zufolge um einen Notabwurf handelte, fordert Todesopfer: Zwei Gärtnerlehrlinge, die offensichtlich an einer Mauer Schutz gesucht hatten, werden von herabstürzenden Steinen erschlagen und unter Trümmern begraben. Erst nach einer mehrtägigen Suchaktion findet man ihre Leichen. Eine später angebrachte Gedenktafel erinnert noch heute an diesen Unglückstag. Die Inschrift: „Hier kamen beim Bombenangriff am 11. 6. 1943 ums Leben: Erich Grensemann, geb. zu Rechtsupweg am 22. 3. 1928, Johann Uphoff, geb. zu Lütetsburg am 13. 3. 1929". Der entstandene Sachschaden ist beträchtlich. Die Gärtnerei ist stark beschädigt, die Pferdeställe sind völlig zerstört, das Schloss selbst muss wegen zunächst drohender

Einsturzgefahr vorübergehend geräumt werden. In der Nähe des Ortes stürzt ein abgeschossenes Flugzeug ab. Mit der Zunahme von Luftangriffen wird es üblich, dass Beutestücke aus abgestürzten Flugzeugen in Schaufenstern gezeigt werden.

Auffallend ist, dass die antisemitische Hetze in den deutschen Tageszeitungen ab Ende April 1943 deutlich verschärft wird. Grund der Maßnahme ist eine (dem Leser selbstverständlich nicht bekannte) amtliche Anweisung, in der es unter anderem heißt, „daß es ab sofort keine deutsche Zeitung mehr geben darf, die in ihren Kommentaren ... oder sonstigen Artikeln nicht nachdrücklich auf die Blutfratze des Judentums hinweist". In Überschriften und Zwischentexten müsse immer wieder „das jüdisch-bolschewistische Mordbrennertum" im Vordergrund stehen. Die Presse erhalte von nun an täglich „zusätzliches Judenmaterial", das entsprechend bearbeitet werden müsse.

Frauen im Moor

Vorwiegend auf Frauenarbeit sind die Nordwestdeutschen Kraftwerke in Wiesmoor bei der Torfgewinnung in der Nähe des Standortes angewiesen. Die OTZ berichtet im Juni über den Einsatz von Frauen aus Wittmund: „Hunderte Hände sind unermüdlich beschäftigt, den von Maschinen aus dem Moor gewonnenen Torf kunstgerecht aufzubauen. Besonders erwähnt sei, daß unsere Aufrufe genügten, um von allen Seiten die Helferinnen herbeizurufen. Es handelt sich bei diesen Arbeiten um einen völlig freiwilligen Einsatz, der selbstverständlich bezahlt wird. Wie wir hören, ist der Lohn, ein bestimmter Teil wenigstens, auch in Torf abgegolten, das vielen Mädeln und Frauen besonders lieb sein wird, da sich hierdurch zum Füllen von Brennstofflücken Gelegenheit bietet ... Gearbeitet wird täglich acht Stunden. Die Arbeit beginnt um neun Uhr morgens auf dem Moore."

In einer amtlichen Bekanntmachung des nationalsozialistischen Gauleiters Paul Wegener werden alle Behörden, Betriebe, Büros, Kirchen, Museen und Schulen am 24. April aufgefordert, die Beheizung ihrer Gebäude mit sofortiger Wirkung einzustellen. Indirekt richtet sich der Appell auch an die Zivilbevölkerung. Für die Beheizung von Wohnungen könnten Hausbrandbrennstoffe in der alten Höhe nicht mehr zugeteilt werden.

Die Kinder von Esens

Während sich die deutschen Truppen in der zweiten Jahreshälfte 1943 an allen Fronten auf dem Rückzug befinden und die Alliierten nach ihrer Landung auf Sizilien in Italien vordringen, erlebt die Zivilbevölkerung im Deutschen Reich zunehmend den „totalen Krieg“ im Alltag. Die nationalsozialistischen Machthaber mobilisieren über Presse, Funk und Wochenschau alle menschlichen und materiellen Reserven. Immer schriller – und für kritische Zeitgenossen auch immer unglaubwürdiger – tönen die Phrasen und Parolen vom „Endsieg“. Seit dem Frühjahr verstärken amerikanische und britische Bomberverbände ihre Angriffe auf das Reichsgebiet, unbeeindruckt von der deutschen Luftverteidigung, deren Abwehr an Wirkung verliert. Bevorzugte Ziele sind das Ruhrgebiet, die Hauptstadt Berlin und immer wieder die Hafenstädte, darunter Emden, Wilhelmshaven und Bremen. Ende Juli fallen in Hamburg über 30 000 Menschen einem verheerenden Vernichtungswerk unter dem makabren Namen „Operation Gomorrha“ zum Opfer. Für die von See her anrückenden Verbände ist der Luftraum über der Inselkette, dem Wattenmeer und dem ostfriesischen Festland nach wie vor eine wichtige Einflugschneise. Mit der Zunahme der Angriffe kommt es immer häufiger zu teilweise dramatischen Luftschlachten, die bei klarem Himmel oder hohen Wolkendecken vom Boden aus beobachtet werden können.

Am späten Vormittag des 27. September 1943 leisten über 300 amerikanische Bomber ganze Arbeit und werfen über der Stadt Esens und deren Umgebung rund 280 Sprengbomben ab. Weite Teile des Stadtzentrums werden zerstört. Unter den 165 Todesopfern, die aus den Trümmern geborgen werden, befinden sich über 80 Schulkinder und 22 Landjahrmädchen. Vor allem der Verlust der Kinder ist für die nationalsozialistische Propaganda ein geradezu willkommener Anlass für eine einerseits zwar umfassende, andererseits aber auch mit Durchhalteparolen versehene Berichterstattung in den Tageszeitungen. Vor dem Angriff auf Esens hatten 35 US-Flugzeuge Aurich bombardiert.

Wie bedrohlich in diesen Wochen und Monaten die Situation in Ostfriesland eingeschätzt wird, zeigt ein ganz anderer Vorgang: In Norden nimmt die evangelisch-lutherische Kirchengemeinde am 22. August Abschied von der Arp-Schnitger-Orgel, die vor möglichen Luftangriffen geschützt werden soll. Mit Ausnahme des Gehäuses und der Zinkprospektpfeifen wird das wertvolle Instrument in Kisten verpackt und – was offiziell nicht mitgeteilt wird – im Kloster Möllenbeck bei Rinteln eingelagert, wo die Orgel bis 1945 verbleibt. Das letzte Konzert vor dem Abtransport leitet der Organist und Wehrmachtssoldat W. Unger mit zwei eigenen Choralvorspielen ein und spielt danach Werke von Johann Sebastian Bach; dazwischen singt der Norder Kirchenchor.

Auch Packpapier ist längst Mangelware, da die Rohstoffe „kriegsbedingt" anderweitig gebraucht werden. In längeren Beiträgen machen die Tageszeitungen ihre Leser mit der jüngsten Verordnung des „Reichsbeauftragten für das Verpackungswesen" vertraut, nach der „seit dem 1. Juni 1943 in neues Papier oder neue Pappe bei Abgabe von Waren an den letzten Verbraucher Lebensmittel nur verpackt werden, soweit ihre Verpackung notwendig ist, um sie vor Verlust oder gesundheitsschädlichen Einwirkungen zu schützen". In einer Besprechung beim Auricher Regierungspräsidenten sagen die ostfriesischen Kreisbauernführer den Spatzen den Kampf an. Für jeden Sperlingskopf, der bei einem Ortsbauernführer abgeliefert wird, gibt es einen Bezugschein für ein Pfund Futtergetreide. Im Interesse von Landwirtschaft und Gartenbau sei die Bekämpfung der Vögel, deren Zahl rasant zunehme, unbedingt notwendig.

Zweifel am „Endsieg"

Im fünften Kriegsjahr 1944 zeichnet sich die bevorstehende Niederlage des Deutschen Reiches und seiner Verbündeten immer stärker ab. Im Osten, im Westen und in Italien brechen die Fronten zusammen. Die Alliierten verschärfen ihre Bombenangriffe. Die Versorgungslage wird zusehends schlechter. Totaler Krieg auf allen Ebenen. Doch das nationalsozialistische Machtregime propagiert über Presse und Rundfunk sowie in Versammlungen und Kundgebungen nach wie vor den „Endsieg".

Die sich offensichtlich ausbreitenden, aber nur unterschwellig wahrnehmbaren Gegenströmungen in weiten Kreisen der Bevölkerung werden in den Zeitungen selbstverständlich verschwiegen. Deutlich werden sie dennoch, wenn in ellenlangen Berichten und Kommentaren etwaige Zweifel am „Endsieg" oder umlaufende Gerüchte aufgegriffen und mit Durchhalteparolen beantwortet werden. Mutmaßungen und „Redereien" dürften keinen Nährboden finden, heißt es in den Zeitungen, und Schweigen sei oberste Pflicht, denn „Feind hört mit!" Das typische Symbol für diese Warnung ist ein schwarzer Schattenmann, der an Häuserwänden und Bretterzäunen, auf Plakaten und in der Presse auftaucht. Er ist der Spion und der Feind, der mithört.

Die Geheime Staatspolizei (Gestapo) in Bremen verfasst dagegen einen Bericht, der intern die wahre Lage und Atmosphäre dieser Zeit in Nordwestdeutschland beschreibt und weit von dem abweicht, was offiziell in den Zeitungen verbreitet wird. Zitat: „Die Stimmung der Bevölkerung ist sehr ernst und gedrückt. Die militärischen Ereignisse erfüllen die Volksgenossen mit tiefster Sorge. Mutlosigkeit und Resignation breiten sich immer mehr aus. Viele Volksgenossen sind der Meinung, daß man kaum noch eine Möglichkeit sehen könne, den Krieg für uns siegreich zu beenden ... Die Volksgenossen sind geneigt, Äußerungen führender Männer der Presse- und Rundfunkmeldungen als Propaganda und Bluff anzusehen. Die tiefe Gläubigkeit, die sonst die Volksgenossen beseelte, schwindet immer mehr ... Die Bevölkerung ist der Meinung, daß ein baldiges Kriegsende dringend notwendig ist. Die Angabe, daß die Zeit für uns arbeite, wird von den Volksgenossen nicht ernst genommen."

Anfang 1944 berichten die ostfriesischen Zeitungen über die kriegsbedingten Aufgaben des Regierungspräsidiums in Aurich. Danach müssen sich die Mitarbeiter vorwiegend mit Kriegsschäden und Luftschutzangelegenheiten, mit Preisüberwachungen und „Stützaktionen" für die Nordseebäder sowie der Obdachlosenunterbringung von Bombengeschädigten befassen. Zu ihren „neuen" Aufgabenbereichen zählen aber auch nachträgliche Eheschließungen mit gefallenen Wehrmachtsangehörigen sowie die für Ostfriesland wichtige Belieferung mit Vollholzschuhen (Klumpen).

Als „Dank für die Förderung und Unterstützung seit 1933" schenkt die Niederdeutsche Bühne Norden dem NS-Kreisleiter Lenhard Everwien für dessen Dienstzimmer ein Gemälde von Hans Trimborn. Auf Norderney übergibt der Maler Julian Klein von Diepold dem NS-Gauleiter Paul Wegener ein großformatiges Ölgemälde mit dem Greetsieler Mühlenmotiv. Wegener hatte das Bild für den NS-Reichsleiter Martin Bormann in Berlin in Auftrag gegeben.

Sturm auf die „Festung Europa"

Am 6. Juni 1944, eine Viertelstunde nach Mitternacht, beginnt an der französischen Küste die von den Alliierten lange vorbereitete Operation „Overlord". In der Normandie werden im Verlauf des Tages rund 150 000 amerikanische und britische Soldaten auf über 6000 Landungs- und Kampfschiffen abgesetzt. Trotz heftiger Gegenwehr können die deutschen Besatzungstruppen die vor allem von den Sowjets geforderte Invasion am Atlantikwall nicht aufhalten. Auch der Mitte Juni als „Vergeltungsschlag" propagierte Einsatz der sogenannten Wunderwaffe V 1 mit Flugbomben-Angriffen auf britische Städte hat am Ende nur einen geringen militärischen Wert.

Bereits ab Mai ist die deutsche Öffentlichkeit über Presse und Rundfunk von den nationalsozialistischen Machthabern auf die bevorstehende alliierte Landung psychologisch vorbereitet worden. Man rechnet also damit, aber sowohl über das Invasionsgebiet als auch über den genauen Zeitpunkt herrscht auf deutscher Seite Ungewissheit. In den besetzten Niederlanden werden Mitte Mai ganze Landstriche vorsätzlich unter Wasser gesetzt, um so das Vordringen von gegnerischen Truppen zu erschweren. Weite Agrarflächen gehen verloren; schier unzählige Bewohner müssen fluchtartig ihre Häuser und Siedlungen verlassen. Im Übrigen jedoch wird der Leserschaft der Tageszeitungen vor und nach dem massiven Sturm auf die „Festung Europa" in spaltenlangen Berichten und Kommentaren immer wieder eingehämmert, dass die deutsche Abwehr auf alles vorbereitet und der deutsche „Endsieg" nach wie vor sicher sei.

Ende Juni kommt der NS-Gauleiter Paul Wegener nach Aurich und Greetsiel: Auf dem fahnengeschmückten Auricher Marktplatz spricht er vor den aus dem ganzen Kreisgebiet aufmarschierten Formationen der NSDAP, Militärangehörigen und einfachen Volksgenossen. Die OTZ schreibt unter anderem: „Die Bevölkerung der Stadt gab (dem) furchtlosen Trotz und zugleich auch ihrer Erleichterung über die begonnenen Vergeltungsschläge Ausdruck in einem Meer von Flaggen und in freudiger Anteilnahme an dem erhebenden Geschehen." Wo sich jetzt noch Lauheit und schwächliche Haltung zeigen sollten, müsse „sofort Attacke geritten werden", sagt Wegener. Jeder Nationalsozialist müsse wieder zum „begeisterten Wanderprediger" seines „unüberwindlichen Glaubens an den Führer und die alles überwindende Kraft des Volkes werden". In Greetsiel redet der Gauleiter in einer ausgeschmückten Scheune und muntert von einem als Tribüne umgestalteten Ackerwagen die Dorfbewohner auf. Im Mai und Juni berichten die Blätter über verstärkte und nahezu ungehinderte Tieffliegerangriffe im Küstengebiet. Vor allem Eisenbahnzüge werden aus der Luft unter Beschuss genommen. Es gibt Todesopfer und Schwerverletzte.

Vor allem für Bombengeschädigte und „Umquartierte" entstehen im Sommer 1944 – wie überall im Reichsgebiet – auch in Ostfriesland provisorische Behausungen unter dem Begriff „Behelfsheim". In den Landkreisen und der Stadt Emden sind jeweils rund 100 Unterkünfte dieser Art im Bau oder geplant. Grundlage ist ein „Reichseinheitstyp“, von dem nicht abgewichen werden darf. Er besteht aus einer Wohnküche, einer Kammer und einem Windfang sowie einem Abstellraum und einem Abort. In den ostfriesischen Kinos läuft um diese Zeit der im Januar in Berlin uraufgeführte Lustspielfilm „Die Feuerzangenbowle“ mit Heinz Rühmann an.

Nach der Invasion in der französischen Normandie und einer zweiten Landung in Südfrankreich ziehen die Westalliierten am 25. August 1944 in Paris ein und befreien im September Belgien und danach weite Teile der benachbarten Niederlande. Kurzfristige Abwehrerfolge können das Vordringen auf die Reichsgrenze nicht mehr aufhalten. Am 21. Oktober melden die Blätter, dass der Gegner mit Aachen die erste deutsche Großstadt erobert hat. Fünf Tage zuvor hat auch die sowjetische Rote Armee die Grenze nach Ostpreußen überschritten und kann nur noch kurzfristig aufgehalten werden. Vor allem Racheakte der brutal vorgehenden Sowjetsoldaten lösen die ersten Flüchtlingstrecks gen Westen aus. Rumänien, Bulgarien und am Jahresende auch Ungarn trennen sich von ihrem bisherigen deutschen Bündnispartner. Finnland schließt einen Waffenstillstandspakt mit der Sowjetunion.

Der Vorhang fällt

Propagandaminister Goebbels – inzwischen auch Reichsbevollmächtigter für den totalen Kriegseinsatz – setzt die allgemeine Arbeitszeit in der Verwaltung sowie in den „Büros der Wirtschaft“ auf mindestens 60 Stunden pro Woche herauf. Mit strikten Anordnungen bringt er überdies das kulturelle und sportliche Leben nahezu vollständig zum Erliegen. Theater, Zirkusunternehmen und Opernhäuser müssen schließen, Ausstellungen und Wettbewerbe dürfen nicht mehr stattfinden. Viele große Orchester müssen ihre künstlerische Tätigkeit einstellen. Auch ihre Mitglieder werden, wie alle anderen, „der Rüstung und der Wehrmacht zugeführt“. Für die Entspannung der leidgeprüften Zivilbevölkerung sorgen von nun an nur noch das Kino und der Großdeutsche Rundfunk. Mitte Oktober wird auch in vielen ostfriesischen Orten die „letzte Reserve“, der Volkssturm, vereidigt. Halbwüchsige Jungen ab 16 und „waffenfähige“ Männer bis 60 sollen vereint die Heimat verteidigen.

Die Tageszeitungen erscheinen um diese Zeit durchgehend nur noch mit vier Seiten. Die Zahl der kleinen Todesanzeigen für gefallene Soldaten nimmt auffallend zu. Im Postverkehr sind Drucksachen, Geschäftsbriefe, Warenproben und Mischsendungen nicht mehr zugelassen. Die Eilzustellung wird abgeschafft. Nicht kriegs- und lebenswichtige Telefonanschlüsse können aufgehoben werden. Hungern muss zwar niemand, aber aufgrund der „Ausfälle" aus bislang besetzten Gebieten wird die Versorgungslage im Deutschen Reich allmählich schwieriger, da man jetzt zunehmend auf selbst erzeugte Nahrungsmittel angewiesen ist. Im Oktober wird die Brotration für Normalverbraucher auf 2225 Gramm pro Woche und die Butterration von 500 auf 250 Gramm für einen Monat reduziert.

Zuweilen blitzt auch noch der Humor durch die Zeilen. In einer Meldung über offensichtlich hungrige Mäuse heißt es: „Daß sich die kleinen Nager auch über Lebensmittelmarken hermachen, ist wohl noch nicht dagewesen. Eine alte Frau hatte ihre Einkaufstasche in der Küche auf den Fußboden gestellt. Durch die in der Tasche befindlichen Brotkrumen angelockt, fanden sich alsbald Mäuse ein. Unglücklicherweise hatte die Frau aber auch ihre Brotkarte in der Tasche liegenlassen. Als die Nager sämtliche Brotkrumen aufgefressen hatten, versuchten sie ihren Appetit an der Brotkarte, die von ihnen völlig zerfetzt und unbrauchbar gemacht wurde." Übrig blieben nur die Weißbrotmarken. Zum Winterbeginn 1944 ergeht die Aufforderung, in den Wohnungen nur noch einen Raum zu beheizen. Verschärft geht die Polizei vor dem Hintergrund der zunehmenden Luftangriffe gegen sogenannte „Verdunkelungssünder" vor. Selbst Taschenlampen müssen abgedichtet werden und dürfen nur noch durch einen schmalen Schlitz leuchten.

Bomben auf Emden

Emden, 6. September 1944 – ein schöner, fast windstiller Spätsommertag mitten im „totalen Krieg". Die Begonien blühen rot und üppig, an der Ostwand eines Hauses hängt ein Weinstock voller Trauben. Die Luftangriffe seit 1940 haben zwar breite Lücken in das Zentrum der ostfriesischen Hafenmetropole gerissen, aber das mittelalterliche Stadtbild ist noch weitgehend erhalten. Geblieben ist den 21 000 Bewohnern, die an diesem Tag noch in Emden leben, die typische Atmosphäre der Altstadt mit ihren Gassen und Winkeln, Häuserreihen, Wasserarmen, sehenswerten Baudenkmalen und dem Renaissance-Rathaus im Mittelpunkt. Doch am frühen Abend bezieht sich der Himmel und wird grau. Fliegeralarm. Bei Terschelling befinden sich 181 feindliche Bomber vom Typ Lancaster und Halifax mit Begleitschutz, die sich Emden nähern. Die Menschen flüchten in die 35 mächtigen Schutzbunker, in dem jeder Bewohner einen Platz findet.

Um 18.26 Uhr bleiben in Emden die Uhren stehen. In dieser Minute beginnt die geplante und systematische Vernichtung einer Stadt, die von Dichtern als „Klein-Amsterdam“ beschrieben und von Malern in unzähligen Motiven festgehalten worden ist. In kurzer Zeit verwandelt sich Emden in ein gigantisches, gespenstisches Trümmerfeld. Als das Vernichtungswerk vollendet ist, ziehen die Flugzeuge in einem breiten Gürtel über See wieder ab; sie überfliegen die Krummhörn und teilweise auch das Norder Stadtgebiet. Am Abend und in der Nacht verbrennt das alte Emden in einem Feuersturm, dessen rötlicher Widerschein am Himmel in weiten Teilen Ostfrieslands zu sehen ist. Die aus dem Küstengebiet in Marsch gesetzten Feuerwehren bahnen sich mühsam den Weg durch die Ruinen. Der Angriff fordert über 30 Todesopfer und 109 Verletzte. Die Schutzbunker haben eine noch größere Katastrophe verhindert. Im Umfeld des in Schutt und Asche gelegten historischen Rathauses am Delft haben nur die nach wie vor aufrechten Standbilder des Großen Kurfürsten und des Alten Fritz dem Inferno getrotzt. Aus Sicherheitsgründen wird Ende Oktober die Vorderfront der Rathausruine bis zur Balkonhöhe gesprengt.

Mit dem alliierten Großangriff auf Emden erlebt Ostfriesland den „totalen Krieg“ so hautnah wie kaum zuvor. Während der täglich abgedruckte Wehrmachtsbericht den Vernichtungsschlag in den Zeitungsausgaben vom 8. September reichsweit mit zwei Sätzen vermeldet, erfahren die Leser der ostfriesischen Zeitungen aus den Lokalteilen desselben Tages in einer gleichlautenden, aber auch relativ kurzen Meldung einige weitere Einzelheiten über das Ausmaß. Umso ausführlicher wird in den folgenden Tagen über den angeblichen Durchhaltewillen der Emder Bevölkerung sowie über die in den Landkreisen Aurich, Norden, Wittmund und Leer anlaufenden Hilfsaktionen berichtet. Bereits am 8. September und in den Monaten bis Kriegsende folgen weitere Angriffe auf Emden. Am frühen Vormittag des 25. April fallen die letzten Bomben auf das Stadtgebiet. Aber der Hafen bleibt, wie schon zuvor, weitgehend verschont.

Der Anfang vom Ende

Der Zweite Weltkrieg geht dem Ende entgegen: **Anfang Januar 1945** rufen die nationalsozialistischen Machthaber die Zivilbevölkerung im Deutschen Reich auf, die allerletzten Reserven für den immer noch propagierten „Endsieg“ herauszurücken. Die alliierten Streitkräfte stoßen zu diesem Zeitpunkt von Süden, Westen und Osten unaufhaltsam vor und besetzen einen deutschen Ort nach dem anderen. In spaltenlangen und an mehreren Tagen veröffentlichten Artikeln wird in den Zeitungen zum „Volksopfer für Wehrmacht und Volkssturm" aufgerufen. Nachhaltig begleiten der Rundfunk und die Kino-Wochenschau die Aktion. In rund 60 000 Annahmestellen, die überall im Reichsgebiet eingerichtet werden, sollen Kleidungsstücke und Ausrüstungsgegenstände aller Art abgegeben werden, um das Militär, in erster Linie aber die in aller Eile einberufenen Volkssturmmänner mit zumindest provisorischen Uniformen zu versehen. Vor dem Hintergrund der sich katastrophal verschlechternden Wirtschaftslage ist die Industrie nicht mehr imstande, die entsprechende Ausrüstung zur Verfügung zu stellen. Zusätzliche Probleme bereitet die teilweise völlig unzureichende Bewaffnung des Volkssturms. In den meisten Fällen verfügen die Einheiten lediglich über veraltete Karabiner und Panzerfäuste, deren Bedienung in den Zeitungen anhand von Schaubildern für jedermann erläutert wird.

Wie die mittlerweile auf zwei bis vier Seiten reduzierten ostfriesischen Tageszeitungen übereinstimmend schreiben, sollen im Rahmen der Volksopfer-Aktion unter dem Motto „Kleider oder Sieg, Sachen oder Leben" vor allem „Uniformteile der Partei, ihrer Gliederungen und Verbände, der Wehrmacht, Polizei, Reichsbahn und Reichspost, ferner tragfähiges Schuhwerk und Ausrüstungsgegenstände für die kämpfende Truppe wie Zeltbahnen und Zeltzubehör, Woll- und Felddecken, Brotbeutel, Schlafsäcke, Kochgeschirr, Koppel, Schulterriemen, Spaten und Stahlhelme, ferner Kleidung, Wäsche, Spinnstoffe jeder Art" gesammelt werden. Jeder Volksgenosse müsse von diesen Sachen alles abgeben, was er nicht unbedingt benötige. Weiter heißt es: „Nicht das Entbehrliche und Überflüssige wird jetzt erwartet, sondern ein Griff in die Substanz, der bewußt so einschneidend ist, daß er eigene Einschränkungen zur Folge hat. Erst dann liegt ein Opfer vor, wie es als notwendiger Beitrag zum Siege von jedem Deutschen gefordert werden muß." Auch in den ostfriesischen Städten werden Schaufensterausstellungen organisiert, in denen an Beispielen demonstriert wird, was alles gespendet werden kann. Aus einem Dorf bei Leer wird gemeldet, daß „ein Altmütterchen" durch ihre Enkel einen großen Stapel Leinen in die Ablieferungsstelle bringen ließ. Zitat: „Das war das Ergebnis einiger Jahre, die die wackere Frau am Spinnrad verbracht hat." Aus Weener wird berichtet: „Vielfach wandern Knochen, die im Haushalt anfallen, noch in den Mülleimer. Das ist grundfalsch. Knochen sind wertvoller Rohstoff. Ausgekochte und -gebratene Knochen sollten an die Sammelstellen abgeliefert werden." Als Belohnung für eine bestimmte Menge winkt ein Stück Kernseife.

Ende April/Anfang Mai 1945 müssen sich die wenigen noch erscheinenden Blätter überwiegend auf Verlautbarungen beschränken. Der Ostfriesische Kurier in Norden beispielsweise, der als eine der letzten deutschen Zeitungen bis kurz nach Kriegsende „durchhalten" kann, bringt an den Werktagen nur noch zwei Seiten heraus – eine bedruckte Vorder- und eine nur halb bedruckte oder ganz unbedruckte Rückseite.

Die Front rückt näher

Als die alliierten Streitkräfte am 4. April nördlich von Osnabrück und acht Tage später bei Meppen stehen, geben die deutschen Behörden in Ostfriesland bestimmte Lebens- und Genussmittelvorräte für die Zivilbevölkerung frei. In Bekanntmachungen wird die Aktion ausdrücklich als „Bevorratung" bezeichnet, das heißt: Die Empfänger werden zu einem äußerst sparsamen Umgang mit dem Proviant für unsichere Zeiten aufgefordert. Als Sonderzuteilungen werden unter anderem Eier, Fleischkonserven, Butter, Dosenmilch sowie Tee und Spirituosen ausgegeben. Milchpulver, so heißt es, sei ein wertvolles Nahrungsmittel, das für die Zubereitung von Suppen und zum Backen verwendet werden könne. Der Bevölkerung wird empfohlen, sich mit diesem Ersatzprodukt einzudecken. Es sei unbeschränkte Zeit haltbar.

Im Vergleich zur Propaganda und zu zahlreichen allgemein gehaltenen Artikeln und Parolen der örtlichen NS-Größen, die unverdrossen den Glauben an den „Endsieg" aufrechterhalten wollen und immer wieder zum „entschlossenen Widerstand" aufrufen, ist die Sprache des täglich in Presse und Rundfunk verbreiteten Wehrmachtsberichtes in den letzten Kriegsmonaten relativ nüchtern und offen, obwohl auch hier immer wieder versucht wird, die Bevölkerung zu beschwichtigen und die Wirklichkeit zu verharmlosen. Zusätzlich veröffentlichen die ostfriesischen Zeitungen mit dem Näherrücken der Front in Kurzform gleichlautende Lagemeldungen über die Situation zwischen Ems und Weser. Beide Berichte geben der Bevölkerung jedoch zumindest Anhaltspunkte, auf was sie sich einzustellen hat. So meldet der Wehrmachtsbericht am 13. April, dass die gegnerischen Kräfte vor Wildeshausen-Bremen sowie bei Friesoythe stehen und die südoldenburgische Stadt Vechta eingenommen haben. Einen Tag später bewegen sich die Alliierten auf das emsländische Aschendorf zu, und am 16. April wird die Einnahme der niederländischen Provinzstadt Groningen bekannt gegeben.

In einem Leitartikel gibt die OTZ erstmals die „Bedrohung für unsere ostfriesische Heimat" zu. Zitat: „Wir in Ostfriesland sind jedoch darauf vorbereitet, daß die Stunde unserer letzten großen Bewährung bevorsteht. ... Jeder, der in dieser Schicksalsstunde zur Waffenniederlegung auffordert oder die Bevölkerung mit defätistischen Äußerungen zu vergiften versucht, verdient die härteste Strafe, nämlich den Tod."

Die Alliierten erreichen Ostfriesland

Am 18. April 1945 berichten die Heimatzeitungen, dass die Alliierten inzwischen ostfriesischen Boden betreten haben. Zitat aus dem regionalen Lagebericht: „Vom Kreise Aschendorf-Hümmling, wo sich größere Veränderungen gegenüber dem Vortage nicht ergaben, fühlten am Montag (16. April) feindliche Panzer gegen den Kreis Leer vor, wurden jedoch aufgefangen und mußten abdrehen." Unter dem 17. April heißt es in der Lagemeldung ergänzend: „Westlich der Ems fühlte der Feind gestern über Rhede-Diele nach Stapelmoorerheide und weiter nach Holthuser Heide vor. Am heutigen Dienstag bewegten sich die Spitzen des Gegners auf Weener zu. Rhede mußte inzwischen von ihnen wieder geräumt werden." Die OTZ meldet zunehmende Tieffliegerangriffe auf „Radfahrer, Wagen und Einzelpersonen". Jeder müsse unverzüglich die an den Straßen gegrabenen Einmannlöcher und Deckungsgräben aufsuchen.

In einem Aufruf der nationalsozialistischen Kreisleitung Norden-Emden heißt es am 19. April: „Der Feind, der sich schon seit Tagen langsam unserer Heimat nähert, hat im Kreis Leer ostfriesischen Boden betreten. Das bedeutet für alle Ostfriesen das Signal zum höchsten Einsatz und zur höchsten Bewährung. Das gilt auch für die Kreise, die noch nicht unmittelbar vom Kriegsgeschehen betroffen sind. Wir gehen in fester Entschlossenheit unseren Weg. Wir haben oft von der Volksgemeinschaft gesprochen. Sie muß uns jetzt in die Lage versetzen, auch die große Probe der Bewährung zu bestehen, die vielleicht von uns gefordert wird."

Der Wehrmachtsbericht beschreibt die Lage im Nordwesten am 22. April, einem Sonntag, so: „Zwischen Ems und unterer Elbe setzt der Feind seine Angriffe mit starken Kräften fort. Nach mehrmaligem Besitzerwechsel fiel Papenburg (am 21. April) in die Hand des Gegners." Am 25. April melden die Zeitungen in den regionalen Lageberichten: „Der Feind ... besetzte Weener und drängt von dort weiter in den Raum Leer vor. Die Stadt Leer wurde mit Artilleriefeuer belegt. Im Kampfraum Friesoythe konnte der

Gegner im Brückenkopf Edewechterdamm trotz starker Artillerie und Luftwaffenunterstützung wiederum nur meterweise Boden gewinnen. Der Druck auf Bremen hat sich am Montag (23. April) verstärkt, der Raum Oldenburg liegt weiterhin unter feindlichem Streufeuer. Am Dienstag (24. April) stieß der Gegner westlich der Ems aus Bunde und Kirchborgum auf die Ems vor. Aus dem Raum Ihrhove-Colinghorst werden keine Veränderungen gemeldet. Über Langholt sind feindliche Truppen mit einigen Spähwagen bis südlich Strücklingen gekommen."

Unter dem 27. April meldet der regionale Lagebericht: „Westlich der Ems konnte der Gegner aus Bunde heraus durch das Rheiderland ... vorstoßen bis in den Raum Ditzum. Kämpfe mit dem dortigen Brückenkopf sind noch im Gange. Nordwestlich Leer steht der Gegner bei Jemgum. Südlich Leer ist die Lage unverändert. Über Potshausen konnte der Gegner in nordostwärtiger Richtung bis nach Stickhausen vordringen." Entgegen umlaufenden Gerüchten sei Leer immer noch „feindfrei". Unter dem 30. April wird mit dem Namen der Stadt ein ostfriesischer Ort im Wehrmachtsbericht erwähnt. Zitat: „In Nordwestdeutschland brachen alle Anstrengungen des Gegners, seinen Brückenkopf bei Leer zu erweitern, verlustreich zusammen." Im regionalen Lagebericht heißt es, dass um die niederländischen Orte Delfzijl und Termunten „verbissen gerungen wird". Der Gegner belege militärische Ziele in Emden mit Artilleriefeuer. Die „in Leer eingedrungenen Kräfte halten den Bahnhof besetzt und versuchen, aus Esklum Verstärkung heranzuziehen." Auf Oldenburg werde starker Druck ausgeübt.

Der Abgesang

Inzwischen, am 30. April, hat Adolf Hitler gemeinsam mit Eva Braun, die er am Tag zuvor geheiratet hat, im Bunker der Berliner Reichskanzlei Selbstmord begangen. Über Presse und Rundfunk verbreitet die nationalsozialistische Propaganda die Unwahrheit über den Hergang. In gleichlautenden Berichten wird behauptet, der Führer sei „für Deutschland gefallen", „bis zum letzten Atemzuge gegen den Bolschewismus kämpfend".

Am 3. Mai meldet der regionale Lagebericht vom Vortag: „Westlich der Ems ist die Lage unverändert geblieben. Am Ostufer des Flusses gelang dem Gegner aus Leer heraus ein größerer Vorstoß. Hier konnte er in nördlicher Richtung bis Rorichum vordringen, während die Orte Neermoor, Tergast und Oldersum unter feindlichem

Artilleriefeuer liegen. Auch an der Straße Leer-Aurich hielt der Druck des Gegners in nordöstlicher Richtung an. Hier vermochte er bis in den Raum Bagband vorzustoßen, während es ihm gelang, aus dem Raum Hesel heraus Remels zu besetzen. Wie wir heute aus Aurich erfahren, steht der Feind vor den Toren der Stadt. Gestern abend um 21. 30 Uhr haben Terrorflieger zwei Bomben in das Stadtgebiet geworfen, die einige Schäden verursachten. Im übrigen herrschte Ruhe in Aurich, die Bevölkerung geht wie bisher weiter ihrer gewohnten Beschäftigung in voller Ordnung nach. Auch am heutigen Donnerstag nachmittag (3. Mai) hat sich die Lage westwärts der Ems nicht verändert. Im Raume Leer-Aurich konnte der Feind weitere Fortschritte erzielen. Er erreichte von Neermoor kommend Timmel. Außerdem steht er von Bagband kommend südlich Mitte- und Ostgroßefehn. Auch auf der Straße Wiesmoor von Bagband aus fühlt er mit schwächeren Kräften vor. Von Remels aus geht eine Stoßrichtung des Feindes über Oldendorf nach Oltmannsfehn."

Am 4. Mai veröffentlicht der stellvertretende NS-Gauleiter Georg Joel einen Aufruf, der die bevorstehende deutsche Kapitulation vorwegnimmt: „Sechs Jahre haben wir mit unseren Soldaten den Kampf durchgestanden. Laßt uns gemeinsam auch die letzte schwere Stunde meistern." Es ist davon die Rede, dass man auf verhältnismäßig engem Raum zusammengedrängt sei und die Führung Maßnahmen ergriffen habe, „die möglichst viele Menschen und Volksgut schonen soll". Ruhe, Ordnung und Disziplin sei das Gebot der Stunde. Nur in der „Ausschaltung aller unruhestiftenden Elemente" liege die Hoffnung, „das Beste für unsere Heimat zu erreichen". Über den Rundfunk spricht nun auch der deutsche Rüstungsminister Albert Speer von der „veränderten Kriegslage". Überall dort, wo der Feind es zulasse, müsse alles getan werden, mit dem Wiederaufbau der Verkehrs- und sonstigen Anlagen zu beginnen. Nachdem Hamburg zur „offenen Stadt" erklärt und besetzt worden ist, übernimmt Wilhelmshaven für kurze Zeit auf Mittelwelle 522 die Funktion eines Reichssenders, der in den Abendstunden Nachrichten und Unterhaltungsmusik ausstrahlt. Heimlich schalten viele Radiohörer allerdings – wie zuvor – die Nachrichten des deutschsprachigen Dienstes der BBC (Londoner Rundfunk) ein und informieren sich auf diese Weise über die Kriegslage.

Das Ende des Krieges

Am 3. Mai in Aurich und am folgenden Tag in Norden versammeln sich vor den Rathäusern aufgebrachte Bürger, um die kampflose Übergabe ihrer Städte zu erreichen. Das gleiche Ziel verfolgen beherzte Zivilisten sowie einige Vertreter deutscher Behörden und Militärs, die „fünf Minuten vor zwölf" in eigener Verantwortung handeln. In Aurich kommt es am 4. Mai zu einer friedlichen Vereinbarung mit dem kanadischen General Roberts. Am späten Nachmittag desselben Tages verkündet der Norder Landrat Fleischer der unruhigen Volksmenge auf dem Marktplatz, dass die Stadt nicht verteidigt wird.

Am 5. Mai, einem Sonnabend, erscheint der Ostfriesische Kurier mit nur noch einer bedruckten Seite, deren Schlagzeile die um 8 Uhr eingetretene Waffenruhe zwischen Weser und Ems meldet. Zugleich veröffentlicht die Zeitung jedoch noch Auszüge aus dem Wehrmachtsbericht vom Vortag. Zitat: „Die Schlacht um die Reichshauptstadt ist zu Ende. Nordwestlich Berlin dauern die Kämpfe an. Die Festung Breslau verteidigt sich in ungebrochenem Kampfesmut. In Mähren und der Slowakei geht das harte Ringen ebenfalls weiter." Ergänzend heißt es in einer Meldung vom Vorabend: „In Nordwestdeutschland setzen die deutschen Truppen in Emden und Wilhelmshaven den Widerstand erfolgreich fort. Zur Zeit wird südwestlich von Varel gekämpft. Die von Leer nach Norden drängenden Feinde haben nur einen unwesentlichen Bodengewinn zu verzeichnen."

Die letzte amtliche Bekanntmachung des Norder Landrats Fleischer enthält die Mitteilung, dass am 5. und 6. Mai in den Einzelhandelsgeschäften des Kreisgebietes aus Restbeständen pro Kopf 0,7 Liter Trinkbranntwein an Erwachsene ausgegeben wird. Die Flasche muss allerdings mitgebracht werden. Am 6. Mai, einem Sonntag, besetzen kanadische Einheiten, von Georgsheil kommend, die Küstenstadt Norden. Mit der neuen Woche beginnt auch in Ostfriesland der nicht minder harte Alltag nach dem verheerenden Krieg, dessen Folgen noch lange das Leben in den von der Naziherrschaft befreiten Städten und Dörfern bestimmen werden. Die „Stunde Null" ist zugleich der Aufbruch in eine noch ungewisse Zukunft.

Nachkriegsalltag im heilen Norden:
Eine Flüchtlingsfrau hat sich Brennvorrat für den Winter besorgt.

Schon wenige Monate nach Kriegsbeginn zählt die ostfriesische Seehafenstadt Emden zu den vorrangigen Zielen der alliierten Luftangriffe auf das Deutsche Reich. Das Foto zeigt einen Blick in die zerstörte Große Faldernstraße.

Ruinenlandschaft am Delft in Emden.

Fliegeralarm: Verpflegung in einem Emder Hochbunker.

Hab und Gut verloren: Ein Mann mit Aktentasche inmitten der Trümmer seines Hauses am Stadtrand von Emden.

Nachdenklich betrachtet ein deutscher Soldat das Denkmal des Großen Kurfürsten Friedrich Wilhelm von Brandenburg-Preußen (1620-1688), das nach dem schweren Luftangriff vom 6. September 1944 auf Emden inmitten der Trümmerlandschaft nahezu unversehrt stehen blieb.

1944 warnt die Kampagne „Feind hört mit!“ die deutsche Zivilbevölkerung vor der Tätigkeit gegnerischer Spione. Auf diesem Plakat „verrät“ ein Soldat einer Zufallsbekanntschaft arglos den aktuellen Frontverlauf. Das Symbol der Kampagne ist ein schwarzer Schattenmann, der überall lauert und mithört.

Brutale Warnung an Zugreisende im Sommer 1942: „Räder müssen rollen für den Sieg!“.

KOHLENKLAU?

Ein Bösewicht, vor dem wir uns sehr hüten müssen, weil er uns und unsere Kriegswirtschaft gefährdet.

Was tut Kohlenklau?

Es zieht kalt ins warme Zimmer. Im leeren Zimmer brennt Licht. Das Radio spielt ohne Zuhörer. Der falsch geheizte Ofen wärmt schlecht ... Überall, wo wertvolle Kohle, Strom und Gas vergeudet werden, hat Kohlenklau seine Hand im Spiel!

Er nützt unsere kleinste Gedankenlosigkeit und Nachlässigkeit für sein kriegsverbrecherisches Treiben aus. Es ist toll, wie raffiniert er uns überall reinlegen will.

Wie machst du ihn unschädlich?

Kohlenklau ist beobachtet worden, man kennt seine Tricks! In der nächsten Zeit wirst du hier lesen, wie und wo du ihn fassen kannst. Du und ich und wir alle tun uns jetzt zusammen, und es wäre doch gelacht, wenn wir den Burschen nicht aufs Kreuz legen.

Die Jagd auf Kohlenklau geht los!

Der „Kohlenklau" wird auf dem Höhepunkt des Krieges zur Symbolfigur für „Energieverschwendung". Im Dezember 1942 wird der bärtige Geselle auf Zeitungsseiten und Plakaten erstmals vorgestellt.

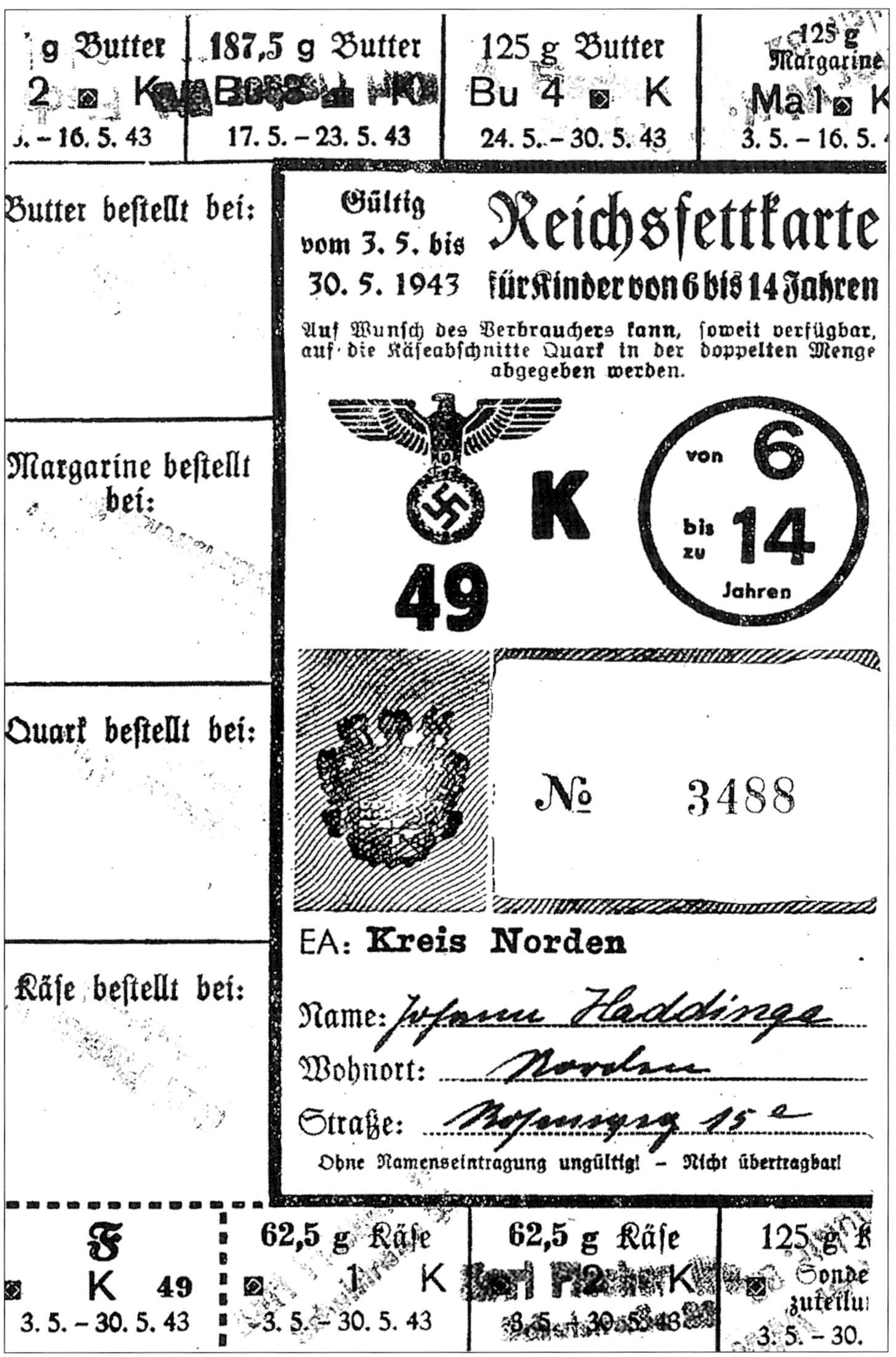

g Butter	187,5 g Butter	125 g Butter	125 g Margarine
2 K		Bu 4 K	Ma 1 K
.–16. 5. 43	17. 5. – 23. 5. 43	24. 5. – 30. 5. 43	3. 5. – 16. 5.

Butter bestellt bei:

Margarine bestellt bei:

Quark bestellt bei:

Käse bestellt bei:

Gültig vom 3. 5. bis 30. 5. 1943

Reichsfettkarte

für Kinder von 6 bis 14 Jahren

Auf Wunsch des Verbrauchers kann, soweit verfügbar, auf die Käseabschnitte Quark in der doppelten Menge abgegeben werden.

K

49

von 6 bis zu 14 Jahren

№ 3488

EA: **Kreis Norden**

Name: Johann Haddinga

Wohnort: Norden

Straße: 15 e

Ohne Namenseintragung ungültig! – Nicht übertragbar!

F	62,5 g Käse	62,5 g Käse	125 g K
K 49	1 K	2 K	Sonderzuteilu
3. 5. – 30. 5. 43	3. 5. – 30. 5. 43	3. 5. – 30. 5. 43	3. 5. – 30.

Reichsfettkarte 1943

Im April 1945 kommen die Kanadier über Ems und Leda nach Ostfriesland. Sie erreichen ihre Angriffsziele mühsam über eiligst gebaute Behelfsbrücken, weil die deutschen Verteidiger alle wichtigen Straßen- und Eisenbahnbrücken gesprengt haben.

Ostfriesischer Kurier

Kreisblatt und alte Norder Heimatzeitung

Nr. 106 | Norden, Sonnabend, 5. Mai 1945 | Jahrgang 79

Waffenruhe ab 8 Uhr!

Ab heute, Sonnabend früh 8 Uhr deutscher Sommerzeit, tritt in unserem Raum Gau Weser-Ems Waffenruhe ein.

Die Bevölkerung wird aufgefordert, die schon gezeigte Ruhe, Ordnung und Disziplin zu bewahren. Ab 11 Uhr erfolgen weitere Mitteilungen über die Abmachungen.

Gleiche Regelungen wurden getroffen für Holland, dem übrigen Nordwestdeutschland und Dänemark. Irgendwelche Zerstörungen, Schiffsversenkungen und dergleichen finden nicht statt.

Ostfriesischer Kurier vom 5. Mai 1945: Kleines Extrablatt mit erlösenden Nachrichten. Am nächsten Tag besetzen kanadische Einheiten die Stadt Norden.

2. Kapitel
Stunde Null – Schwere Zeiten in Ostfriesland: Die Jahre 1945-1950

Unter dem Titel „Stunde Null“ ruft das folgende Kapitel viele Erinnerungen an Ostfrieslands schwere Jahre zwischen dem Ende des Zweiten Weltkriegs Anfang Mai 1945, der Währungsreform von 1948 und dem damit beginnenden westdeutschen Wirtschaftswunder wach. Die Epoche war von wirtschaftlicher Not, Schwarzmarkt und Schiebereien, Hunger und Hamsterfahrten, Flucht und Vertreibung, aber auch von Hoffnungen auf eine bessere Zukunft geprägt. Auf moderate Weise bestimmte die Militärregierung der britischen Besatzungsmacht eine Zeit lang das Leben in der Region und nahm Einfluss auf die Tätigkeit der deutschen Behörden. Auch die Darstellung dieser Jahre stützt sich vor allem auf ausgewählte, gelegentlich kommentierte, im Vergleich zur NS-Diktatur jedoch weitgehend verlässliche Zeitungsberichte. Ab Mitte 1947 ließ die Militärregierung deutschen Journalisten mehr und mehr freie Hand und ebnete den Weg für eine objektive und auch kritische Berichterstattung.

Als „Stunde Null", als „Pausenzeichen der Geschichte", als „Augenblick der Zeitlosigkeit" haben Historiker und Schriftsteller die ersten **Maitage des Jahres 1945** bezeichnet, an denen das geschlagene Hitler-Deutschland vor den alliierten Siegermächten die Waffen streckte und bedingungslos kapitulierte. Nach fünf Jahren, acht Monaten und acht Tagen stellte das Ende des von den deutschen Machthabern entfesselten Zweiten Weltkriegs eine Zäsur dar.

Die Bilanz ist ebenso grauenvoll wie unfassbar. Die Zahl der Opfer wird weltweit auf über 50 Millionen Menschen geschätzt. Sie kamen im Verlauf des hartnäckigen Ringens zwischen dem Deutschen Reich und seinen Verbündeten auf der einen und den alliierten Mächten auf der anderen Seite, insbesondere aber auch als Folge von Terror, Gefangenschaft, Zwangsarbeit, nationalsozialistischem Rassenwahn, Flucht und Vertreibung ums Leben. Weite Teile des europäischen Kontinents waren verwüstet.

Unmittelbar nach Kriegsende teilten die vier Siegermächte Deutschland in eine amerikanische, eine sowjetische, eine britische und eine französische Besatzungszone ein, in denen sie – unterschiedlich nach jeweils eigenen politischen Vorstellungen – die Regierungsgewalt übernahmen. Ostfriesland war Teil der britischen Zone, deren Gebiet die späteren Bundesländer Niedersachsen, Nordrhein-Westfalen, Schleswig-Holstein sowie die Hansestadt Hamburg umfasste. Bremen und Bremerhaven gehörten zur amerikanischen Zone. Nachdem die Funktionsträger der ehemaligen NSDAP ihrer Ämter enthoben worden waren, blieb in der britischen Zone der deutsche Verwaltungsapparat weitgehend bestehen. Allerdings mussten die nun von den Briten ernannten Landräte, Bürgermeister und andere Führungskräfte in den Behörden den Weisungen der Besatzungsmacht folgen, die ihrerseits militärische Dienststellen einrichtete. „Die Erinnerung daran ist zwiespältig", erzählte später der Norder Sozialdemokrat Georg Peters, „die Besatzer kamen nämlich nicht, wie wir zunächst geglaubt hatten, als Befreier, sondern erst einmal als Sieger zu uns. Und sie besetzten die Behörden hier zuerst auch keinesfalls nur mit antifaschistischen Kräften, sondern mit eigenen Verwaltungsoffizieren."

Verlässliche, vor allem schriftliche Informationen aus den ersten Wochen nach dem Zusammenbruch sind dürftig. Die Besatzer legten das öffentliche Leben vorübergehend still. Dies betraf vor allem den Post- und Fernmeldedienst, aber auch den Straßen- und Schienenverkehr. Die Schulen waren geschlossen. Ab 21.45 Uhr bestand ein striktes Ausgehverbot für die Zivilbevölkerung. Übertretungen kamen vor ein Militärgericht.

Auf einem Papier, das deutlich sichtbar an der Tür anzubringen war, mussten alle Hausbewohner mit Vor- und Zunamen und dem Geburtsdatum aufgeführt werden. Georg Peters: „Wir wussten in der ersten Zeit überhaupt nicht, was in unserer Stadt und um uns herum passierte." Der Ostfriesische Kurier erschien nur noch einige Tage mit Anordnungen der Militärregierung in deutscher und englischer Sprache und zuletzt am 25. Mai im Miniformat mit Mitteilungen des Landrats. Dann musste das Blatt – wie alle noch übrig gebliebenen deutschen Zeitungen – einige Jahre sein Erscheinen einstellen.

Die von Peters beklagte Informationslücke wurde von den Briten am 8. Juni 1945 mit einem Provisorium wenigstens einigermaßen behoben. Als streng zensiertes „Nachrichtenblatt der alliierten Militärregierung" erschien erstmals die auch in den Bezirken Ostfriesland und Osnabrück verbreitete Neue Oldenburger Presse (ab Juli Nordwest-Nachrichten). Das unregelmäßig verteilte 20-Pfennig-Blatt brachte auf vier Seiten die wichtigsten Weltmeldungen, einige lokale Nachrichten, später auch Kleinanzeigen sowie viele Texte und Bilder der vor allem von den Amerikanern und Briten gewollten „Umerziehung" des deutschen Volkes im Sinne der Demokratie. Nachdem die Briten am 4. Mai das unzerstörte Hamburger Funkhaus besetzt hatten, nahmen sie dort sofort den Sendebetrieb auf. Im ostfriesischen Küstengebiet strahlte der ehemalige NS-Großrundfunksender Osterloog bei Norden bald nach der Kapitulation zunächst das Programm des Soldatensenders British Forces Network (BFN), danach lange Zeit die deutschsprachigen Sendungen des Londoner Rundfunks (BBC) aus.

Aus dem nordwestlichen Ostfriesland berichtete die Neue Oldenburger Presse am 13. Juli über Probleme der Überbevölkerung: „Der Kreis Norden hat 64 000 Einwohner, dazu kommen etwa 8000 Flüchtlinge und im Augenblick noch etwa 80 000 Soldaten, verteilt sowohl auf die Stadt als auch auf sämtliche Landgemeinden. Naturgemäß herrscht dadurch auf dem Lande eine erhebliche Überbevölkerung, zumal eine größere Anzahl von Soldaten zunächst nicht in ihre Heimat zurück kann und bei uns Beschäftigung sucht." Entsprechend stark sei auch das Überangebot von Arbeitskräften.

In einem am 23. Juni veröffentlichten Aufruf warnte die britische Militärregierung die Zivilbevölkerung vor dem Gespenst einer Hungersnot in den Herbst- und Wintermonaten. Wörtlich: „Wenn ihr euch nicht mit verbissener Energie und eisernem Fleiß an die Arbeit setzt, ist damit zu rechnen, daß es zur bitteren Wirklichkeit wird.

Deutsche! Wir haben euch auseinandergesetzt, daß wir euch bei der Bewältigung eurer Nahrungsprobleme nichts in den Weg stellen. Auf der anderen Seite haben wir klargemacht, daß der Erfolg eurer Nahrungsschlacht im wesentlichen von euren eigenen Anstrengungen abhängt. Aber wenn ihr euch den Zuteilungsvorschriften nicht fügt, wenn die Landwirte ihre Kontingente nicht hergeben, wenn ihr den Schleichhandel begünstigt, wenn ihr nicht jeden Quadratmeter Boden bestellt, so werdet ihr, und ihr allein, die Leidtragenden sein."

Im September 1945, vier Monate nach Kriegsende und Kapitulation, folgte auf einen strahlenden Sommer ein schöner Herbst. Wenigstens die Natur übertünchte den grauen Alltag der Ostfriesen und der vielen Flüchtlinge aus dem Osten, der Evakuierten aus zerstörten westdeutschen Städten und der deutschen Soldaten, die in Lagern auf ihre Entlassung warteten. Ein harter Winter stand bevor. In der Versorgung mit Nahrungsmitteln, lebenswichtigen Gütern und vor allem mit Brennstoff zeichnete sich eine bedrohliche Lage ab.

Auf Norderney notierte Bürgermeister Lührs in einem Bericht an die englische Truppeneinheit auf der Insel: „Die Kaufleute stehen vor leeren Läden. An Lebensmitteln können zur Zeit nur die Mengen verkauft werden, die auf Marken zu beziehen sind. An Textilwaren, Schuhwaren und Gebrauchsgegenständen ist nichts mehr vorhanden. Ein absoluter Materialmangel liegt auch in den Handwerksbetrieben vor. Sowohl das Bau- als auch das Malergewerbe können wenig ausrichten. Wenn sich der Materialmangel nicht beheben läßt, wird die Zahl der Arbeitslosen erheblich ansteigen. Die vorgesehene Brennstoffzuteilung ist so gering, daß es nicht einmal möglich sein wird, den nötigen Bedarf für Kochzwecke zu decken."

Zeitzeugen berichten, dass in jenen Tagen auf Norderney die Militäranlagen gesprengt, der Fliegerhorst „umgepflügt" und die Marinebahn abmontiert wurden. Da hätten es sich die Insulaner natürlich nicht nehmen lassen, die Eisenbahnschwellen bei Nacht und Nebel auf ihren Schultern in die Wohnungen zu schleppen, um sie „in die Obhut ihrer Öfen zu geben". Im September/Oktober 1945 hatte die Inselgemeinde Norderney 5400 Einwohner, die Lebensmittelkarten erhielten, davon 350 Evakuierte. 400 zur Wehrmacht eingezogene Insulaner wurden zurückerwartet. Hinzu kamen um diese Zeit noch etwa 1200 deutsche Soldaten, von denen 750 in Lazaretten auf Norderney untergebracht waren.

Die Flüchtlinge

Nach überlieferten Berichten des Pastors Bernhard Schmaltz lebten auf der Nachbarinsel Juist in den ersten beiden Jahren nach Kriegsende rund 1250 Flüchtlinge und Vertriebene, vorwiegend aus Pommern und Ostpreußen. Der Seelsorger notierte: „Die Unterbringung macht keine großen Schwierigkeiten, da Räume genug vorhanden sind. Am schwierigsten ist die Versorgung mit Hausbrand. Zunächst wird am Friesenhof, später im Dortmunder Ferienjugendlager eine Gemeinschaftsküche für rund 200 Personen eingerichtet. Die übrigen Flüchtlinge kochen selbst und müssen sich die Feuerung, vorwiegend Holz, zusammensuchen. Die Insel wird daher von ihnen nach Holz und anderem Brennmaterial abgesucht. Das Verhältnis zwischen Juistern und Flüchtlingen läßt auf beiden Seiten viel zu wünschen übrig, da es oft an dem nötigen Verständnis für die Lage des anderen fehlt. Die Flüchtlinge sind, seitdem der Krieg in Deutschland beendet ist, in erster Linie von der Frage erfüllt: Wann kommen wir nach Hause?" – Ende August wurde das mit der Kapitulation verhängte generelle Reiseverbot für die deutsche Bevölkerung aufgehoben.

Über die Flüchtlingssituation im übrigen Ostfriesland schrieben die Nordwest-Nachrichten nach Angaben aus amtlichen Quellen:

„Aus Schlesien, Ostpreußen, Pommern, dem Sudetenland, der Tschechoslowakei, dem Baltikum und aus noch weiter östlich gelegenen Gebieten brachten die Züge Tausende von Menschen nach Ostfriesland. Damit entstanden Probleme, mit denen man noch viele Jahre lang zu kämpfen haben wird. Schon allein die Tatsache, daß die Wohnraumzahl hier immer schon sehr beschränkt war, machte es schwierig, geeignete Unterkunftsmöglichkeiten zu finden. Trotzdem wurden in Städten und Dörfern immer wieder Räume freigemacht, so daß der größte Teil der Vertriebenen verhältnismäßig brauchbare Unterkunft finden konnte. Ein Teil allerdings mußte zunächst in Lager eingewiesen werden, deren Beschaffenheit und Verhältnisse sehr unterschiedlich sind.

Der größte Teil der Flüchtlinge besteht aus Frauen und Kindern, aus Alten und Kranken, die ohnehin durch das unstete Leben der letzten zwei Jahre sehr gelitten haben. Man hat vor allem in dem polnisch verwalteten Gebiet die Facharbeiter zurückbehalten und den übrigen Teil der Bevölkerung abgeschoben. Andererseits sind viele Jugendliche eingetroffen, die drohender Deportation entfliehen wollten. So arbeitswillig die meisten einsatzfähigen Vertriebenen auch sind, so scheitert ihre Arbeitsaufnahme doch wieder an anderen Mängeln der Zeit. Es ist ihnen, die fast völlig abgerissen und ohne Reserven hier ankommen, kaum möglich, Arbeitskleidung oder Schuhe zu besorgen; in Handwerks- und Gewerbebetrieben, die dringend Arbeitskräfte brauchen, fehlt es an Material, Werkzeugen und Maschinen.

Manche Vertriebene haben nicht die geringste Möglichkeit, ihrer eigenen Familienfesttage, wie silberner oder goldener Hochzeit, einigermaßen festlich zu gedenken; Heiraten längst Verlobter müssen aus Mangel an allem unterbleiben, während die ansässigen Quartiergeber ihre Feiern in großem Stil begehen, ohne auch nur ihre Zwangsgäste zu bedenken. Es ist, wie oft genug festgestellt wurde, durchaus nicht so, daß die Ostflüchtlinge etwa zu weitgehende Forderungen stellen oder nicht genug Verständnis haben würden, denn es gibt genug Beispiele für ein einwandfreies Zusammenleben ohne Streit, und wie dankbar haben sich die Menschen, die alles verloren haben, gezeigt, wenn ihnen zu Weihnachten oder bei sonst einer Gelegenheit Hilfe zuteil wurde. Auch sollte man das nicht immer einwandfreie Verhalten Jugendlicher nicht verallgemeinern, sondern nach den Ursachen sehen."

Vorsichtig lockerten die Besatzer in ihren Zonen nach und nach die teils strengen Vorschriften für die Zivilbevölkerung und die deutschen Behörden. So hob der britische Feldmarschall Montgomery im Verlauf des Jahres 1945 das anfangs verordnete Umgangsverbot schrittweise auf: Englische Soldaten konnten nunmehr in deutschen Familien verkehren und sie in ihren Wohnungen besuchen. Sie durften aber nicht bei Deutschen privat einquartiert sein und auch keine deutsche Frau heiraten.

Auch im ostfriesischen Kulturbetrieb regte sich wenige Monate nach dem Zusammenbruch langsam wieder Leben. In Leer führten die damals gegründeten Ostfriesischen Kammerspiele Ibsens „Nora" auf. In Aurich spielte die Ostfriesische Landesbühne August Hinrichs „Für die Katz" und Schillers „Kabale und Liebe". Die Neue Bühne auf Norderney suchte dringend Schauspieler. Sogar im zerstörten Emden gab es wieder kulturelle Abwechslung inmitten der Trümmerlandschaft. Bestehen ließen die britischen Besatzer vorläufig noch das nächtliche Ausgehverbot. Wer dagegen verstieß und nach Mitternacht ohne „Nachtpass" angetroffen wurde, musste mit einer Geldstrafe von 25 Reichsmark rechnen.

Leben im neuen Alltag

Im Oktober und November 1945 zeichnete sich die befürchtete Notlage im bevorstehenden Winter ab. Der ranghohe britische Wirtschaftsoffizier Oberst Petterson stellte unmissverständlich fest: „Die Winterschlacht wird für Tausende von Deutschen tragisch enden." Die Verteilung der knappen Lebensmittelvorräte, die Versorgung der Zivilbevölkerung mit Brennstoff und die Wohnraumnot waren die Hauptprobleme. Brotgetreide, so Petterson, sei zwar genügend vorhanden, aber es fehle an Transportfahrzeugen. Zudem werfe die „anschwellende Flut der Flüchtlinge alle Kalkulationen über den Haufen". Der hannoversche Journalist Dieter Tasch erinnerte sich später: „Die Briten und jeder Deutsche gewöhnten sich daran, nicht mehr in Brot und Kartoffeln, sondern nur noch in Kalorien zu denken." 1500 Kalorien täglich wurden als Existenzminimum von den medizinischen Beratern der Militärregierung für einen Erwachsenen als ausreichend angesehen. Auf dem Höhepunkt des ersten Hungerwinters nach Kriegsende wurde diese Grenze jedoch bereits unterschritten: 1443 Kalorien – mehr waren nicht vorhanden. Um die Lebensmittelversorgung einigermaßen gerecht vollziehen zu können, teilten die Behörden die Bevölkerung nach verschiedenen Kategorien ein: Normalverbraucher, Teilselbstversorger in Fleisch und Schlachtfett, Vollselbstversorger, Schwer- und Nachtarbeiter und Schwerstarbeiter. Die Rationen, für die je Zuteilungsperiode Marken ausgegeben wurden, richteten sich nach dem Alter der „Bezugsberechtigten". Allerdings war damit noch längst nicht die Garantie verbunden, dass auch alle zugeteilten und angekündigten Waren tatsächlich vorhanden waren und auf Marken, die in Bekanntmachungen von Periode zu Periode aufgerufen wurden, verkauft werden konnten. Wer ein Stück Garten hatte, aus Rüben Sirup kochen, aus Mohn oder Raps Öl pressen und aus Wildfrüchten Speisen herstellen konnte, durfte sich glücklich schätzen. Ideen, Fähigkeiten und Organisationstalent waren gefragt, heißt es in einer Alltagsbeschreibung jener Zeit.

Der Schwarzmarkt, auf dem zumeist raffinierte Geschäftemacher ihren illegalen Handel mit rationierten Waren betrieben, war der Auswuchs eines absolut zerrütteten Wirtschaftslebens. Mit ihren Razzien, Kontrollen und harten Strafen konnten deutsche und britische Behörden gegen diese Entwicklung jedoch kaum etwas ausrichten. Viele Schwarzhändler verlangten für begehrte Waren zumeist gepfefferte Preise, die von den „Kunden" auch gezahlt wurden. Woher die Waren zum Teil stammten, zeigte Mitte November 1945 eine Verhandlung vor dem Militärgericht in Aurich. Dort hatte sich ein 54-jähriger Mann aus Victorbur zu verantworten, der in den Tagen vor der Kapitulation aus einem Wehrmachtslager in Aurich und später aus britischen Beständen 28 000 Zigaretten, 2500 Zigarren, 2000 Tafeln Schokolade, Kleidung, Schuhe und Benzin entwendet hatte. Das Urteil: ein Jahr Gefängnis und 10 000 Reichsmark Geldstrafe.

Mit einem eindringlichen Appell wandte sich der ostfriesische Regierungspräsident Dr. Mimke Berghaus vor dem nahenden Hungerwinter an seine Landsleute: „Mehr als 10 000 Kinder aus Berlin, die in der zerstörten Stadt zugrunde gehen müßten, wenn sie nicht noch rechtzeitig Nahrung und Pflege auf dem Lande finden, werden in den nächsten Tagen zu Euch kommen und um Aufnahme bitten. Es ist ein Liebeswerk besonderer Art, an dem wir mithelfen wollen. Ich bitte Euch, nehmt diese Kinder freundlich auf, haltet sie wie Eure eigenen und laßt es ihnen an nichts fehlen, damit sie im nächsten Jahr gesund an Leib und Seele ihren Eltern wieder zurückgegeben werden können." Der erste Transport mit etwa 600 Kindern und 125 erwachsenen Begleitpersonen traf Anfang November in Ostfriesland ein. Lastwagen der Militärregierung brachten sie in die Aufnahmeorte. Aus Marienhafe hieß es im November 1945: „In den kleinen Landflecken sind etwa 50 Spandauer gekommen, unter anderem begleitet von zwei Lehrerinnen. Dem Bürgermeister ist es gelungen, alle Kinder auf freiwilliger Basis unterzubringen. Das will in einer Gemeinde mit etwa 600 Einwohnern viel bedeuten, wenn man bedenkt, daß das Dorf voll von Angehörigen der ehemaligen Wehrmacht liegt und sich auch noch zahlreiche Flüchtlinge dort aufhalten."

Um die Aufräumungsarbeiten im zerstörten Emden rascher voranzutreiben, ließ die Verwaltung im Zentrum zwei elektrisch betriebene Steinputzmaschinen aufstellen. Mit einem System von Bürsten reinigten sie alte Bausteine von Schmutz und Mörtel. An jeder Maschine arbeiteten fünf Mann. Laut Erlass des hannoverschen Oberpräsidenten wurde der Trümmerschutt amtlich beschlagnahmt und Werkstätten zur Wiederherstellung von beschädigten Häusern zur Verfügung gestellt. Besondere Aufräumarbeiten gab es um diese Zeit in Norden: Rund 280 Mitglieder der ehemaligen NSDAP mussten auf Anordnung der Militärregierung den jüdischen Friedhof wieder in den früheren Zustand versetzen und die Anlagen entsprechend herrichten. Die Aufsicht führte der Friedhofsgärtner.

Zum ersten Mal seit 1933 hielten die Sozialdemokraten in Ostfriesland wieder öffentliche Versammlungen ab, und zwar im November 1945 zunächst in Emden, Aurich und Norden. Anwesend waren jeweils der britische Militärgouverneur Colonel Brazier und Regierungspräsident Mimke Berghaus. Brazier sprach über die Notwendigkeit, das deutsche Volk auf demokratischer Grundlage politisch zu erziehen. Das Volk stehe am Scheideweg zwischen Führerprinzip und Demokratie. Der Gouverneur teilte mit, dass neben der SPD in der Provinz Hannover die Demokratische Union, die Niedersächsische Landespartei und die Kommunistische Partei offiziell für eine politische Betätigung zugelassen seien. Berghaus referierte über den Sinn politischer Versammlungen als Mittel der Selbsterziehung.

Vorweihnachtlicher Stimmungsbericht aus den Nordwest-Nachrichten:

NORDEN, 10. Dezember 1945. Die Schaufenster der Einzelhandelsgeschäfte haben durch Tannenzweige und bunte Weihnachtsbilder eine festliche Note erhalten. Aber auch die Auslagen selbst künden Weihnachten an. Ein Gold- und Silberwarengeschäft bietet den lange entbehrten Anblick einer beinahe verschwenderisch ausgestatteten Auslage. Allerdings müssen Kauflustige Altsilber liefern, um von den ausgestellten Kostbarkeiten etwas kaufen zu können. Ein Kunstgewerbeladen bietet geschmackvolle Geschenke an, auch hier muß der Käufer das Material liefern. Für Kinder gibt es besonders viel zu sehen. Eine Konditorei hat ein richtiges Pfefferkuchenherz ausgestellt. In einem großen Schaufenster haben kunstgewerbliche Werkstätten den Zirkus Sarasani in Miniaturausführung aufgeschlagen. Wer etwas zum Tauschen hat, kann in der Tauschzentrale Schaukelpferde, Puppenwagen, Kinderautos, Puppenstuben, Puppen, Eisenbahnen, Dampfmaschinen oder gar eine kleine Nähmaschine im erlaubten Tauschhandel erstehen. Der Norder Salon Taddigs veranstaltete kurz vor den Feiertagen eine improvisierte, aber sehr „zeitgemäße“ Modenschau: Die Mitarbeiterinnen des Hauses zeigten, wie man aus alten Kleidern, Uniformen und Resten praktische Modelle anfertigen konnte. Gezeigt wurden auch aus kleinsten Stoffteilen gefertigte Spielsachen und andere Anregungen, wie man mit einfachsten Mitteln den Kindern in der trüben Zeit mangels anderer Geschenke doch noch eine kleine Festfreude bereiten konnte.

Auf originelle Weise löste das Landratsamt in Wittmund das Problem, ausgediente Uniformstücke umzufärben. Es ließ sechs Gulaschkanonen in fahrbare Färbereien umbauen. An den umfunktionierten „Kanonen“ arbeiteten noch nicht aus der ehemaligen Wehrmacht entlassene gelernte Färber. Die Truppe zog von Ort zu Ort, bis auch im letzten Dorf des Kreisgebietes alle feldgrauen Kleidungsstücke dunkelbraun und blau eingefärbt waren, damit sie weiter getragen werden konnten. Wie stark die britische Besatzung das Alltagsleben beherrschte, zeigen zwei Verordnungen vom Dezember 1945:

In der einen musste die Bevölkerung das absolute Vorfahrtsrecht der alliierten Fahrzeuge auf allen deutschen Straßen zur Kenntnis nehmen, in der anderen wurden die männlichen deutschen Zivilisten angewiesen, die Kopfbedeckung zu ziehen, „wenn bei Feierlichkeiten die britische Nationalhymne gespielt wird". Fahnen und Banner vorbeimarschierender Truppeneinheiten der Besatzungsmächte seien von der Bevölkerung grundsätzlich zu grüßen. Am Heiligabend und während der Weihnachtstage waren überall in Ostfriesland die – zumeist ungeheizten – Kirchen überfüllt.

Entnazifizierung und „Umerziehung"

Anfang 1946 verstärkten die Besatzungsbehörden und die deutschen Dienststellen ihre Bemühungen, die kommunale Selbstverwaltung in der britischen Zone nach demokratischen Spielregeln auszubauen und das politische Leben rasch in Gang zu bringen. Auch die Statistiker in den Ämtern leisteten schon wieder Fleißarbeit. Unter der Schlagzeile „Alle zwei Minuten ein Nazi entfernt" erschien im Januar in den Nordwest-Nachrichten ein Artikel, der eingehend über die sogenannte „Entnazifizierung" informierte. Schon im Sommer 1945 hatten die alliierten Siegermächte wörtlich festgelegt: „Alle Mitglieder der nazistischen Partei, welche mehr als nominell an ihrer Tätigkeit teilgenommen haben, und andere Personen, die den alliierten Zielen feindlich gegenüberstehen, sind aus den öffentlichen und halböffentlichen Ämtern und von den verantwortlichen Posten in wichtigen Privatunternehmen zu entfernen. (Sie) müssen durch Personen ersetzt werden, welche nach ihren politischen und moralischen Eigenschaften fähig erscheinen, an der Entwicklung wahrhaft demokratischer Einrichtungen in Deutschland mitzuwirken."

Aus dem Zeitungsartikel geht hervor, dass in den zurückliegenden sechs Monaten in Nord- und Westdeutschland durchschnittlich alle zwei Minuten ein ehemaliger Nationalsozialist verhaftet, aus dem öffentlichen Dienst entlassen oder aus einer anderen verantwortlichen Position entfernt worden sei. Über eine halbe Million Fragebogen seien bis dahin bearbeitet und rund 400 000 Gesuche um Anstellungen überprüft worden. Bis Ende 1945 seien fast 72 000 Nationalsozialisten und Förderer der Partei aus dem öffentlichen Dienst entlassen und 41 500 Anträge auf Anstellung abgewiesen worden. Nicht berücksichtigt sei dabei die Zahl von über 50 000 Verhaftungen. Eine Erhebung des Auricher Regierungspräsidenten besagte, dass in Ostfriesland fast fünf Sechstel aller Beamten der ehemaligen NSDAP angehört hatten. Von den höheren Beamten seien zwei Drittel in der Partei gewesen. Bis Ende Dezember 1945 wurden bei der Regierung in Aurich etwa 35, im Landkreis Norden 43, im Kreis Leer 72, in Emden 80, im Kreis Aurich 48 und im Wittmunder Bereich zwölf Beamte, Angestellte und Arbeiter sowie in den ostfriesischen Schulen 298 Lehrkräfte entlassen.

In einem von der Militärregierung verbreiteten Stimmungsbild hieß es: „Von den Männern, die vor der deutschen Kapitulation die Geschicke Ostfrieslands leiteten, spricht kaum noch ein Mensch, und die Namen, die verschwunden sind, werden nirgends mehr genannt. Ein halbes Jahr hat genügt, sie in der Erinnerung auszulöschen. Der gewaltige Propagandaaufwand konnte die innere Hohlheit und Bedeutungslosigkeit der ‚Persönlichkeiten' nicht verdecken, die sich als Repräsentanten des Tausendjährigen Reiches ausgaben." Allerdings zeigte sich schon bald, dass die Praxis der Entnazifizierung letztlich Stückwerk blieb. Weder der Nürnberger Hauptkriegsverbrecherprozess noch die schier unzähligen Spruchkammerverfahren vermochten den Einfluss ehemaliger Nationalsozialisten im öffentlichen Leben, in der Wirtschaft und in der Erziehung völlig auszuschalten.

Im Winter 1946 entwickelten die Engländer in den Landkreisen, Städten und Gemeinden eine neue demokratische Ordnung nach britischem Muster. Darunter war vor allem die Abschaffung des „Führerprinzips" zu verstehen. Die Befugnisse der öffentlichen Verwaltung, die bis dahin in einer Einzelperson vereinigt gewesen seien, sollten von nun an gemeinschaftlich auf Personengruppen übertragen werden, „die die verschiedenartigen Interessen der Bevölkerung vertreten", hieß es in der von den Briten entworfenen neuen „Deutschen Gemeindeordnung". Somit legten die Besatzer die Grundzüge für die später immer mehr verfeinerte Ordnung in den niedersächsischen Kommunen. So bekam beispielsweise ein Beschluss, bevor er in die Tat umgesetzt wurde, eine breite Basis und mehrere Väter: Er wurde in den Ausschüssen vorberaten, in den Räten und Kreistagen gefasst und von der Verwaltung ausgeführt.

Schwierigkeiten und Lichtblicke

Der Mangel an Nahrungsmitteln und Brennstoff, aber auch an vielen anderen Dingen des täglichen Bedarfs und die nunmehr verstärkte Verordnung von Hungerrationen für die Zivilbevölkerung förderten im ersten Halbjahr 1946 allenthalben in den Besatzungszonen die Kriminalität. Die folgenden Meldungen aus der Nordwest-Zeitung sprechen für sich.

NORDEN, 7. März 1946. Vor einiger Zeit verurteilte das Militärgericht in Norden Angehörige einer Bande, die in Westermarsch zahlreiche Einbruchsdiebstähle ausführten, bei denen in der Hauptsache Lebensmittel entwendet wurden, zu längeren Gefängnisstrafen. Die Bande wurde vom Ankläger als „Schrecken von Westermarsch" bezeichnet. In der jüngsten Verhandlung des Militärgerichts hatte sich die Freundin des Anführers wegen Hehlerei zu verantworten. Mit Rücksicht auf ihre kleinen Kinder erhielt sie ein halbes Jahr Gefängnis mit Strafaufschub.

In der Nähe von Lütetsburg wurde auf einen einsam gelegenen Bauernhof ein schwerer Raubüberfall verübt. Die Täter schossen den 25jährigen Sohn des Bauern nieder. Sein Vater, der auf die Hilferufe herbeieilte und einen der Angreifer mit einer Stallaterne niederschlug, wurde durch Messerstiche verletzt. Die Räuber trieben dann die Hauseinwohner in den Keller und plünderten das Haus auf Wertsachen hin aus. Eine schwere Raubtat wird zugleich aus Osterupgant gemeldet: Eine Räuberbande, mit Pistole und Dolch bewaffnet, drang in das Haus einer Witwe ein, sperrte die Bewohner in den Keller, verwüstete die ganze Wohnung und raubte alles Mitnehmenswerte.

UPHUSEN, 5. März 1946. Die erste Frau in der britischen Besatzungszone, die zum Bürgermeister einer Gemeinde gewählt wurde, ist Fräulein Rixta Fegter, die vom Gemeinderat Uphusen im Kreis Norden zum Ortsoberhaupt mit elf von 13 Stimmen bestimmt worden ist. Bei einem Empfang durch den britischen Militärgouverneur von Norden, Mackay, drückte dieser seine Genugtuung darüber aus, daß Frauen als Vertreterinnen der Bevölkerung in den kommunalen Parlamenten wirken und daß nunmehr auch eine Frau Bürgermeister geworden ist.

Größer konnten die Gegensätze nicht sein: Während im Frühling 1945 die letzten Kämpfe des Zweiten Weltkriegs in Leer noch Opfer gefordert hatten, zogen zwölf Monate später, am Ostermontag 1946, begeisterte Schlachtenbummler des Fußballs durch die Ledastadt. Am 22. April kam es auf dem Sportgelände an der Logaer Allee zu einer Begegnung, von der die Fans noch lange schwärmten: Schalke 04, der Traditionsverein aus dem Kohlenpott, der zuletzt 1942 durch einen 2:0-Erfolg über Vienna Wien Deutscher Meister geworden war, trat in einem Freundschaftsspiel beim VfL Germania Leer an. Nach Einwilligung der britischen Militärregierung setzte die Reichsbahn von Papenburg und Norddeich aus sogar Sonderzüge ein, die auf allen Stationen hielten. Das Spiel am Nachmittag endete mit einer 0:4-Niederlage des VfL Germania.

Ansonsten gab es kaum erfreuliche Osterüberraschungen. Ausgerechnet in der Karwoche wurden die ohnehin schmalen Hungerrationen noch einmal gekürzt. Vor allem die „Teenot“ erreichte in Ostfriesland ihren Höhepunkt. Inzwischen war das ostfriesische Nationalgetränk offiziell überhaupt nicht mehr zu haben. Vielen Landesbewohnern blieb nichts anderes übrig, als sich heimlich mit der Mangelware zu versorgen. Ihre Wege führten zu gerissenen Schwarzhändlern, die allen Razzien und Hausdurchsuchungen zum Trotz einem festen Kreis von Eingeweihten spärliche Mengen zu teils gepfefferten Preisen verkauften. Ganze Heerscharen von Hamsterfahrern – vor allem aus dem Rhein-Ruhr-Gebiet – reisten in überfüllten Eisenbahnzügen gen Ostfriesland. Im Tauschwarengepäck hatten sie Teerationen. Dafür handelten sie Butter, Fett, Speck, Fleisch und Wurst, aber auch tragbares Mobiliar ein. Ihr bevorzugtes „Arbeitsgebiet“ waren die ländlichen Regionen.

Aus Emden hieß es: „Über die Gleise rollen zahlreiche Kohlenzüge, deren Inhalt für den Hafen bestimmt ist. Zum Rangieren halten die Züge an bestimmten Stellen. Hier hat sich nun eine Unsitte eingebürgert, die schon zu zahlreichen Verurteilungen vor dem Militärgericht geführt hat, während weitere Anklagen schweben. Kinder entern diese Züge, werfen Kohle herunter, die dann von ihnen oder auch Erwachsenen aufgesammelt wird. Wer sich Kohle aneignet, macht sich des Diebstahls schuldig. Es wurden Strafen von einem oder zwei Monaten Gefängnis verhängt.“ Doch nicht nur in Emden, sondern auch im übrigen Ostfriesland ging bei Nacht und Nebel der „Kohlenklau“ um. Auf Langsamfahrstrecken und vor Signalen sprangen geübte Kletterer auf Kohlenzüge und warfen in aller Eile so viel Brennstoff wie möglich auf den Bahndamm, wo Freunde und Bekannte das begehrte „schwarze Gold“ zusammenrafften. In der Nähe von Güterbahnhöfen wurden immer wieder abgestellte Kohlenwaggons um ihre Fracht erleichtert.

In Norden beschloss die Stadtvertretung nach längerer Aussprache die Umbenennung von Straßen, deren Bezeichnung an die Epoche des Militarismus erinnere. So erhielt die Hindenburgstraße wieder ihren alten Namen Neuer Weg, und aus der Graf-Spee-Straße wurde die Norderneyer Straße. Die Admiral-Scheer-Straße hieß von da an Baltrumer Straße. Mit Mehrheit billigte der Rat auch den Antrag, die Judenlohne in Synagogenweg umzubenennen.

In Aurich wurden Mitte März die sogenannten Ahrenholz-Säle, die bis dahin als Lazarett gedient hatten, wieder für Theaterdarbietungen und Konzerte in Betrieb genommen.

In der Auftaktveranstaltung gastierte das Wilhelmshavener Orchester unter Leitung von Alfred Hering mit einem Sinfoniekonzert. Am zweiten Abend führte ein Ensemble aus der Jadestadt Schillers „Kabale und Liebe“ auf. In Norden boten die Ostfriesischen Kammerspiele am 16. März Franz Molnars „Spiel im Schloss“ und in einer Nachmittagsvorstellung das Märchen „Hänsel und Gretel!“. Schon zwei Tage später gastierte in der Stadt das Oldenburgische Staatstheater mit dem Lustspiel „Der Mustergatte“. Ein Zeitzeuge erinnert sich: „Vor allem die Filmvorführungen waren überfüllt. Man stand Schlange, um eine Eintrittskarte zu ergattern. Der Kinobesitzer ‚kassierte‘ neben dem Eintrittsgeld von jedem Besucher ein Stück Torf. Somit konnte er den Kinosaal beheizen. Mancher Zuschauer besuchte die Vorstellung auch deshalb, um sich zwei Stunden lang aufzuwärmen.“

Zur „Sommersaison“ 1946 gab die Besatzungsmacht die Ostfriesischen Inseln Norderney, Juist und Borkum wieder für den zivilen Badebetrieb frei. Vorbedingung für eine Badereise zu den Inseln war der Nachweis einer Unterkunft. Langeoog erhielt die Auflage, rund 1000 Plätze für den Kuraufenthalt von Festlandskindern zur Verfügung zu stellen. Norderney musste mehrere Hotels für die Unterbringung von britischen Soldaten reservieren.

Anfänge der Pressefreiheit

Am 26. April 1946, knapp ein Jahr nach Kriegsende, erschien in Oldenburg unter der Zulassungsnummer 39 der britischen Militärregierung die erste Ausgabe der Nordwest-Zeitung (NWZ), die fortan und noch für längere Zeit auch für Ostfriesland die einzige regionale Informationsquelle auf dem Pressesektor blieb. Die traditionsreichen Heimatzeitungen mussten nach wie vor eine Zwangspause einlegen. Mit der Lizenzurkunde legten die Briten das Blatt zugleich in deutsche Hände und lösten damit die zuvor von ihnen zensierten Nordwest-Nachrichten ab.

Schon wenige Tage nach dem Start schrieb die NWZ, dass in Ostfriesland die „Verwahrlosung der Jugend“ in erschreckendem Maße um sich greife. Zitat: „Tag für Tag werden Jugendliche, die größtenteils aus der deutschen Wehrmacht entlassen wurden und kaum den Kinderschuhen entwachsen sind, auf den Landstraßen und Eisenbahnen aufgegriffen und in wachsame Obhut genommen. Und doch reißt dieser Strom des wilden Umherziehens nicht ab. Zumeist sind es junge Mädchen, die unter das Jugendschutzgesetz fallen.“ In Emden habe das Jugendamt in der Nähe des Krankenhauses eine Baracke aufgestellt, um den „herumlungernden jungen Leuten“ zuerst einmal das Allernotwendigste zu geben: Heim und Verpflegung. Die Zeitung schilderte Einzelfälle: „Ein Fünfzehnjähriger, zum Schanzen an die Westfront geschickt, wird aus der Kriegsgefangenschaft entlassen und wandert nach Ostfriesland, um Arbeit zu suchen. Eine Fünfzehnjährige zieht planlos über die Landstraße, eine Sechzehnjährige, ohne Heimat und Eltern, irrt durch Ostfriesland. Zwei Kinder, neun und zehn Jahre alt, die mit der Aktion Storch nach hier kamen, haben sich, ebenso wie vier andere Kinder im gleichen Alter, auf die Wanderschaft begeben, um ihre Heimatstadt Berlin zu Fuß zu erreichen. Alle diese, die täglich aufgegriffen werden, werden entweder bei Familien untergebracht oder in Lagern, wo sie durch Arbeitseinsatz wieder auf den richtigen Weg gebracht werden. Die freien Wohlfahrtsverbände schalten sich ebenfalls hilfreich ein, um die Jugend mit den nötigsten Kleidungsstücken zu versehen.“

In einem Brief an die Redaktion meinte ein Leser im Frühjahr 1946: „Heute, in einer Zeit, da das ganze Ausland bemüht ist, uns mit zu versorgen, gibt es Menschen, die sich statt eines Gemüse- noch einen Blumengarten erlauben. Der Flüchtling, der nicht für sich, sondern für ganz Deutschland Flüchtling wurde, muß zusehen, wie der Einheimische, der seinen Gemüsegarten hat, außerdem noch einen Blumengarten besitzt. Ein bisheriger Blumengarten dürfte mancher Flüchtlingsfamilie die Sorge um die Ernährung erleichtern. Es ist also an der Zeit, Blumengärten verschwinden zu lassen.“ Über zweierlei Maß in manchen Geschäften beklagte sich ein Zeitgenosse wie folgt: „Immer noch gibt es Geschäftsleute, die ihre Kunden in zwei Klassen einordnen. So zum Beispiel der Lebensmittelhandel von E. W. in W. Dort sollte an einem Nachmittag Sauerkraut verteilt werden. Wie erstaunt und mit Recht empört waren aber die bereits seit einer Stunde geduldig der Ladenöffnung harrenden Hausfrauen, als nur eine Portion ausgegeben und dann kategorisch erklärt wurde: Ausverkauft, wir haben nur ein Faß bekommen. Hinter dem Ladentisch hingegen stand eine Unmenge von Schüsseln, gefüllt mit Sauerkraut, obenauf die jeweilige Gemüsekarte für die besonderen Kunden ...“

Politische Ausrichtungen

Im Mai 1946 machten zwei Ereignisse deutlich, dass die braune Vergangenheit trotz aller Entnazifizierungsbemühungen nicht so einfach wegzuwischen war und die sogenannten „neuen Deutschen“ ihre Mühe hatten, den richtigen politischen Kurs zu finden.

Seit September 1945 erhielten Vertreter der britischen Militärregierung, der deutschen Behörden, aber auch Polizisten und Rechtsanwälte in und um Norden eindeutig formulierte Drohbriefe; zugleich kursierten Zettel, deren Verfasser die Bevölkerung aufforderte, einen Aufstand zu unternehmen, die öffentlichen Gebäude in Brand zu setzen und die Repräsentanten der britischen und deutschen Verwaltung zu töten. Die Briefe und Aufrufe waren vom „Führer der deutschen Freiheitsbewegung" unterzeichnet. Nach mühsamen Ermittlungen gelang es der Polizei, dem „neuen Adolf" auf die Spur zu kommen. Sie verhaftete einen 23-jährigen Justizwachtmeister, der im Norder Amtsgerichtsgefängnis aushilfsweise beschäftigt war. Bei einer Hausdurchsuchung fand sie nationalsozialistische Literatur aller Art, weitere Drohbriefe und ein Album, in dem sich der Mann selbst als „Führer" verherrlichte. In der ersten Vernehmung hatte der 23-Jährige ausgesagt, dass er eine Nachfolge-Bewegung der Nazipartei gründen wolle. Das Oberste Militärgericht in Aurich vertrat zwar den Standpunkt, dass die „Wahnidee" des jungen Mannes in diesem Falle die besonders ausgeprägte Folge der nationalsozialistischen Erziehungspolitik sei, dass jedoch andererseits kein Grund vorhanden sei, dem Angeklagten wegen geistiger Störung mildernde Umstände einzuräumen. Immerhin sei er intelligent genug gewesen, sich ein halbes Jahr lang zu verstecken und zuvor beim Norder Amtsgericht Nazischriften, die er vernichten sollte, für seine Zwecke auszuwerten. Mehrere Zeugen sagten in den Prozess aus, dass sie den „neuen Führer und seine Ideen nicht allzu ernst" genommen hätten. Das Militärgericht nahm den ehemaligen Justizwachtmeister jedoch ernst; es verurteilte den 23-Jährigen zum Tode. Die Vollstreckungsart werde von höherer Stelle bestimmt.

Nachdem sich in der von den Rotarmisten besetzten Sowjetzone die Kommunisten und die Sozialdemokraten unter Wilhelm Pieck und Otto Grotewohl im April zur Sozialistischen Einheitspartei Deutschlands (SED) vereinigt hatten, wurde die Diskussion um einen künftig gemeinsamen Weg auch in den westlichen Besatzungszonen geführt. Hier kam es jedoch zu ernsthaften Konflikten und eindeutigen Gegenpositionen, deren Schlüsselfigur Kurt Schumacher, inzwischen gewählter SPD-Vorsitzender in den drei Westzonen, war.

Im Emder Ortsteil Larrelt veranstalteten die Sozialdemokraten und Kommunisten Anfang Mai 1946 eine gemeinsame Zusammenkunft, in der zahlreiche Teilnehmer eine Resolution mit der klaren Forderung verabschiedeten, nach dem Beispiel der sowjetischen auch in den westlichen Zonen die Vereinigung der beiden Arbeiterparteien herbeizuführen. Wörtlich: „Wir erwarten, daß in allen Ortsgruppen dasselbe getan wird, denn nur die Einheit der Arbeiterklasse sichert uns ein neues, demokratisches Deutschland." Eindeutig nahmen dann allerdings Anfang Juni führende Sozialdemokraten aus dem früheren Landkreis Emden zu dieser Frage Stellung. Während einer Konferenz, in der Johann Fischer aus Norden die Grundsatzrede hielt, fassten sie eine Resolution, in der sie eine Vereinigung mit den Kommunisten ablehnten. Die Partei dürfe durch starre Bindungen nicht in ihrer Handlungsfreiheit gehindert werden. Ähnlich äußerten sich danach die SPD-Funktionäre auf anderen örtlichen Ebenen.

Für hitzige Debatten um die Zukunft des nordwestdeutschen Küstengebietes sorgte Mitte Mai 1946 eine umfassende Denkschrift der damaligen oldenburgischen Landesregierung an die Adresse der Briten. Die Oldenburger verteidigten darin mit allem Nachdruck ihre nach dem Zusammenbruch wiedergewonnene Eigenständigkeit als Land und wandten sich vorsorglich gegen eine sich um diese Zeit schon abzeichnende Bildung eines Landes Niedersachsen mit der Hauptstadt Hannover. Im Rahmen einer Neuordnung müssten nach ihrer Überzeugung eine Reihe von Bundesländern von „überschaubarer und gleicher Größe" gebildet werden. Ihr Vorschlag lief auf einen küstenorientierten „Bundesstaat Weser-Ems" mit Sitz in Oldenburg hinaus. Das bestehende Land Oldenburg, so hieß es, müsse in diesem Gebilde um die Regierungsbezirke Aurich und Osnabrück sowie um Gebiete östlich der Weser erweitert werden. Über die Stellung der Hansestadt Bremen müsse gesondert nachgedacht werden. Das binnenländische Hannover jedenfalls sei zu weit entfernt, um diese Regionen zu verwalten. In Ostfriesland stießen die oldenburgischen Vorstellungen umgehend auf Ablehnung. Aus politischen, wirtschaftlichen und kulturellen Gründen müsse der Regierungsbezirk Aurich seine Verwaltungseinheit bewahren und könne nur Teil eines möglichst großen Landes sein, dessen Kern die frühere Provinz Hannover sei. Zugleich äußerten die Kreise Meppen und Lingen sowie die Ämter Cloppenburg und Vechta den Wunsch, bei einer künftigen Neugliederung an Westfalen angeschlossen zu werden.

Care-Pakete aus Amerika

Am 5. Juni 1946 begann mit der Unterzeichnung des Care-Vertrages für die deutsche Bevölkerung ein bedeutsames Kapitel der Nachkriegsgeschichte. Noch während der Nürnberger Prozesse gegen deutsche Kriegsverbrecher, die vom November 1945 bis Oktober 1946 stattfanden, leitete die 1946 in den USA gegründete, später weltweit tätige Wohltätigkeitsorganisation Care eine für Deutschland 14 Jahre dauernde Hilfsaktion. Parallel dazu lief das nach dem amerikanischen Außenminister George Marshall benannte Hilfsprogramm an, das 1948 auf die zur „Trizone" wirtschaftlich zusammengeschlossenen drei westlichen Besatzungszonen ausgedehnt wurde. Die ersten für Deutschland bestimmten Care-Pakete trafen im August 1946 in der amerikanischen Zone und Berlin, im September 1946 in der französischen und im Oktober 1946 in der britischen Zone ein. In den folgenden Jahren wurde das zerstörte Deutschland Schwerpunkt der Care-Hilfe. Für Hunderttausende Familien bedeutete der Empfang eines von fast zehn Millionen Care-Paketen Hilfe zum Überleben. Von 1946 bis 1960 erhielt die deutsche Bevölkerung Nahrungsmittel, Kleidung, Medikamente und Handwerkszeug. In den entscheidenden ersten drei Jahren lebenswichtiger Soforthilfe kamen in Bremen monatlich zehn bis zwölf Schiffe an und brachten neben vielen Tausend Tonnen Weizen, Mais und Mehl fünf Millionen Care-Pakete. Diese Spenden von Privatpersonen waren ein erster Lichtblick nach Jahren der Feindschaft und Verwüstung, ein Zeichen der Menschlichkeit und Hilfsbereitschaft.

Am 12. Juli 1946 meldete ein Zeitungsberichterstatter aus Emden: „Auf den Feldern in der Umgebung der Hafenstadt und in der Krummhörn beginnt in diesen Tagen die seit zehn Jahren übliche große Erbsenpflückaktion, an der sich weite Kreise auch der sonst nicht landwirtschaftlich tätigen Bevölkerung beteiligen. Die freiwilligen Helfer, die gemeinsam vom Arbeitsamt und der Bezirksabgabestelle Emden aufgerufen werden, fahren jeden Morgen mit Wagen und Kleinbahn zu ihren Arbeitsstätten. Im Emder Gebiet ist mit einer Ernte von 500 Waggons, etwa 30 000 Zentnern, zu rechnen. Die gleiche Menge wird auch im Kreis Norden sowie im Gebiet um Bunde anfallen. Im Anschluß daran kommen die dicken Bohnen an die Reihe. Ein Teil der Erbsen wird grün gepflückt, um im frischen Zustand verbraucht zu werden. Der größte Teil wird jedoch konserviert. Die Bezirksabgabestelle für Gartenbauerzeugnisse in Norden, die das Pflücken organisiert, gibt den freiwilligen Arbeitskräften, von denen etwa 2000 benötigt werden, nicht nur Lohn und Essen, sondern auch zusätzliche Lebensmittelkarten und die Möglichkeit, sich einen Wintervorrat an Erbsen und Gemüsekonserven zu sichern. Die Absatzgebiete sind Bremen, Osnabrück, Oldenburg, andere Teile des Weser-Ems-Gebietes und das Ruhrgebiet." Kurz darauf berichtete die Nordwest-Zeitung, dass in Emden jedes Stückchen Land bebaut sei. Zitat: „Es wurden fast alle Wallzwinger und Promenadenanlagen zu Gemüse- und Kartoffelland gemacht, aus den meisten Vorgärten sind die Blumen verschwunden. Statt ihrer sieht man Gartenschmuck aus Ornamenten von Gemüsepflanzen. Um nichts umkommen zu lassen, weiden sogar die Pferde auf den Grünflächen des Walls."

In Norden nahm die Kriminalpolizei im Sommer 1946 einen in einer Druckerei beschäftigten Schriftsetzer fest, der sich mithilfe einer Platte, die dem Druck von Lebensmittelmarken diente, eigenhändig Kartenabschnitte anfertigte. Bei einer Hausdurchsuchung wurde ein Teil der gefälschten Marken gefunden. Dabei war dieser Fall noch verhältnismäßig harmlos: Weitaus rigoroser handelten Einbrecher, die nachts planmäßig über Land zogen, in die Gemeindeämter und Wohnungen von Bürgermeistern eindrangen und die dort lagernden Vorräte an Lebensmittelkarten mit sich nahmen.

Freie Wahlen

Gleich drei politische Themen beherrschten den späten Sommer und den frühen Herbst des Jahres 1946 in der britischen Zone: zum einen die nach der NS-Diktatur erstmals wieder stattfindenden freien Kommunalwahlen in den Gemeinden, zum anderen die von der Militärregierung in die Wege geleitete Bildung neuer Länder sowie der von den Niederländern erhobene Anspruch auf Teile Ostfrieslands.

Mit den ersten Kommunalwahlen stellten die Briten zunächst auf der untersten Ebene wieder demokratische Verhältnisse her. Die wahlberechtigten Deutschen hatten die Möglichkeit, die nach der Kapitulation von den Besatzern vorläufig und nach Gutdünken eingesetzten „Volksvertretungen" entweder zu bestätigen oder per Stimmzettel neu zu strukturieren; unter bestimmten Voraussetzungen konnten sie sich durch eine Kandidatur aber auch selbst wieder aktiv am politischen Leben beteiligen. Bei der Suche nach geeigneten Bewerbern für die Listen machten die Parteien unterschiedliche Erfahrungen. Die Sozialdemokraten hatten offenkundig die geringsten Schwierigkeiten, geeignete Kandidaten zu finden. Bei den übrigen Parteien gab es durchaus Probleme. Viele Mitbürger verbanden mit dem Begriff „Partei" unangenehme Erinnerungen an die Vergangenheit; wer sich dennoch am öffentlichen Leben beteiligen und darauf einwirken wollte, bevorzugte eher die Kandidatur als „Parteiloser" oder schloss sich einer Gemeinschaft von „Unabhängigen" an.

Auf breiter Ebene erreichten die „Parteilosen" in Ostfriesland mit über 1300 bei Weitem die Mehrzahl aller zu vergebenden Sitze, vor allem in den ländlichen Gebieten. Die SPD kam insgesamt auf 526, die FDP auf 353, dahinter die CDU auf 305, die KPD auf 55 und die NLP auf 53. In einem Zeitungsbericht hieß es über den Wahlsonntag: „Die Wahlbeteiligung in Ostfriesland war nicht überwältigend und zeigt, daß ein großer Teil der Bevölkerung sich noch zu sehr von den täglichen Sorgen und der Last einer schwer geprüften Zeit gefangen nehmen lässt. Auch die vielen Gemeinden, in denen es keiner Wahl bedurfte, weil nur so viel Kandidaten benannt waren, als Sitze zu vergeben waren, sind noch Ausläufer einer politischen Resignation, die sich nur allmählich beheben läßt und nach einer gewissen Zeit durch ein eigenes politisches Gewissen der Bevölkerung abgelöst wird."

Am Rande der Wahlen gab es einige bemerkenswerte Vorgänge. So musste die Militärregierung einigen Gastwirten per Verordnung befehlen, ihre Säle für Parteiveranstaltungen zur Verfügung zu stellen. Die Saalbesitzer in ländlichen Gemeinden hatten dafür wenig übrig, denn nach ihrer Ansicht lockten die allabendlichen Filmvorführungen mehr Publikum an. Schwierig war auch die Beschaffung von Wahlkabinen und -urnen. In vielen Fällen musste man sich mit einem Provisorium aus Kisten und anderen Behältern behelfen.

Nachdem im August 1946 auf Veranlassung der britischen Militärregierung die neuen Länder Nordrhein-Westfalen und Schleswig-Holstein praktisch aus der Taufe gehoben worden waren, kam es im Nordwesten der Zone zu zeitlichen Verzögerungen. Nach wie vor wehrten sich die Oldenburger, wenn auch nicht ganz einheitlich, gegen die Bildung eines Landes Niedersachsen, das vor allem von dem Sozialdemokraten Hinrich Wilhelm Kopf favorisiert wurde. Entscheidend war schließlich die Verordnung Nr. 55 der Militärregierung, die im folgenden November zur Gründung Niedersachsens als Vereinigung der Provinz Hannover mit den Ländern Oldenburg, Braunschweig und Schaumburg-Lippe führte. Als Regierungsbezirk Aurich war Ostfriesland von da an ein Teil des neuen Landes unter seinem ersten Ministerpräsidenten Kopf. Am 9. Dezember konstituierte sich in der niedersächsischen Hauptstadt Hannover ein Landtag, dessen Mitglieder von der Militärregierung ernannt worden waren. Ein gewähltes Parlament ließ noch auf sich warten. Rund vier Wochen nach den Kommunalwahlen in den kleineren Städten und ländlichen Gemeinden der britischen Besatzungszone wurde die stimmberechtigte deutsche Zivilbevölkerung am 13. Oktober 1946 erneut an die Wahlurnen gerufen. Diesmal ging es um die Zusammensetzung der künftigen Kreistage und der Räte in den kreisfreien Städten. Zwischen den beiden Wahlgängen verstärkten die von den Briten zugelassenen Parteien ihre Aktivitäten. In den vier ostfriesischen Landkreisen Norden, Aurich, Wittmund und Leer sowie in der kreisfreien Stadt Emden bewarben sich insgesamt 546 Kandidaten um die Gunst der Stimmberechtigten.

Das Ergebnis, brachte einige Überraschungen. Die größte bestand darin, dass die Freien Demokraten in der gesamtostfriesischen Bilanz mit 71 Sitzen die Wahlsieger waren. Im damaligen Auricher Kreistag gewann die FDP mit 34 Mandaten die absolute Mehrheit. Dem mächtigen liberalen Block saßen nur sechs Sozialdemokraten und zwei Kommunisten gegenüber. Im benachbarten Kreis Wittmund eroberte die FDP ebenfalls die absolute Mehrheit. Sie stellte allein 24 Abgeordnete, während die SPD nur acht Mandate erzielte. Fünf Sitze entfielen auf Parteilose. Ganz anders sah das Bild im Norder Kreistag aus. Hier konnte die SPD 29 Mandate erringen, während die FDP vier, die CDU drei und die damalige Niedersächsische Landespartei (NLP) fünf Sitze erzielte. Die Kommunisten brachten nur einen Bewerber durch. Auch in Emden entschied sich die Mehrheit für die Sozialdemokraten. Die SPD eroberte 14 von 24 Sitzen. Die Freidemokraten schickten neun und die Kommunisten einen Vertreter in das Stadtparlament. Im Landkreis Leer hingegen schafften die Christdemokraten die absolute Mehrheit. Sie kamen auf 34 von 42 Sitzen. Die Sozialdemokraten mussten sich mit den übrigen acht Sitzen begnügen. Kommunisten und Parteilose hatten in Leer keinen Erfolg. In der gesamten britischen Besatzungszone erzielte die CDU vor der SPD, der NLP und der FDP die meisten Sitze.

Niederländer fordern Wiedergutmachung

Mit Billigung der britischen Militärregierung demonstrierten Anfang Dezember 1946 einige Tausend Ostfriesen in Emden gegen die seit einigen Wochen bekannten niederländischen Gebietsforderungen, die den südwestlichen Teil Ostfrieslands, die Emsmündung, den Dollart sowie die Insel Borkum betrafen. Das Nachbarland erhob damit Anspruch auf eine angemessene Form der Wiedergutmachung nach der nationalsozialistischen Machtherrschaft und der Besetzung während des Zweiten Weltkriegs. Vertreter der Parteien, der Wirtschaft, des Handwerks, der Arbeiterschaft, der kulturellen Organisationen und der Kirche wandten sich im Verlauf der von Emdens Oberbürgermeister Hans Susemihl (SPD) eröffneten Kundgebung gegen eine Abtretung ostfriesischen Bodens und gegen die nach ihrer Überzeugung drohende Vernichtung von schier unzähligen Existenzen im Rheiderland. Susemihl: „Wir beantragen, daß man bei der Lösung von Gebietsfragen die wahre Menschlichkeit gelten läßt, wir bitten das holländische Volk, die Bestrebungen Ostfrieslands zu unterstützen, wir geloben, ein Volk zu sein und uns in der Stunde der Gefahr nicht zu trennen."

Der Präsident der Industrie- und Handelskammer für Ostfriesland und Papenburg, Hendrik Fisser, bezweifelte, dass die Niederländer bereit seien, jährlich zwei bis drei Millionen Mark zur Baggerung des Emsfahrwassers auszugeben, da ihnen Rotterdam als Umschlagplatz zur Verfügung stehe. Es dürfe nicht zugelassen werden, dass eine Hafenstadt wie Emden vernichtet werde. Die Wiedergutmachung der den Niederländern von deutscher Seite zugefügten Schäden müsse in anderer Weise erfolgen, betonten Fisser und andere Sprecher der Kundgebung, darunter Pastor Immer als Repräsentant der ostfriesischen Kirchengemeinden und Max Schierig als damaliger Unterbezirkssekretär der SPD. Einstimmig nahm die Versammlung eine „Proklamation an die Weltöffentlichkeit" an, in der es unter anderem hieß:

„Wir weisen auf die traditionellen Beziehungen zwischen Holland und Ostfriesland hin. Bereits im 16. Jahrhundert fanden viele Holländer, um ihres Glaubens willen verfolgt, gastliche Aufnahme in den Mauern der Stadt Emden. Auf allen Gebieten der Kultur und des wirtschaftlichen Lebens war seitdem Ostfriesland mit Holland in gegenseitiger Ergänzung und bestem Einvernehmen verbunden. Schmerzlich berührt waren alle friedliebenden demokratischen Kräfte, vor allem aber unter uns Ostfriesen, durch den jähen Bruch, den unverantwortliche Machthaber durch den Krieg mit dem holländischen Nachbarvolk herbeiführten. Selbst in dieser Zeit jedoch fanden viele der zwangsweise nach Deutschland verschickten holländischen Arbeiter bei der ostfriesischen Bevölkerung gastliche und freundschaftliche Aufnahme. Wir können uns nicht denken, daß dieses Verhältnis nachbarlicher Eintracht jetzt – nach Überwindung des Nationalsozialismus – durch holländische Gebietsforderungen zerstört werden soll, die tief in das Eigenleben Ostfrieslands eingreifen würden. Wir sind überzeugt, daß diese Forderungen nicht von der gesamten holländischen Bevölkerung getragen werden ... Laßt uns arbeiten und leben! Nehmt uns nicht die letzte Hoffnung. Zerstört nicht unsere demokratische Aufbauarbeit. Schafft keine Streitobjekte für neue Auseinandersetzungen, sondern arbeitet gemeinsam mit uns für den Frieden unserer beiden Völker und damit zum Segen der Menschheit."

In der Weihnachtszeit 1946 berichtete die Nordwest-Zeitung:

OSTFRIESLAND, 20. Dezember 1946. Als Weihnachtssonderzuteilung werden 20 Zigaretten für Männer und zehn Zigaretten für Frauen ausgegeben. Die Abgabe erfolgt auf die Abschnitte 5 und 6 der Männerkarte M 4 und Abschnitt 3 der Frauenkarte

F 4. Außer dieser Sonderzuteilung erhalten Schwerkriegsbeschädigte und Bergleute eine weitere Weihnachtszuteilung von zehn Zigaretten.

NORDEN, 24. Dezember 1946. Die Arbeitsgemeinschaft der freien Wohlfahrtsverbände hatte zusammen mit der Stadt Norden nahezu 3000 Kinder im Alter von fünf bis 14 Jahren zu Weihnachtsfeiern in vier Säle eingeladen. Für die Gestaltung der Feiern sorgten die Schulen der Stadt. Durch hochherzige Spenden war es möglich, alle Kinder mit Brötchen und süßem Milchkaffee zu bewirten. Und die Freude darüber wurde noch übertroffen, als der Weihnachtsmann erschien und Süßigkeiten verteilte. Wenn auch die Gaben verständlicherweise bescheidener waren als in den Vorjahren, so ist es doch sehr erfreulich, daß in der heutigen schwersten Notzeit zum erstenmal eine derart umfassende Feier stattfinden konnte. – Die Waldgutbesitzer Fürst Knyphausen und Schelten-Peterssen haben der Wohlfahrtspflege der Stadt je 20 Raummeter Holz kostenlos zur Verfügung gestellt. Daraus können in der Holzschuhfabrik Berum über 5000 Paar Schuhe für bedürftige Kinder hergestellt werden.

Der harte Winter und weitere Wahlen

Im zweiten Nachkriegswinter stellten ungewöhnlich starke Kälteeinbrüche die deutsche Zivilbevölkerung, die Behörden und die britische Besatzungsmacht auf eine harte Probe. Die Temperaturen sanken tief unter den Gefrierpunkt. „Ein neuer Kälterekord erreicht", hieß es **Anfang 1947** in der Nordwest-Zeitung, die aufgrund der sich ausbreitenden Papierknappheit vorläufig nur noch in einer stark reduzierten Auflage erscheinen durfte. Zitat:

„Die Kältewelle hat das Wattenmeer in eine Eiswüste verwandelt", schrieben die Lokalberichterstatter, „seit Februar 1929 ist dies der strengste Winter, an den sich die Norddeicher und Norderneyer erinnern können. Der Dampferverkehr zwischen Norderney, Juist und dem Festland ruht. Die Schiffe liegen auf den Inseln fest, nachdem sie zuletzt bis zu jeweils neun Stunden in der Eiswüste unterwegs gewesen waren. Einzelne Norderneyer kommen von ihrer Insel, die von der übrigen Welt abgeschnitten ist, mit Schlitten herüber, um das Notwendigste zu holen. Erfahrene Wattenführer sind unterwegs, um unerschrockene Leute von Hilgenriedersiel und Neßmersiel über das vereiste Wattenmeer nach Norderney zu bringen. Die Fischersleute können zwar nicht auf das Meer hinaus, müssen aber trotzdem schwer arbeiten, um ihre Boote vor der Zerstörung durch das Eis zu bewahren. Um die Boote herum muß täglich eine Rinne durch das 40 Zentimeter dicke Eis gesägt werden. So werden sie in Bewegung gehalten."

Etwa eine Woche lang konnte die Insel nicht versorgt werden. Eine Flugverbindung scheiterte an technischen Schwierigkeiten. Auf allen ostfriesischen Eilanden mussten die Bewohner mit den geringen Vorräten haushalten und mit halben Brotrationen auskommen. Die außergewöhnlichen Kälterekorde prägten allerdings nicht nur in Ostfriesland, sondern auch im übrigen Deutschland und in den europäischen Nachbarländern den Alltag. Die unzureichende Versorgung mit Strom und Brennstoff vor dem Hintergrund der Kohleknappheit stürzte alle Lebensbereiche in eine Krise, die in ihrem Ausmaß vielerorts an härteste Kriegszeiten erinnerte oder diese noch übertraf. Auf Druck der Militärregierung mussten im Regierungsbezirk Aurich und im Verwaltungsbezirk Oldenburg sämtliche Betriebe der Industrie und des Gewerbes, soweit sie Strom verbrauchten, mit Ausnahme der Nahrungsmittelproduzenten bis Ende Januar stillgelegt werden.

In einer Sitzung des Landtages in Hannover am 8. Januar 1947 nahm die katastrophale Lage einen breiten Raum ein. Im Verlauf der Debatte wandten sich mehrere Abgeordnete mit kritischen Fragen an die Adresse der Militärregierung. In einer Antwort zeichnete Wirtschaftsminister Alfred Kubel (SPD) ein trostloses Bild des wirtschaftlichen Zusammenbruches und erklärte, dass er keinen umfassenden Plan zur Linderung der Lage vorlegen könne. Die wichtigsten Entscheidungen über die gesamte Schlüsselindustrie lägen nicht in deutschen Händen; die Verantwortung für Lieferungen auf allen lebenswichtigen Gebieten sei den Deutschen nur zum Teil übergeben worden. Die Katastrophe in der Stromversorgung bezeichnete Kubel als eine Folge „mangelnder Voraussicht" in der Planung. Nach seinen Informationen sei die Reichsbahn durchaus in der Lage, die für den Kohletransport erforderlichen 140 000 Waggons zu stellen; die Entscheidung über die Lieferung aber läge bei der Militärregierung.

Auch die Bauern blickten sorgenvoll in die Zukunft. Sie bangten um die nächste Ernte. In einem Lagebericht hieß es: „Der starke Frost ist tief in die Erde gedrungen, hat den umbrochenen Boden erstarren lassen, so daß Pflanzen und Korn erfroren sind, da die schützende Schneedecke fehlt. Man muß deshalb damit rechnen, daß die Ernte kümmerlich sein wird, besonders weil keine Möglichkeit gegeben ist, das Land nochmals zu umbrechen und eine neue Aussaat vorzunehmen, weil es überall an dem dafür erforderlichen Saatgut fehlt."

Unbekannte Täter verübten Mitte Januar 1947 einen Sprengkörper-Anschlag auf das Gebäude der Militärregierung in Emden. Vom Wall aus warfen sie zwei Handgranaten in den Garten des Hauses. Bei der Detonation gingen einige Fensterscheiben zu Bruch. Während der nächsten Stunden folgten weitere Explosionen im Stadtgebiet. Der Emder Rat setzte zur Ergreifung der Täter eine Belohnung von 10 000 Mark aus. Die Militärregierung teilte dem Oberbürgermeister mit, dass mit ernsten Repressalien gegen die Einwohner der Stadt zu rechnen sei, falls die Täter nicht festgestellt werden könnten. Die deutschen Behörden erklärten, dass weite Kreise der Bevölkerung nur wenig Verständnis für den Anschlag hätten, weil sie das durchweg gute Verhältnis zwischen der Stadt und der Besatzung unsinnigerweise nur störe und die ohnehin schwierige Lage Emdens unnötig verschärfe. Gerade von der Besatzungsmacht sei oft genug Hilfe in höchster Not gekommen. Das habe sich in den Weihnachtstagen 1946 gezeigt, als Emder Kinder von der Militärregierung bewirtet und beschenkt worden seien. Offiziere und deren Frauen hätten von ihren eigenen Rationen abgegeben und die Kinder bedient.

Unabhängig von der verheerenden Notlage mussten viele Ostfriesen auf Anordnung der Militärregierung immer wieder und für alle möglichen Zwecke Fragebogen ausfüllen. Ein unbekannter Poet brachte alles auf einen Nenner, als er im Januar 1947 reimte: „Der Strom ist knapp, die Kohle auch / und Brot und andere Sachen, / nur Fragebogen gibt es satt, / und wer den Bogen sauber hat, / der könnte eigentlich lachen."

„Heute gab es in Norden wieder kein Brot. Und wenn man hört, daß es in einer Bäckerei doch etwas gibt, bilden sich lange Schlangen, die Menschen warten oft stundenlang, und manchmal gibt es auch Prügeleien. Vorgestern haben sie in einer Bäckerei die Scheiben eingedrückt", schrieb der damals zwölfjährige Autor dieser Dokumentation am 15. Februar 1947 mit kindlicher Handschrift in sein Tagebuch. „Sonntags fahren keine Züge mehr ... und jeden Abend wird fast drei Stunden lang der Strom ausgeschaltet. Gestern war ich zur Post, um mir den Schwarzen Markt anzusehen. Hier ging es hoch her ..."

Mitte Februar wurden auf dem Schwarzen Markt in Norden größere Mengen Lebensmittelkarten zu gepfefferten Preisen angeboten. Die Kriminalpolizei, die das Spiel einige Tage lang beobachtete, fasste schließlich einen Angestellten des Kreisernährungsamtes, der die begehrten Karten unterschlagen hatte. Delikte dieser und ähnlicher Art nahmen zu. Nach einer Ende Februar veröffentlichten Meldung beschlagnahmte die

Polizei allein in Aurich während der voraufgegangenen vier Wochen neben Kaffee, Stoff, Zigaretten und Kurzwaren 355 Kilo Fleisch- und Wurstwaren, 83 Kilo Speck, 25 Kilo Butter und elf Kilo Tee. Größere Mengen an Schwarzmarktwaren stammten aus Einbrüchen. In Norddeich hob die Polizei eine Bande aus, die sich (so wörtlich) „zu einer wahren Landplage ausgewachsen hatte". An ihrer Spitze stand ein nach außen hin eleganter Berliner Textilkaufmann mit dem Spitznamen „Pik-As". Der Polizeibericht meldete: „Als eine der letzten Taten wurde ein Schweinediebstahl beim Bürgermeister von Westermarsch verübt. Die Kripo entdeckte mit Hilfe von Spürhunden die Reste des geschlachteten Tieres und verbrachte mehrere Nächte in den Norddeicher Bunkern, um das Treiben zu beobachten. Eines frühen Morgens überraschte sie die Verbrecher und fand auch ein raffiniert angelegtes Versteck, eine große Regentonne, aus der Schweine- und Kalbfleisch zum Vorschein kam."

Dramatisch spitzte sich im Februar und März 1947 die Lage auf den vom Eis eingeschlossenen Ostfriesischen Inseln zu. Anfang März übermittelte die Gemeinde Juist der Regierung in Aurich einen SOS-Ruf: Der Brennstoff ist aufgebraucht, und die Lebensmittel reichen noch für wenige Tage. In einem Situationsbericht hieß es: „Seit dem 15. Dezember ist Juist ... vom Eis eingeschlossen ... Das Inseldorf hat 838 Ureinwohner und mußte 673 Ausgewiesene aufnehmen. Alle diese Menschen sind auf Versorgung vom Land her angewiesen. Nur periodenweise kamen Lebensmittel herüber ... Der gesamte Hausbrand ist seit langem aufgebraucht und die Bewohner frieren in den ungeschützten Häusern. Zwölf Kilometer trennen Juist vom Festland, dazwischen türmen sich unwegsame Strecken übereinander geschobener Eisblöcke ... Jetzt (wurde) der Versuch gemacht, durch Fußgänger über das Eis Lebensmittel vom Festland zu holen. Zu diesem Zweck hatten sich 120 Männer freiwillig zur Verfügung gestellt, die in mehr als vierstündigem Fußmarsch unter größten Schwierigkeiten die Küste erreichten. Sie waren durch die großen Anstrengungen jedoch bereits so erschöpft, daß sie für den Rückweg keine Lasten mit sich nehmen konnten. Während die ersten nach sechs Stunden auf Juist ankamen, trafen die letzten erst zwölf Stunden nach ihrem Abmarsch wieder ein. Einer der Männer, ein 60jähriger Flüchtling, war unterwegs an Erschöpfung gestorben ... "

Orkanartige Stürme über Europa beendeten in der Nacht zum 17. März 1947 die ungewöhnlich lange und harte Kälteperiode mit all ihren katastrophalen Folgen. Wie nie zuvor sehnte die hungernde und frierende Bevölkerung den Frühling herbei. Doch nach diesem Winter verschärfte sich die ohnehin seit Monaten andauernde

Ernährungskrise für die deutsche Zivilbevölkerung noch drastischer. Ausgerechnet in der 100. Zuteilungsperiode vom 31. März bis zum 27. April 1947 sahen sich die Behörden gezwungen, die Brotrationen für Erwachsene erneut zu kürzen. Im Frühjahr 1947 und während der folgenden Monate kam es wegen der Versorgungslage in den westlichen Besatzungszonen und somit auch in Niedersachsen, unter anderem in Oldenburg, immer wieder zu öffentlichen Demonstrationen und Arbeitsniederlegungen in großen Betrieben. Die Demonstranten hielten Transparente hoch: „Wir sind Deutsche, sind kein Kolonialvolk!" – „Wir wollen leben, nicht verrecken!" Doch ernsthaft verändert wurde vorerst nichts. Zwei Jahre nach Kriegsende wirkte sich der völlige Zusammenbruch des Produktions- und Transportwesens in allen Bereichen nun erst recht aus. Ungeklärte Kompetenzschwierigkeiten bei den verantwortlichen Stellen sowie die immer geschickter aufgezogenen „Geschäfte" von kleinen und großen Schwarzmarkthändlern und Schiebern, die vorhandene Waren in dunkle Kanäle lenkten und somit einer gerechten Verteilung entzogen, waren weitere Gründe. Wie im Frieden lebten nur die Großschieber, von denen nur hin und wieder einer der Polizei ins Netz ging.

Im März 1947 berichtete die Nordwest-Zeitung aus dem Auricher Umland:

In dem Dorf Westerende-Kirchloog gibt es einen Krämerladen, über den man in diesen Tagen in Ostfriesland mehr spricht als über das größte Kaufhaus der Welt. Natürlich sprach man schon hin und wieder im Volksmund von der Firma ..., die alles habe. Eines Tages lief eine Anzeige beim Wirtschaftsamt ein, in der eine Überprüfung dieser Firma für notwendig gehalten wurde. Eine Stube voll Porzellan sollte vorhanden sein. Bei der Prüfung wurden zehn Lastkraftwagen voll Mangelware gefunden, angefangen von Küchengeräten, Schmuck, Brotgetreide, Fahrradteilen bis hin zu einigen Paketen mit Futter- und Anzugstoffen, die ein Auricher Schneider dort ausgelagert hatte. Einige Beamte des Wirtschaftsamtes bemühten sich, dem Hamsterlager auf den Grund zu steigen. Sie kletterten auf den Böden herum, suchten nach Luken und Treppen und fanden größere Mengen Haushaltswaren und Porzellan in einem Bodenraum, den sie verplombten. Als die Beamten nach zwei Tagen wiederkamen, um eine Bestandsaufnahme vorzunehmen, fanden sie verdächtige Spuren an der Plombe. Bei einer weiteren Haussuchung wurde ein Keller entdeckt, dessen Eingang durch Schnee verweht war. Zum Schluß kam ein ganzes Warenlager zusammen, eine umfangreiche Sammlung von Fahrradreifen, Gummibällen, Kerzen, Wärmflaschen, Schuhcreme, Bohnerwachs und viele andere Waren.

Der erste Landtag

Am 20. April 1947 wählten die Niedersachsen ihren ersten Landtag. Über acht Millionen Wahlberechtigte lösten an jenem Sonntag mit ihrer Stimmabgabe das im November 1946 von der Militärregierung provisorisch ernannte Parlament aus 86 Abgeordneten ab. Der nunmehr demokratisch gewählte Landtag zählte 149 Abgeordnete: 65 Sozialdemokraten, 30 Christdemokraten, 27 Mitglieder der Deutschen Partei (bislang Niedersächsische Landespartei NLP), 13 Freidemokraten, acht Kommunisten und sechs Zentrumspolitiker. Der Sozialdemokrat Hinrich Wilhelm Kopf wurde erneut zum Ministerpräsidenten gewählt und behielt somit das Amt, das ihm schon einige Monate zuvor die Engländer anvertraut hatten.

In Ostfriesland lag die Wahlbeteiligung bei 59,8 Prozent. In den fünf ostfriesischen Landtagswahlkreisen errangen die SPD-Kandidaten jeweils das Direktmandat. Im Wahlkreis Emden/Norden konnte der Norder Bürgermeister Johann Fischer die meisten Stimmen auf sich vereinigen. Fischer stand damals bereits seit 30 Jahren im politischen Leben. Bis 1933 war er Mitglied des Norder Stadtrates, wurde 1937 verhaftet und wegen seiner illegalen politischen Tätigkeit von den Nationalsozialisten zu zwei Jahren Zuchthaus verurteilt. Den Wahlkreis Leer eroberte der dortige Bürgermeister Louis Thelemann, der Ostfriesland schon vor 1933 im Hannoverschen Provinziallandtag vertreten hatte. Nach der Machtübernahme war er von den Nationalsozialisten ausgebootet und 1944 in ein Konzentrationslager gebracht worden. Nach der Kapitulation wurde er wieder Vorsitzender der SPD in seiner Heimatstadt Leer. Sieger der Sozialdemokraten im Wahlkreis Leer-Borkum wurde der Rheiderländer Bauhandwerker Theus Bracht. Aus dem Wahlkreis Aurich zog der fast 70-jährige Professor Adolf Jensen in den Landtag ein. Den Wahlkreis Wittmund vertrat der Werftarbeiter Anton Pawlowski. Über die Landesliste seiner Partei wurde der Freidemokrat und Kaufmann Egon Rosenberg aus Emden in das Niedersachsen-Parlament gewählt.

Viel Ärger gab es im Mai 1947 um die von der Militärregierung und den deutschen Behörden eingeführte doppelte Sommerzeit, nach der die Uhren nicht nur eine, sondern zwei Stunden vorgestellt werden mussten. Die Zivilbevölkerung, die Industrie und vor allem die Landwirtschaft lehnten die ungewohnte Regelung ab. Die Landesbauernschaft Weser-Ems und andere Organisationen übermittelten dem Ernährungs- und Wirtschaftsrat in Stuttgart und den Besatzungsmächten ihre schwersten Bedenken. Die niedersächsischen Bauern hätten schon mit der einfachen Sommerzeit ihre Not, die doppelte jedoch sei untragbar. Die landwirtschaftliche Produktion werde außerordentlich erschwert. Ersparnisse an Licht und Kohle seien nicht zu erwarten. Durch das frühe Melken werde der Milchanfall absinken. Die Arbeit auf dem Lande könne nicht vor 9 Uhr morgens beginnen, da erst dann der Tau abgetrocknet sei. Wenn in anderen Berufen längst Feierabend sei, könnten in der Landwirtschaft die Arbeiten noch nicht ruhen, weil die Sonne hoch am Himmel stehe. Die Erfinder der „neuen Zeit" ließen sich überzeugen. Am 29. Juni wurde die einfache Sommerzeit wieder eingeführt. In diesem Falle mussten die Uhren nachts von 3 auf 2 Uhr um eine Stunde zurückgestellt werden.

Mitte Mai 1947 zogen in Aurich etwa 20 Polen durch die Straßen, hielten Zivilisten an und bedrängten sie tätlich. Mit Totschlägern und Knüppeln brachten sie ihnen Verletzungen bei. Einmütig verfasste der Auricher Rat unter Vorsitz von Bürgermeister von Schleusen eine Resolution, in der es unter anderem hieß: „Der Militärregierung sind die in letzter Zeit zunehmenden Überfälle polnischer Soldaten auf friedliche Einwohner bekannt ... (Dadurch) wird das gute Verhältnis zwischen Besatzungstruppen und Bevölkerung empfindlich gestört. Wir bitten deshalb die Militärregierung, die Bevölkerung in Zukunft gegen derartige Überfälle zu schützen, gegen die Täter mit aller Strenge vorzugehen ...".

Unterernährt und krank

Wie fast überall in Deutschland, wurde im Juli 1947 auch in Ostfriesland bei den Normalverbrauchern ein durchschnittliches Untergewicht von zehn Kilogramm und mehr festgestellt. In einer Bestandsaufnahme hieß es: „Jugendliche und Schulkinder haben teilweise ein erhebliches Untergewicht, sehen blaß aus, haben eine schlechte Haltung, und die Schulanfänger sind großenteils stark im Wachstum zurückgeblieben. Allerdings ist der günstige Einfluss der Schulspeisung sowie der Speisungen durch das Rote Kreuz usw. nicht zu unterschätzen. Leider aber reicht dieser Zusatz nicht aus, um alle Mängel auszugleichen. Bei den Erwachsenen zeigen sich vielfach als Folgen der Unterernährung Schwächezustände, sehr herabgesetzter Blutdruck, Kreislaufschwäche, Rückgang der allgemeinen Leistungsfähigkeit und starke Neigung zu Krankheiten verschiedener Art, deren Dauer länger als normal ist. Bei den Säuglingen macht sich eine starke Verbreitung der Rachitis bemerkbar. Von den Kindern bis zum dritten Lebensjahr, die wegen irgendwelcher Krankheiten in das Krankenhaus Sandhorst eingeliefert wurden, ließen 80 Prozent fortgeschrittene rachitische Veränderungen erkennen. Die Schuluntersuchungen wegen Eingliederung in die Hoover-Speisung ergaben, daß in Ostfriesland nach vorläufigen Feststellungen weit mehr als ein Drittel der Kinder dieser Speisung bedürfen. Es handelt sich dabei nicht nur um Flüchtlingskinder, sondern auch um die einheimischen. Die Schwierigkeiten der Körperpflege, bedingt durch den Mangel an Seife und Waschmitteln, den Wäschemangel und die erschwerte Möglichkeit, warmes Wasser zu bereiten, die Zusammenpferchung vieler Menschen in überfüllten Wohnräumen haben viele Hautkrankheiten zur Folge gehabt. 1946 gab es in Ostfriesland allein 13 000 durch die Ärzte gemeldete Krätzefälle."

Paradies der Schieber

Unter Schlagzeilen wie „Das Paradies der Schieber" und „Krasse Gegensätze" machten Zeitungsreporter im August und September 1947 auf Vorgänge aufmerksam, die sich auf den Ost- und Nordfriesischen Inseln, vor allem auf Norderney, Borkum und Westerland, abspielten. In Hotels, Pensionen und Privathäusern nisteten sich während der im Sommer schon wieder einigermaßen florierenden Badesaison zwielichtige Festlandsbesucher ein, die mit sogenannten Schwarzmarktwaren aus dunklen Kanälen gute Geschäfte machten und vor allem die Inseln als entlegene „Umschlagplätze" und Treffpunkte für Kontaktpflege betrachteten. Und so nebenbei führten sie offensichtlich ein feines Leben. Allem Anschein nach, so heißt es in überlieferten Berichten, profitierten auch die einheimischen Insulaner von dem sich ausbreitenden „Schiebertum". Dieses traurige Kapitel der Nachkriegszeit wird in den vorliegenden Inselchroniken kaum berücksichtigt, obwohl es damals weit über die Waterkant hinaus für Aufsehen sorgte. Die Behörden blieben nicht untätig und führten im Laufe des Sommers 1947 teils scharfe Kontrollen ein, unter anderem am Borkum-Anleger in Emden und auf der Mole in Norddeich. Bei zahlreichen angeblichen Badeurlaubern beschlagnahmten sie Waren, die auf den Eilanden schwarz verhökert werden sollten. Ein Bericht vom 2. September 1947 aus der Nordwest-Zeitung schildert eine Durchsuchung auf Norderney:

„Bei drei führenden Vergnügungsstätten der Insel setzte am Mittwoch gegen 22 Uhr schlagartig eine große Razzia ein, an der die Kriminalpolizei, die uniformierte einschließlich weibliche Polizei, der Zollgrenzschutz, der Zollfahndungsdienst, die Wasserschutzpolizei, Beamte von der Preisüberwachung, vom Ernährungsamt, Arbeitsamt,

Amtsgericht und der Staatsanwaltschaft sowie von der Besatzungsmacht die Militärpolizei, ‚Secret Service' und ‚Public Safety' beteiligt waren. Die Abordnung war mit einem Sonderdampfer von Norddeich gekommen. Etwa 1300 Personen wurden von der Razzia betroffen; 30 von ihnen wurden vorläufig festgenommen, fünf Fälle vom Schnellgericht sofort abgeurteilt, und vier Strafsachen werden in Kürze vom Militärgericht verhandelt werden. Das Kurhaus wurde umstellt, während im großen Saal noch eine Konzertveranstaltung im Gange war. Die etwa 600 Besucher mussten sich am Schluss einzeln durchschleusen lassen. Bei jeder Person wurden die Arbeitspapiere und Personalausweise sowie Zweck und Dauer des Kuraufenthalts genau geprüft. Es fiel auf, dass besonders viele Frauen ohne gültigen Ausweis angetroffen wurden. Auch die Lokale und Wohnungen der Gaststätteninhaber sowie die Wohnungen des Personals wurden durchsucht."

Magerkost auf Marken

Der Verdacht, in manchen ostfriesischen Gaststätten würde nicht ganz markengerecht gekocht, veranlasste die Preisüberwachungsstelle zu einer überraschenden Aktion in Emden, Aurich und Leer. Um ganz sicherzugehen, waren selbst die Beamten erst im letzten Augenblick von ihrer Aufgabe unterrichtet worden. Mit Unterstützung von Polizeibeamten in Zivil erschienen sie in fünf Emder, vier Auricher und drei Leeraner Gaststätten. Die Beamten bestellten sich unter Abgabe der geforderten Marken ein Gericht, das auf der Speisekarte verzeichnet war. Sie beschlagnahmten es und ließen es dem Chemischen Untersuchungsamt in Emden übergeben, in dem es auf seinen Fettgehalt überprüft wurde. Die Ergebnisse dieser Untersuchung waren fast durchweg sehr betrüblich. In einer Gaststätte in Aurich fehlten 88 Prozent, in einer zweiten am gleichen Ort 82 Prozent, in einer dritten 63 Prozent. In Leer betrug das Mindergewicht an verwandtem Fett 77 Prozent, bei den anderen geprüften Gaststätten fehlte immer noch etwa die Hälfte.

Weitere Berichte aus der Nordwest-Zeitung im Original:

HAGE, Dezember 1947. Wilhelmshaven, Sanderbusch, Wittmund, Hage bei Norden – letzte Stationen der Kriegsgefangenen der Sowjetunion auf ihrer Heimkehr zu den Angehörigen. In den Sälen der Krankenhäuser liegen sie – diese jungen Menschen von gerade 20 Jahren und die Alten, die die 50 überschritten haben. Vier bis fünf Wochen Fahrt über

3000 Kilometer durch die Weite Rußlands liegen hinter ihnen... In Kiew haben sie auf dem Bau gearbeitet, auf der Krim im Weingarten. Viele von ihnen waren in Kubyschew und in Saratow in den Maschinen- und Autowerken. In Stalingrad war das 1942 sinnlos umkämpfte Traktorenwerk ihre Arbeitsstätte. Am „dunklen Donez“ haben sie tief in der Erde nach „schwarzen Diamanten“ gegraben – jeden Tag 300 Meter an der Leiter hinunter, jeden Tag 300 Meter wieder hinauf ans Tageslicht, denn einen Förderkorb gab es nicht. Bei der kargen Verpflegung war das mehr als eine schwere Arbeit. Man sieht es den Jungen wie den Alten an, Gesichter und Körper sind von der ungewohnten harten Arbeit gezeichnet. (Von früh bis spät mussten) alle anfallenden Arbeiten mit der Hand erledigt werden ... Krank und müde kehren sie zurück. Der größte Teil leidet an chronischer Unterernährung. Kaum einer von ihnen wiegt 100 Pfund, und es wird noch Monate dauern, bis sie wieder voll bei Kräften und arbeitsfähig sind. In alten, abgerissenen Soldatenröcken mit mangelhaftestem Schuhwerk kamen sie in den Lazaretten in Oldenburg und Ostfriesland an. Viele haben schon Verbindung mit ihren Angehörigen aufgenommen ..., einige aber haben kein „Zuhause“ mehr und stehen einsam und verlassen in der schweren Zeit, nicht wissend, was sie beginnen sollen.“

AURICH, Dezember 1947. Die Nordwest-Zeitung ließ bei den zehn- bis zwölfjährigen Jungen und Mädchen der Auricher Stadtschule und des Gymnasiums die Weihnachtswünsche auf einen Zettel schreiben, ohne daß den Kindern der Zweck mitgeteilt wurde. 19 Jungen der Stadtschule wünschen sich eindeutig Schuhzeug, drei einen „schönen Anzug“, einer eine Hose und ein anderer eine Mütze. Einige vermerken, daß es auch Lederschuhe sein müßten. 25 entschieden sich für eine elektrische Eisenbahn, während die Autowünsche erst mit sieben an zweiter Stelle „rangieren“. Für drei Jungens kann ein Weihnachtsabend nur mit einer Dampfmaschine erfolgreich werden. Einer möchte einen „Fliegeranzug“ haben, während ein Arbeiterjunge sich nur „ein paar Bonbons“ als Weihnachtswunsch erlaubt. Ein Zehnjähriger wünscht sich von den insgesamt 103 Jungen eine Tafel Schokolade. Von den 24 jüngsten Schülern des Gymnasiums wünschen sich allein sieben Sportschuhe und Bälle, aber auch ebenso viele Schuhzeug.

Einer möchte eine Wolldecke haben, ein anderer nichts weiter als eine Weihnachtskerze. Auch hier tauchen wohl einmal einige „Luxuswünsche“ auf – Werkzeug, Kaspertheater, Buntstifte, ein Karl-May-Buch –, aber allgemein sind auch die Zwölfjährigen schon äußerst sachlich. Einer möchte eine Damenarmbanduhr in eine Herrenuhr

Ostfriesischer Kurier

Kreisblatt und alte Norder Heimatzeitung

Allgemeiner Anzeiger für Stadt und Land

Bezugspreis: In der Stadt 2 RM. einschließlich 25 Rpfg. Zustellgeld, auf dem Lande 2,16 RM. einschließlich 40 Rpfg. Zustellgeld, bei der Post für Selbstabholer 1,90 RM. einschließlich 20 Rpfg. Postzeitungsgebühren und 20 Rpfg. Postsonderdienst. Postzustellgeld 36 Rpfg. Bestellungen in der Geschäftsstelle, bei den Postämtern, Briefträgern und Zeitungsboten. Einzelnummer 10 Rpfg.

Anzeigenpreise: Millimeterzeile (Grobspalte 46 Millimeter) 8 Reichspfennig, im Textteil (90 Millimeter) 40 Rpfg. Zur Zeit gilt Preisliste 10 (Nachlaßstaffel B). Anzeigen-Annahmeschluß 17 Uhr. Bankkonten: Kreis- und Stadtsparkasse. Oldenburgische Landesbank und Ländl. Genossenschaftsbank. Postscheckkonto Hannover Nr. 54211. Fernsprecher Nr. 2541/42. Telegramm-Adresse Kurier

Nr. 109 — Norden, Donnerstag, 10. Mai 1945 — Jahrgang 79

MILITARY GOVERNMENT—GERMANY
SUPREME COMMANDER'S AREA OF CONTROL
MILITÄRREGIERUNG—DEUTSCHLAND
KONTROLLGEBIET DES OBERSTEN BEFEHLSHABERS

Law. No. 2.

GERMAN COURTS.

It is hereby ordered:

ARTICLE I

Temporary Suspension of Ordinary and Administrative Courts.

1. The following German Courts and Tribunals are hereby suspended and deprived of authority in the occupied territory until authorized to re-open:
   (a) The Oberlandesgerichte, and all courts over which said courts exercise appellate or supervisory jurisdiction;
   (b) All subordinate courts over which the Reichsverwaltungsgericht exercises appellate or supervisory jurisdiction;
   (c) All other courts not dissolved under Article II.
2. The Reichsgericht and the Reichsverwaltungsgericht have until further notice no authority [illegible] or otherwise in the occupied territory.
3. Every decision, judgment, writ, order or direction issued by any such court or tribunal after the effective date of this law and during the period of suspension shall, within the occupied territory, be null and void.

ARTICLE II

Dissolution of Special and Party Courts and Tribunals.

4. The jurisdiction and authority of the following courts and tribunals in the occupied territory are hereby abolished:
   (a) The Volksgerichtshof;
   (b) The Sondergerichte;
   (c) All courts and tribunals of the NSDAP and of its organizations, formations and connected associations.

ARTICLE III

Authority for Re-opening Ordinary Civil and Criminal Courts.

5. Each Oberlandesgericht, Landgericht, and Amtsgericht within the occupied territory shall re-open and resume its usual functions only when and to the extent specified in written directions of Military Government.
6. Unless otherwise provided in such written directions, said courts, when re-opened, shall give priority to the trial and disposition of the following classes of cases in the order named:
   (a) Criminal cases initiated during the period between the effective date of this law and the re-opening of the court;
   (b) Criminal cases initiated before the effective date of this law;
   (c) Criminal cases initiated after the re-opening of the court;
   (d) Contentious and non-contentious civil cases initiated prior or subsequent to re-opening of the court involving:
   (1) domestic relations,
   (2) personal status,
   (3) claims in tort involving life, liberty or personal physical injuries, but excluding defamation,
   (4) other claims in tort and other civil cases involving not exceeding Five Hundred Marks (RM. 500),
   (5) other civil cases.

ARTICLE IV

Re-opening of Administrative and Other Courts Temporarily Suspended.

7. Each such court shall re-open and resume its usual functions only when and to the extent specified in written directions of Military Government.

ARTICLE V

Qualifications of Judges, Prosecutors, Notaries, and Lawyers.

8. No person shall be qualified to act as judge, prosecutor, notary, or lawyer, until he shall have taken an oath in the following form:

Wir setzen heute den Abdruck der von den Besatzungstruppen veröffentlichten Gesetze und Anordnungen fort, die sowohl für die Stadt als auch für den Kreis Norden Gültigkeit haben.

Die Schriftleitung.

Oath

"I swear by Almighty God that I will at all times apply and administer the law without fear or favour and with justice and equity to all persons of whatever creed, race, colour or political opinion they may be; that I will obey the laws of Germany and all enactments of the Military Government in spirit as well as in letter and will constantly endeavour to establish equal justice under the law for all persons. So help me God." Every person who takes the foregoing oath is no longer bound by the obligations of any oath of office previously subscribed by him.

9. No person shall act as judge, prosecutor, notary, or lawyer without the consent of Military Government.

ARTICLE VI

Limitations on Jurisdiction.

10. Except when expressly authorized by Military Government, no German Court within the occupied territory shall assert or exercise jurisdiction in the following classes of cases:
    (a) Cases involving the Navy, Army, or Air Forces of any of the United Nations or any persons serving with or accompanying any thereof;
    (b) Cases against any of the United Nations or any national of the United Nations;
    (c) Cases arising under any German law suspended or abrogated by Military Government;
    (d) Cases involving offences against any order of the Allied Forces, or any enactment of Military Government, or involving the construction or validity of any such order or enactment;
    (e) Any case over which jurisdiction has been assumed by a Military Government Court;
    (f) Any case or class of cases transferred by Military Government to the exclusive jurisdiction of Military Government Courts;
    (g) Cases involving claims for money against the Germans government or any legal entity existing under public law.
11. Any proceedings taken or decision rendered after the date hereof by a German Court in any cases excluded from its jurisdiction shall be null and void.

ARTICLE VII

Powers of Military Government.

12. The following powers of control and supervision are without prejudice to the subsequent exercise of any additional or other powers, vested in the Military Government:
    (a) To dismiss or suspend any German judge, Staatsanwalt or other court official: and to disbar from practice any notary or lawyer;
    (b) To supervise the proceedings of any court, to attend the hearing of any case, whether in public or in camera, and to have full access to all files and records of the court and documents in the cases:
    (c) To review administratively all decisions of German trial and appellate courts and to nullify, suspend, commute or otherwise modify any finding, sentence or judgment rendered by any such court;
    (d) To transfer to the jurisdiction of the Military Government Courts any case or class of cases;
    (e) To control or supervise the administration, budgets and personnel of all German courts authorized to function.
13. No sentence of death shall be carried out without the consent of Military Government.
14. No member of the Allied Forces nor any employee, of whatever nationality, of the Military Government, shall be required or permitted to testify in any German court without the consent of the Military Government.

ARTICLE VIII

Limitation and Prescription.

15. In any case in which delay in the assertion of any right by suit or action in a German court has the effect of rendering claims unenforceable or of extinguishing substantive rights, the period during which [illegible] prevented by the suspension of German courts or the limitations imposed by this law, shall be excluded in determining the applicable period of limitation or prescription.

ARTICLE IX.

Penalties.

16. Any person violating any of the provisions of this Law shall, upon conviction by a Military Government Court, be liable to any lawful punishment, including death, as such court may determine.

ARTICLE X.

Effective Date.

17. This Law shall become effective upon the date of its first promulgation.

BY ORDER OF MILITARY GOVERNMENT.

GESETZ NR. 2

Deutsche Gerichte

Es wird hiermit verordnet:

ARTIKEL I

Zeitweilige Schliessung von Ordentlichen- und Verwaltungsgerichten.

1. Im besetzten Gebiete werden die folgenden Gerichte hiermit geschlossen und ihrer Amtsgewalt für verlustig erklärt, und zwar solange bis sie ermächtigt werden, ihre Tätigkeit wieder aufzunehmen:
   (a) Die Oberlandesgerichte und alle Gerichte, über welche die erstgenannten Gerichte Rechtsmittel- oder Aufsichtsinstanz sind;
   (b) Alle unteren Gerichte, über welche das Reichsverwaltungsgericht Rechtsmittel- oder Aufsichtsinstanz ist;
   (c) Alle anderen Gerichte, die nicht in Artikel II abgeschafft werden.
2. Das Reichsgericht und das Reichsverwaltungsgericht haben im besetzten Gebiet bis auf weiteres keine Amtsgewalt über Gerichte oder sonstwie.
3. Entscheidungen, Urteile, Beschlüsse, Verfügungen oder Anordnungen, welche von diesen Gerichten nach dem Inkrafttreten dieses Gesetzes und während der einstweiligen Schliessung erlassen werden, sind innerhalb des besetzten Gebietes nichtig.

ARTIKEL II

Abschaffung der Sonder- und Parteigerichte.

4. Die Zuständigkeit und Amtsgewalt der folgenden Gerichte im besetzten Gebiet werden hiermit abgeschafft:
   (a) Volksgerichtshof
   (b) Sondergerichte
   (c) Alle Gerichte der NSDAP, ihrer Gliederungen, Organisationen und angegliederten Verbände.

Auch nach der deutschen Kapitulation erscheint der Ostfriesische Kurier vorerst weiter – jetzt allerdings mit den in englischer und deutscher Sprache abgedruckten Verordnungen der Besatzungsmacht.

Mai 1945: Kanadische Soldaten in der Innenstadt von Aurich.

Flirt für den Fotografen? Kanadische Besatzungssoldaten und junge Ostfriesinnen im Gespräch. Die Aufnahme wurde vermutlich gestellt.

Die im Kampf um Leer größtenteils zerstörten Kasernen bieten vielen Obdachlosen unmittelbar nach dem Krieg dennoch ein erstes provisorisches Dach über dem Kopf.

Primitive Behausungen in den ersten Nachkriegsjahren: Holzbaracken und Nissenhütten, benannt nach dem britischen Offizier Peter Norman Nissen.

Schon vor dem Ende des Zweiten Weltkriegs entstanden in Bargebur bei Norden primitive Behelfsheime, die zunächst vor allem von Bombengeschädigten aus Emden und später von Flüchtlingen als Notunterkunft genutzt wurden.

Nachkriegszeit 1945/46: Busreisende in Ostfriesland müssen immer wieder Kontrollen durch Mitarbeiter der britischen Militärregierung über sich ergehen lassen.

In der Firma Theodor Klatte in Weener, die im Zweiten Weltkrieg Flugzeugteile herstellte, verfügt die britische Besatzungsmacht die Demontage von Maschinen.

Ein seltenes Fotodokument: In der Nachkriegszeit führt der Mangel an Benzin dazu, dass auch in Ostfriesland Omnibusse mit Holzkohle betrieben werden.

Internationale Hilfsorganisationen sorgten während der ersten harten Nachkriegswinter auch in Ostfriesland für die von den Kindern gern angenommene Schulspeisung mit Keks-, Mais- und Nudelsuppen.

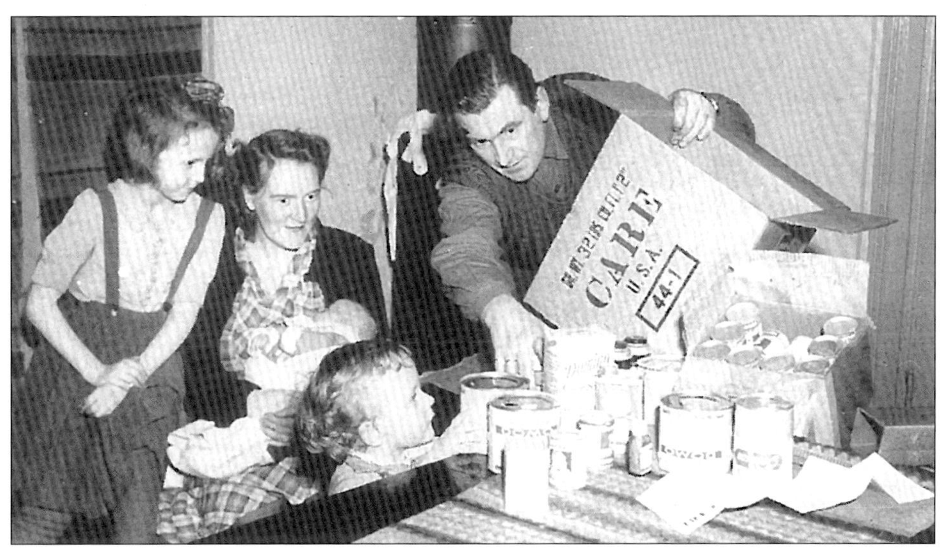

Auch in Ostfriesland ein „Trostpflaster“ in der Not der Nachkriegszeit: Care-Pakete aus den USA.

In und auf überfüllten Zügen nach Ostfriesland: Hamsterfahrer aus dem Westen Deutschlands.

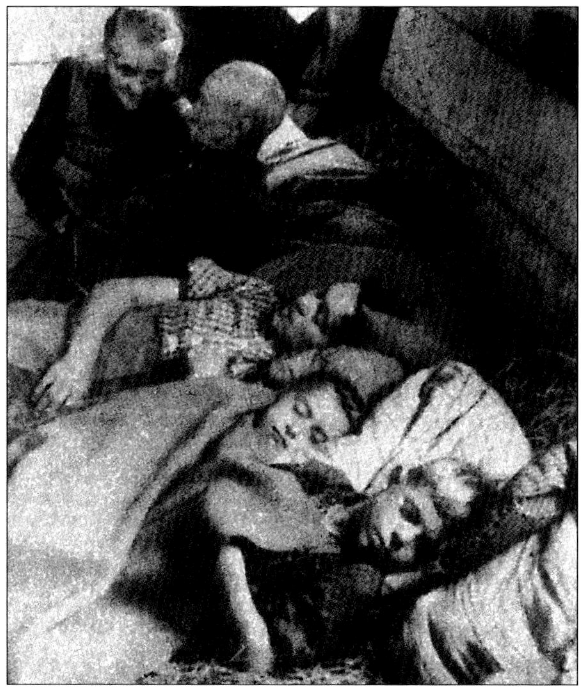

Schlafen auf engstem Raum: eine Flüchtlingsfamilie aus dem Osten nach der Ankunft in Westdeutschland.

Im Juni 1948 ebnet die Währungsreform in den Westzonen Deutschlands den Weg in das Wirtschaftswunder der 1950er-Jahre. Die neue Deutsche Mark löst die wertlose Reichsmark ab.

umtauschen. Ein Junge – man vergleiche Gymnasiastenwünsche früherer Zeiten – wünscht sich ein Heft. Allein 29 von den 71 Mädchen der Stadtschule wünschen sich ein paar Schuhe, 13 etwas ganz anderes: eine „große Puppe". Vier sind des vielen Laufens müde und möchten ein Fahrrad haben, fünf einen Füllhalter oder Drehbleistift und drei – Uhren und Ohrringe. Die 12jährige Tini schreibt: „Mein Vater ist Lokomotivführer, ich möchte einen Trainingsanzug." Acht wünschen sich ein warmes Winterkleid. „Beruf: Gefangener", schreibt ein Mädchen zum Beruf ihres Vaters, ein anderes „Kommandör". Die jüngsten Schülerinnen des Gymnasiums wünschen sich auch nur Dinge, die nicht in den Sternen hängen, ein echtes Armband, einen Teller mit Süßigkeiten, Winterkleider, Schlittschuhe, Jungmädchenbücher – und -hefte – und auch einen Puppenwagen. Ganz allgemein ist die Zeit der langen Wunschzettel vorüber, jedes Kind hatte nur einen Wunsch. Den bescheidensten, innigsten Wunsch schreibt der kleine elfjährige Joachim P. an die Vernunft der Erwachsenen: „Ich wünsche mir zu Weihnachten, daß mein Opa sich meldet."

LEER/NORDEN, Ende Dezember 1947. Nachdem der Personenzug Köln-Norden am Abend des 24. Dezember gegen 20.20 Uhr auf dem Norder Hauptbahnhof auf ein Abstellgleis rangiert worden war, machte ein Reiniger in der Toilette des fünftletzten Wagens (Reisende mit Traglasten) eine grausige Entdeckung: Er fand die Leiche der 26jährigen Apothekerin Ursula in der Strodt aus Lüdge/Westfalen, die mit einem dolchartigen Instrument von unbekannten Tätern ermordet und dann beraubt worden war. Nach polizeilichen Ermittlungen hatte die Frau ihre Mutter in Leer zum Weihnachtsfest besuchen wollen und sollte laut Fahrplan um 17.50 Uhr auf dem dortigen Bahnhof eintreffen. Wie es zunächst hieß, hatte die Bahnpolizei noch am Heiligabend in Norden einen Mann festgenommen, der angeblich mehrere Messer bei sich trug. In einer Polizeimeldung vom 30. Dezember ist davon nicht mehr die Rede. Die Kripo forderte nunmehr die Bevölkerung zur intensiven Mitfahndung auf: Für die Mitteilung, die zur Festnahme des Täters führt, ist eine Belohnung von 5000 Reichsmark ausgesetzt. Anfang Februar 1948 suchte die Polizei mehrere Zeugen, die am Heiligabend den Zug auf der Strecke Münster-Leer benutzt haben sollten – unter anderem einen Mann von hünenhafter Gestalt und zwei Mädchen.

Der bis heute unaufgeklärte Mord hat das Publikum damals und noch lange Zeit danach sehr beschäftigt und eine Flut von Gerüchten in Umlauf gebracht. Die Bluttat, so heißt es, beflügelte auch die Fantasie des Schriftstellers Hans-Jörg Martin, dessen in Norden spielender Erfolgskrimi „Kein Schnaps für Tamara" später verfilmt wurde.

Lebensumstände der Vertriebenen

Er wolle helfen und ausgleichen – mit diesem Vorsatz unternahm der Auricher Regierungspräsident Dr. Mimke Berghaus im **Frühjahr 1948** gemeinsam mit den Kreisgouverneuren der britischen Militärregierung eine gründliche Inspektion der in Ostfriesland bestehenden Notunterkünfte und Elendsquartiere für Flüchtlinge. Voraufgegangen war ein umfangreicher Papierkrieg der Behörden, die sich vergeblich um die Beschaffung von dringend benötigtem Ausbesserungsmaterial für die Massenquartiere bemüht hatten.

Nach einer Bestandsaufnahme der zuständigen Ämter lebten um diese Zeit im Kreis Norden fast 4000 Flüchtlinge und Vertriebene in Baracken und ausrangierten Eisenbahnwaggons. Die größten Lager befanden sich in Tidofeld bei Norden, Hage, Upgant-Schott und Lütetsburg. Im Kreis Aurich wohnten 856 Menschen in Holzbaracken und Nissenhütten, im Kreis Leer 2115 und im Wittmunder Kreisgebiet 690 in ähnlichen Behausungen. Ein Augenzeuge der offiziellen Bereisung notierte: „Im ehemaligen Flakturm in Westerhusen sitzen 195 Personen praktisch aufeinander. Das Holz fault, es wird brüchig. Türen und Fenster fallen heraus; es gibt kein Glas. Mehrere Familien bewohnen, gemeinsam mit Ratten, Mäusen und Wanzen, einen Raum – ohne Tische, Stühle und Schränke. Als Waschschüsseln werden Konservendosen benutzt. In acht ehemaligen Wehrmachtsbaracken eines anderen Lagers wohnen 101 Familien mit 85 Kindern unter 14 Jahren. Nur einige Beispiele aus einer langen Liste: Eine 70jährige Witwe mit 35 Mark Wohlfahrtsunterstützung bezahlt für den Wohnraum 6,40 Mark Miete, 13 Mark für Brennmaterial und 5,60 für Strom und anderes. Zum Leben bleiben ihr zehn Mark. Daneben wohnen zwei andere Familien mit je zwei Erwachsenen und je fünf Kindern und 400 Mark Mietschulden. In dem engen Wohnraum lagern Kartoffeln, Rüben und Brennstoff."

Im April 1948 forderte der Niedersächsische Landtag die Landesregierung einstimmig auf, Geld und Material für die Sicherung der stark beschädigten Strand- und Dünenschutzwerke auf Norderney und Baltrum zur Verfügung zu stellen. Die Schäden seien vor allem durch die in den Kriegsjahren stark eingeschränkten oder unterlassenen Unterhaltungsarbeiten entstanden. Norderney sei derart gefährdet, dass starke Überschwemmungen und wahrscheinlich sogar die Teilung der Insel durch die Nordsee nicht verhindert werden könne, wenn nicht Sofortmaßnahmen vorgenommen würden.

Währungsreform – „Tag X“ in Ostfriesland

Die am Sonnabend, 19. Juni 1948, von den Militärregierungen verkündete Währungsreform in den drei westlichen Besatzungszonen war überfällig. Die Sowjetzone reagierte am 22. Juni mit einer eigenen Währungsumstellung. Die alte Reichsmark hatte keinen Gegenwert mehr; auf dem Schwarzmarkt war sie längst durch die sogenannte Zigarettenwährung ersetzt worden. Nach der Veröffentlichung der ab 21. Juni geltenden Reformgesetze schöpften Handel und Industrie neue Hoffnung; die freie Marktwirtschaft zeichnete sich ab. Für alle deutschen Bewohner der drei Westzonen war der vorher immer wieder geheimnisvoll angekündigte „Tag X“ eine zweite „Stunde Null“ nach dem Zusammenbruch. Jeder erhielt im Tausch gegen 40 Reichsmark 40 neue Deutsche Mark (DM). Wer bis dahin ein dickes Sparkonto hatte, sah sich um den Erfolg seiner Bemühungen gebracht: Sparguthaben wurden im Verhältnis zehn Reichsmark gegen 0,65 Deutsche Mark getauscht.

In der Nordwest-Zeitung. schilderten Augenzeugen die Situation kurz vor und nach der Währungsumstellung in Ostfriesland:

OSTFRIESIAND, Juni 1948. Der X-Tag bestätigte ein hinlänglich bekanntes Geheimnis. In den Geschäften waren kurz vorher noch Ramschwaren zu haben, und mit großer Geschäftigkeit wurden unbezahlte Rechnungen, ausstehende Versicherungsbeiträge und zum Teil jahrelang aufgeschobene Geldangelegenheiten geordnet. Es waren die letzten Stunden eines tagelang voraufgegangenen Großreinemachens.

Ein Bankangestellter ... verrechnete an einem Tage allein rund 700 Ein- und Auszahlungen. Bis tief in die Nacht hinein ging die Arbeit. Man sah Tausendmarkscheine, die bisher nur den wenigsten zu Gesicht gekommen waren. Einzelne hoben, je nach den Gerüchten, die auf sie eingewirkt hatten, Geldbeträge ab und zahlten sie kurze Zeit später wieder ein. Am längsten war die Schlange der kleinen Sparer, die mit dem Sparkassenbuch in der Hand ihr Kopfgeld abheben wollten. Ein junges Mädchen meinte nachdenklich: „Nun muß ich wohl oder übel Geld verdienen. Bisher ging es so.“

Der Sonnabend vor dem Geldumtausch war von einer Art Silvesterstimmung beherrscht, in der man die Hoffnung auf eine solide Wirtschaft mit dem Bangen um eine unabsehbare soziale Not für das kommende Jahr miteinander verband. Aus zahlreichen Gesprächen ging hervor, daß Lohn- und Gehaltsempfänger in sicheren

Stellungen sowie Kaufleute mit einem gut eingedeckten Warenlager verheißungsvoller in die Zukunft sehen als Unternehmer, deren Aufträge sich voraussichtlich an der zunehmenden Sparsamkeit vermindern werden ...

Die Zigarettenpreise, die zum Wochenende noch inflatorisch in die Höhe schnellten, notierten schon am Sonntag mit einer Deutschen Mark, während das Pfund Butter mit 25 und der Tee mit 50 Mark genannt wurden. Das Vertrauen gegenüber der neuen Währung liegt mehr bei der Jugend und den mittleren Jahrgängen. Während die Veteranen von 1923 sich abwartend einstellen, blicken die alten Leute, die bisher von ihren Spargroschen lebten, mit gedämpften Hoffnungen in die Zukunft. Alle jedoch verbindet die Frage, ob mit der Todesstunde der Reichsmark auch die des Schwarzen Marktes geschlagen hat.

Am Montag nach der Währungsreform bot das Leben in den Läden und auf den Straßen das gewohnte Bild, das jedoch schon einige kleine Änderungen erfahren hatte. Herde, Kochtöpfe und Öfen wurden zu freiem Verkauf angepriesen. Vor den Fisch- und Gemüseläden bildeten sich die altgewohnten Schlangen, doch verzichteten verschiedene Hausfrauen schon auf den Kauf eines Kohlkopfes, günstigere Preise abwartend. Sie überlegten jeden Pfennig, den sie ausgeben wollten. In den Lebensmittelläden herrschte zunächst großer Andrang. Schwierigkeiten bereitete die Umrechnung des Kleingeldes der alten Währung in die neue. Der sonst stets überfüllte Autobus von Aurich nach Oldenburg war fast leer. In den Schaufenstern sah man bisher ungewohnte Werbungen. Handwerker hatten die seit langem abgegebenen Reparaturen fertiggestellt. Mangelware wie Schuhe und Fahrradreifen, die schon vor Wochen angeblich ausgegangen waren, kamen nun zum Verkauf. Die Preisbehörde ist plötzlich „populär“ geworden. Schon an einem der ersten Tage nach der Währungsreform brachten etwa 100 Menschen Beschwerden gegen Preisüberschreitungen vor. Um diesen Klagen auf den Grund gehen zu können, ist ein Beschwerdebuch angelegt worden, in das zu hoch dünkende Preise und der Name der Firma eingetragen werden können. Eigenmächtige Preiserhöhungen sind verboten.

Überall in Ostfriesland verlief der X-Tag vollkommen ruhig. Aus Gesprächsfetzen kann man entnehmen, daß die arbeitenden Menschen die Hoffnung hegen, nun zu wissen, wofür sie arbeiten, und daß es ihnen demnächst besser gehen wird. Viele Betriebe wissen zwar noch nicht, wie und wovon sie die Löhne zahlen sollen, doch wollen sie die Arbeiter und Angestellten, die bisher für „Illusionsgeld“ gearbeitet haben, auch weiterhin beschäftigen. Und wenn Schadenfreude auch kein angenehmer menschlicher Zug ist, so freut man sich doch, zu hören, daß einige Schwarzmarkt-Ritter an Nervenerkrankungen leiden. Sie denken mit Kummer daran, daß eines Tages sogar die Rauchwaren, ihre beste Einnahmequelle, in den Geschäften in größerer Menge oder vielleicht frei zu kaufen sein werden. Einige der alten Garde sollen sich sogar schon nach Arbeit umgesehen haben.

Etwas unklar oder zu wenig bekannt war am Sonntag die Tatsache, daß die Wohlfahrtsämter für diejenigen, die nicht genügend Altgeld zum Umtausch hatten, zur Aushilfe bereit waren. Im Lager Tidofeld bei Norden war es der Wachsamkeit der Lagerleitung zu verdanken, daß nicht einige Hyänen der „schwarzen Zunft" aus der Not der Flüchtlinge ihr Geschäft gemacht haben, indem sie Altgeld gegen 50 Prozent Deutsche Mark zur Verfügung stellten. Erfreulich ist, daß gerade in Tidofeld, dem Flüchtlingszentrum Ostfrieslands, die Währungsreform als ein neuer Anfang aufgenommen wurde. Vor allem von dem zu erwartenden Lastenausgleich verspricht man sich einiges. Nach anfänglicher Aufbruchsstimmung hat sich auch die Lage auf den Inseln etwas beruhigt, und die zurückgebliebenen Kurgäste haben sich mit ihren Quartiergebern auf eine spätere Zahlung der Pensionspreise geeinigt."

Die positiven Folgen der Währungsreform beendeten nach und nach die erste, die harte Phase der Nachkriegszeit und bahnten den Weg in das sogenannte westdeutsche „Wirtschaftswunder" der 1950er-Jahre.

Schuld und Sühne:
1948 und 1951 rollt das Auricher Schwurgericht die Vorgänge um den Norder Synagogenbrand vom 9./10. November 1938 im Deutschen Haus in Norden auf.

3. Kapitel
Die Stadt Norden im Blickpunkt: Die Jahre 1914-1950

Am Beispiel der ostfriesischen Küstenstadt Norden, die hier für vergleichbare Kommunen in Deutschland steht, schildert das folgende Kapitel auf lokaler Ebene die Ereignisse und Lebensumstände in den beiden Weltkriegen und den bewegten Zeiten dazwischen und danach. Es ergänzt und vertieft auf diese Weise die beiden voraufgegangenen Kapitel, die sich in einem kürzeren Zeitraum auf den Alltag im Zweiten Weltkrieg und in den ersten Nachkriegsjahren in ganz Ostfriesland konzentrieren. In Norden, wo das erste Hakenkreuz bereits 1922 in der Öffentlichkeit auftauchte, konnte sich früh eine „Keimzelle" des Nationalsozialismus in der Region zwischen Ems und Jade entwickeln.

Präambel oder: Ein Kriegsschicksal

Am 16. Mai 1918, wenige Monate vor dem Ende des Ersten Weltkriegs, verstarb der Norder Conrad Meyer in seiner Heimatstadt an den unheilbaren Folgen einer Gasvergiftung, die er sich eineinhalb Jahre zuvor als Soldat in der Ukraine zugezogen hatte. Er ertrug sein langes Leiden mit großer Geduld und „im festen Glauben an seinen Erlöser", wie es in der Todesanzeige hieß. Der Musketier, Sohn eines Malermeisters aus der Mühlenstraße 5, wurde nur 23 Jahre alt. Sein Schicksal steht für viele Opfer der vier Kriegsjahre, die Europa veränderten.

Auslöser des Krieges war das tödliche Attentat eines serbischen Studenten auf den österreichischen Thronfolger Franz Ferdinand und dessen Frau im Frühsommer 1914 im bosnischen Sarajevo. Nach dem Anschlag beabsichtigte die österreichisch-ungarische Doppelmonarchie militärische Aktionen gegen das von Russland unterstützte Serbien. Um sicherzugehen, verschaffte sich Wien Rückendeckung beim deutschen Bündnispartner, der eine Auseinandersetzung mit Russland in Kauf nahm und am 1. August die Mobilmachung anordnete. England und Frankreich – mit Russland in einer Entente verbunden – machten kurz darauf gegen das deutsche Kaiserreich und Österreich-Ungarn mobil. Damit standen weite Teile Europas in einem Krieg, der in den folgenden Jahren weitere Staaten erfasste und in den schließlich auch die USA eingriffen. Er endete im November 1918 mit der militärischen Niederlage Deutschlands unter Kaiser Wilhelm II., der abdanken musste und in die Niederlande floh.

Als die deutsche Regierung am Abend des 1. August 1914 den Kriegszustand verkündete, gab der Ostfriesische Courier (ab 11. September Kurier) in Norden ein Extrablatt heraus. Wie die Zeitung am nächsten Tag meldete, kam es nach Einbruch der Dunkelheit vor dem damaligen Verlagshaus an der Markt-Ostseite (später Otto G. Soltau) zu „spontanen patriotischen Kundgebungen". Nach einem „vielstimmigen Hurra" sang die Menge das Lied „Die Wacht am Rhein". Die Begeisterung, mit der die deutschen Soldaten anfangs in die Schlacht zogen, und die von der Obrigkeit genährte Hoffnung, zum Weihnachtsfest wieder zu Hause zu sein, verflogen allerdings rasch. Auch der junge Norder Conrad Meyer hatte sich von der Kriegsbegeisterung anstecken lassen. Er meldete sich freiwillig zum Militärdienst und diente – wie viele Ostfriesen – in der 10. Kompanie des Infanterie-Regiments Nr. 78, dessen III. Bataillon in Aurich stationiert war. Meyer wurde zunächst in Frankreich, danach in Russland eingesetzt. Von den Fronten schickte er zahlreiche Briefe und Feldpostkarten, die er eigenhändig mit

Zeichnungen versah. Die meisten Kartengrüße gingen an die Adresse seiner Jugendliebe Aleida Goldenstein, mit der er sich im September 1915 während eines Fronturlaubs in Norden verlobte. Die Hochzeit sollte in Friedenszeiten nachgeholt werden.

Im Sommer 1916 nahmen die Ostfriesen an Kämpfen in der Ukraine teil. Im Frühherbst begannen die Vorbereitungen für einen groß angelegten Gasangriff der deutschen Truppen gegen die russischen Stellungen. Bei günstigen Windverhältnissen erfolgte der Einsatz am 17. Oktober, er endete am 8. November. Irgendwann in dieser Zeit erlitt der Norder eine lebensbedrohende Gasvergiftung. Bei einer Patrouille atmeten er und zwei Kameraden deutsches Giftgas ein, das vom Wind in die eigenen Stellungen zurückgetrieben war. Meyer bemerkte den Geruch und setzte geistesgegenwärtig die Gasmaske auf. Doch die bereits eingeatmete Dosis war so hoch, dass er daran erkrankte. Seine Kameraden, die sich nicht schützten, starben noch am selben Tag. Nach Lazarettaufenthalten in Warschau kam Meyer im Juni 1917 in ein Auricher Lazarett. Anfang 1918 verschlechterte sich sein Zustand, die ärztliche Kunst versagte. Er wurde nach Norden entlassen, wo ihn seine Braut bis zu seinem Tod im Mai 1918 pflegte. Aleida Goldenstein bewahrte lange die vielen Briefe und Karten von der Front auf. Als sie einige Jahre später einen anderen Mann heiratete, musste sie auf Verlangen der Mutter fast die gesamte Feldpost vernichten. Denn es schickte sich nicht, die Liebespost eines Vorgängers mit in eine neue Verbindung zu nehmen. Übrig blieben nur einige Postkarten.

Kriegsbeginn 1914: Auswirkungen in Norden

Am 8. Oktober 1914, rund neun Wochen nach Kriegsbeginn, traf auf dem damaligen Norder Stadtbahnhof an der Osterstraße der erste Transport mit 82 verwundeten Soldaten von den Schlachtfeldern in Frankreich und Belgien ein. Die Männer wurden mit Automobilen in das seit Kriegsbeginn in aller Eile errichtete Reservelazarett zwischen der heutigen Schulstraße und dem Neuen Friedhof sowie in das Kreiskrankenhaus Helenenstift in Hage gebracht. Unter den Verwundeten befanden sich auch zwölf französische Kriegsgefangene. An der Aktion, deren Leitung der Lütetsburger Fürst zu Inn- und Knyphausen persönlich übernommen hatte, war vor allem die aus Freiwilligen bestehende Norder Sanitätskolonne beteiligt. Im Norder Reservelazarett kümmerten sich die Norder Ärzte Dr. Winter, Dr. Köppen und Dr. Hobbing um die verwundeten Männer.

In Norden war man auf einen jederzeit möglichen Kriegsausbruch und auf den Fall einer Mobilmachung gut vorbereitet. Bereits im Jahr 1877 wurde nach Vorbildern aus anderen Städten ein Vaterländischer Frauenverein gegründet, der sich um die Pflege der allgemeinen Wohlfahrt sowie um Arme und Kranke kümmerte, aber auch wichtige Grundsätze des von dem Schweizer Henri Dunant ins Leben gerufenen Roten Kreuzes übernahm. Der Vaterländische Frauenverein gilt somit als Keimzelle des Norder Roten Kreuzes, das sich später zu einer eigenständigen Organisation entwickelte. Gleich nach Kriegsausbruch, als sich das deutsche Gesundheitswesen mit völlig neuen Problemen konfrontiert sah, wandte sich der Frauenverein in Norden bereits am 4. August mit der Bitte um Geldspenden und „Liebesgaben" an die Öffentlichkeit und rief „opferbereite Frauen und Mädchen" auf, sich als „barmherzige Samariterinnen bei der Pflege der verwundeten und erkrankten Soldaten" zu betätigen. Dr. Winter teilte mit, dass er im 1913 eröffneten Städtischen Krankenhaus an der Feldstraße (heute Stadtwerke) mit Lehrgängen für Helferinnen beginnen werde. Bis zum Eintreffen der ersten Verwundetentransporte konnte in Norden sowohl das aus Holzbaracken bestehende Reservelazarett als auch die Vereinslazarette des Roten Kreuzes im Städtischen Krankenhaus sowie im Kreiskrankenhaus in Hage eingerichtet werden. Zusätzlich sollte die Bevölkerung Privatquartiere für Leichtverwundete und Rekonvaleszenten bereitstellen. Mitte Oktober erlagen zwei französische Soldaten ihren schweren Verwundungen. Sie wurden auf dem Norder Friedhof mit allen militärischen Ehren bestattet. Der katholische Pfarrer Garvert legte seiner Trauerrede den Spruch „Liebet Eure Feinde" zugrunde.

In scharfer Form tadelte das Norder Bürgervorsteherkollegium (Stadtparlament) laut Protokoll die Tatsache, dass „bei den Überführungen der Verwundeten nach dem Reservelazarett sich soviel neugierige Gaffer hinzudrängen, wodurch der Verkehr gehindert wird". Der Magistrat (Stadtverwaltung) möge Mittel und Wege finden, die Neugierigen fernzuhalten. 1915 stiegen vor allem die an das Norder Reservelazarett gestellten Anforderungen derart, dass 50 Verwundete zusätzlich in Bürgerquartieren untergebracht werden mussten. Auch in anderen ostfriesischen Regionen mussten verwundete und kranke Soldaten betreut werden, und zwar zeitweise in weitaus größerer Zahl als in Norden. In Leer wurden sie in Sälen und Baracken versorgt, in Emden und Aurich in mehreren Lazaretten und in der Seehafenstadt auch in den dortigen Lloyd-Hallen. Im übrigen deutschen Kaiserreich sah es nicht anders aus. Allein in Berlin existierten bereits im Herbst 1914 rund 100 Reserve- und Vereinslazarette sowie Lagerstellen mit 25 000 Plätzen. Nach Kriegsende wurde das Norder Reservelazarett aufgelöst. Unter der Bezeichnung „Heimstätten“ dienten die sodann umgebauten Baracken als Unterkünfte für minderbemittelte und sozial schwache Familien und Einzelpersonen. Im Zuge der in den 1960er- und 1970er-Jahren von der Arbeiterwohlfahrt errichteten Altenwohnanlage in diesem Bereich verschwanden die größtenteils nicht mehr menschenwürdigen Behausungen von der Bildfläche.

1915: Luftschiffe gen England

Unter strenger militärischer Geheimhaltung begannen die Norder Firmen Gebr. Neumann und Johann Wilken sowie einige Unternehmer aus dem Binnenland im Herbst 1914 nördlich von Hage mit dem Aufbau eines aus vier großen Hallen bestehenden Luftschiffhafens. Nach der Fertigstellung fuhren die hier stationierten Zeppeline – im Volksmund „Kaisers Zigarren“ genannt – ab Mitte Juni 1915 mit Bomben beladen gen England und warfen ihre todbringende Last über britische Städte ab. Sie unternahmen aber auch Aufklärungsfahrten und unterstützten die Flugzeuge im ersten Luftkrieg der Geschichte. Die aus Leichtmetall und Stoff gebauten Luftriesen ihres Erfinders Ferdinand Graf von Zeppelin waren bis zu 178 Meter lang und verfügten über einen Gasinhalt von rund 32 000 Kubikmetern. Bei einer Höchstgeschwindigkeit von 96 Stundenkilometern und je nach Wind- und Wetterlage dauerte eine Einsatzfahrt Hage-London und zurück bis zu 25 Stunden. Weitere Zeppelinhäfen befanden sich in Wittmund, Nordholz bei Cuxhaven, Ahlhorn, Wildeshausen, Fuhlsbüttel und Tondern. In den Hager Hallen waren neun Luftschiffe vorübergehend oder für längere Zeit stationiert; sie wurden von einigen Hundert Mann Bodenpersonal betreut und ausgerüstet.

Der Norder Fritz Freese gehörte einer Marinekampfstaffel in Hage an. Er erinnerte sich später: „Der Flecken Hage, bis dahin kaum über die Grenzen der engeren ostfriesischen Heimat bekannt, wurde über Nacht aus seinem friedlichen Dasein gerissen und unvermittelt in das Geschehen des Luftkrieges gegen England hineingestellt. Die oberste Kriegsführung hatte Hage wegen seiner günstigen Lage im nordwestlichen Zipfel des Reichs zu einem Eckpfeiler der Luftschiffbasen an der Nordsee bestimmt. Bei Kriegsausbruch rollten die vorgefertigten Bauteile in endlosen Güterzügen nach Hage. In jenen Tagen sahen die Bewohner Nordens und des Umlandes manches stolze Luftschiff in oft sehr niedriger Höhe über die Dächer ihrer Häuser zum rettenden Heimathafen hinweggleiten. Sie winkten und riefen ‚Zeppelin! Zeppelin!‘ Die Hunde bellten mit langgestrecktem Hals den Ungetümen nach. Die Menschen ahnten nicht, welch schwere Schicksalsstunden die Besatzungen in den Gondeln oft durchgestanden hatten, daß häufig Verwundete an Bord waren und die Tragfähigkeit der Schiffe infolge ihrer durch unzählige Treffer leer gelaufenen Gaszellen nur einen beängstigenden Rest betrug, gerade noch ausreichend, um Hage zu erreichen. Einmal landete ein Luftschiff mit 600 Einschlägen und nur noch eineinhalb Liter Benzin im Tank."

Bei Kriegsende mussten die deutschen Befehlshaber feststellen, dass die militärische Bedeutung der Luftschiffe zu hoch eingeschätzt worden war. Die Angriffe gegen Ziele in England hatten weder die dortige Industrie geschwächt, noch den Durchhaltewillen der Bevölkerung entscheidend beeinträchtigt. Nach dem verlorenen Krieg wurden die Hallen in Hage und auf den anderen Flughäfen abgebrochen. Ein Teil der deutschen Zeppeline musste an die Siegermächte abgeliefert werden, andere wurden von den eigenen Besatzungen bewusst zerstört. In Hage blieb der Rest eines turmähnlichen Gebäudes, in dem das Gas hergestellt wurde, erhalten.

Schon gleich nach Kriegsausbruch entstanden in Norden – auf Initiative des städtischen Jugendpflegeausschusses – sowie im Umland sogenannte Jugendwehren, Jungmannschaften und schließlich Jugendkompanien auf freiwilliger Basis. Im September 1914 forderte Landrat Bayer die männlichen Jugendlichen im Kreisgebiet zum Eintritt in die Verbände auf, denn „in dem uns aufgezwungenen Kampf" gehe es um „Sieg oder Untergang". Die vormilitärische Ausbildung ohne Waffen sei eine „Ehrenpflicht" und könne beim Eintritt in die Armee oder Marine als „Empfehlung" dienen. Die Zahl der Teilnehmer hielt sich offensichtlich in Grenzen, denn die Aufrufe wurden mit der Zeit immer deutlicher und aufdringlicher.

Versorgungslage in Norden – Der „Steckrübenwinter" 1916/17

Im Verlauf des Krieges bekam die Bevölkerung an der ostfriesischen Heimatfront die Folgen im Alltag bitter zu spüren. Die Zeitungen berichteten über immer neue Einschränkungen und Verordnungen, die vor allem den Ernährungssektor betrafen. Das Deutsche Reich war offenkundig auf einen längeren Krieg nicht vorbereitet; es gab keine ausreichenden Vorräte. Immerhin war in Friedenszeiten etwa die Hälfte des Futtergetreide- und ein Viertel des Lebensmittelbedarfs aus dem Ausland importiert worden. Die deutsche Landwirtschaft konnte den Ausgleich nicht schaffen, zumal viele

Landarbeiter zum Kriegsdienst eingezogen worden waren und Pferde für den militärischen Einsatz an den Fronten abgeliefert werden mussten. Der zunehmende Mangel an Dünger schränkte überdies die Bodenbearbeitung erheblich ein.

Als Ersatzkräfte wurden auf zahlreichen Höfen in Ostfriesland zwangsweise belgische, französische und russische Kriegsgefangene eingesetzt. Am 8. Juli 1916 erließ Nordens Landrat Bayer in diesem Zusammenhang folgende Anordnung: „Den Landwirten, denen Kriegsgefangene überwiesen sind, wird hiermit auf Ersuchen der Inspektion der Kriegsgefangenenlager zur Pflicht gemacht, dafür Sorge zu tragen, daß den Kriegsgefangenen ohne Ausnahme abends das Schuhzeug abgenommen und so verwahrt wird, daß die Gefangenen unter keinen Umständen dazu gelangen können. Nur so kann ein Entweichen der Gefangenen erschwert werden."

Die von scharfen Frostperioden geprägte kalte Jahreszeit im „Steckrübenwinter" 1916/17 blieb lange in Erinnerung. Nach einer durch Pilzbefall ausgelösten ungewöhnlich schlechten Kartoffelernte fiel ein wichtiges Grundnahrungsmittel weitgehend aus. Als Ersatz mussten Steckrüben, auch Kohlrüben oder Wruken genannt, die Volksernährung sichern. Die Hungersnot war groß. Anfang Dezember 1916 ordnete die Reichsregierung die Beschlagnahme aller vorhandenen Kohlrüben an. In der Stadt und im Kreis Norden regelten die Behörden die Verteilung der Ackerfrucht in jeweils kleinen Mengen. Auf dem Höhepunkt der Ernährungskrise beschränkte sich die Zuteilung nur noch auf Steckrübenschalen. Der Bevölkerung wurde dringend geraten, überzählige Rüben zu trocknen, um sich im Frühjahr wenigstens mit Dörrgemüse behelfen zu können. Die Zeitungen und Familienzeitschriften veröffentlichten Tipps für Steckrübengerichte aller Art. Ein „Praktisches Kriegskochbuch" vermittelte den Hausfrauen Rezepte für die Zubereitung von Suppen, Sülze, Koteletts, Frikadellen, Marmelade und Pudding aus der Ackerfrucht.

Nach der Einführung von Lebensmittelkarten für Brot und Mehl im Januar 1915 gab es ab 1916 auch Bezugsscheine für Eier, Milch und Fleisch. Für die meisten anderen Waren galten staatlich festgesetzte Höchstpreise, die nicht überschritten werden durften. Im Kreis Norden verwaltete der sogenannte Brotverteilungsausschuss unter Landrat Bayer den Mangel und die Versorgung und veröffentlichte im Ostfriesischen Kurier die entsprechenden Bekanntmachungen.

Die „Teenot" 1917

Im Sommer 1917 berichtete die Norder Heimatzeitung immer wieder über die „Teenot" in Ostfriesland. Der abgeschnittene Zugang zu den Weltmärkten und dadurch fehlende Importe verursachten den Zusammenbruch der Versorgung. Die in den heimischen Firmen noch lagernden Reste gingen zur Neige und wurden per Teekarte nur noch von Zeit zu Zeit an die Verbraucher abgegeben. In Emden richtete man eine zentrale Teeverteilungsstelle ein. Kaufleute, die ihre letzten Bestände zu Wucherpreisen unter dem Ladentisch verkauften, mussten mit empfindlichen Strafen rechnen. Im Juni 1917 wurde „alten schwachen Leuten" unter Vorlage eines ärztlichen Attestes und in „allerdringendsten Fällen" ein halbes Pfund Tee zugestanden. In der Zeitung hieß es: „Mancher würde lieber eine Mahlzeit im Stich lassen, als auf den gewohnten Tee verzichten." Vier Wochen später schrieb der Ostfriesische Kurier: „Jetzt, wo alle wehrfähigen Männer zur Verteidigung des Vaterlandes hinausgezogen sind, sieht man überall Frauen auf den Feldern arbeiten. Still und ergeben verrichten sie ihre mühevolle Arbeit, hoffend auf die baldige Wiederkehr ihrer Männer und Söhne. Der Krieg hat diesen Frauen mancherlei Entbehrungen auferlegt, doch haben sie diese willig auf sich genommen. Nur eines geht ihnen nahe: das Verzichten auf ein Koppke Tee! In Leid und Freud hat dieses Nationalgetränk der Ostfriesen, ganz besonders der Frauen, stets eine große Rolle gespielt. Der Tee ist für sie eine Art Zaubertrank gewesen und hat ihnen über manche böse Stunde hinweggeholfen." Getränke aus künstlich hergestellten Teetabletten und teeähnliche Erfrischungsgetränke namens „Teeka" boten weder Ersatz noch Genuss.

Materialbeschaffung für die Verteidigung

Im Juni 1917 verordnete der Preußische Staatskommissar für Volksernährung wie im Vorjahr die Sammlung von Obstkernen für die Ölgewinnung. Es sei eine „vaterländische Pflicht", sich daran zu beteiligen. Abzuliefern seien gereinigte, getrocknete und nach Arten getrennte Kerne. Als Vergütung wurden pro Kilo zwischen zehn und 35 Pfennig bezahlt. „Im vaterländischen Sinne" forderte das Norder Landratsamt alle Haushaltungen und Betriebe auf, alte zinnhaltige Konservendosen, die ganz oder teilweise aus Weißblech bestanden, „zum Zweck der Landesverteidigung" bei dem Norder Klempnermeister Kleen abzuliefern. Die Bestände an neuem Zinn seien begrenzt, daher müsse jede Möglichkeit zur Neugewinnung restlos ausgenutzt werden. Jeder Ablieferer alter Konservendosen verdiene sich den „Dank des Vaterlandes"!

Für die Beschaffung von Geschoss- und Geschützmaterial mussten Mitte 1917 überall im Reich die Kirchenglocken abgeliefert werden. Ausnahmen gab es kaum. Für die beiden großen Glocken und die mit dem Uhrwerk verbundene Schlagglocke im Norder Ludgeri-Turm bestand, wie es hieß, ebenfalls kein Grund für eine „vorläufige Zurückstellung“. Für die „Bedürfnisse des Gottesdienstes“ blieb nur die kleine Glocke im Turm. Im Ostfriesischen Kurier stimmte ein Berichterstatter nachdenkliche Töne an: „Die Glocken, deren Freudengeläut während dieses Weltkrieges von Zeit zu Zeit von errungenen Siegen Nachricht gaben, deren Trauer- und Ehrengeläut aber auch so oft schon der Gemeinde Kunde brachten von gefallenen Helden, sie ziehen nun selbst in den Krieg und kehren nicht wieder. Am Donnerstagmittag 12 Uhr wird das volle Geläut der drei auf den feierlichen a-Moll-Dreiklang gestimmten Glocken zum letzten Mal vom Turm ertönen und dann für immer verstummen – ein wehmütiger Abschiedsgruß, auch ein Grabgeläut.“ Später kehrten die Glocken unversehrt zurück, mussten aber im Zweiten Weltkrieg noch einmal abgeliefert werden.

Am Vormittag des 2. Oktober 1917 feierte man auch in Norden den 70. Geburtstag des Generalfeldmarschalls und „Nationalhelden“ Paul von Hindenburg. Die Stadt prangte im Fahnenschmuck. Die städtischen Gremien beschlossen, den Neuen Weg in Hindenburgstraße umzubenennen.

Viertes Kriegsjahr 1918: Ernährungslage verschärft sich

Im vierten Kriegsjahr 1918 verschärfte sich die Ernährungslage. In eigener Regie ließ der Norder Magistrat auf Flächen im Stadtgebiet und in der ländlichen Umgebung Grünkohl anbauen und verkaufte ihn in bestimmten Abständen auf dem Torfmarkt. Die Umlandgemeinde Sandbauerschaft mit den Ortsteilen Ekel, Lintel und Westgaste pflanzte auf kurzfristig gepachteten Ländereien Steckrüben und Bohnen an. Bereits im Sommer kündigte der Brotverteilungsausschuss in Norden die Ausgabe von Runkelrüben als Grundnahrungsmittel für den Wintervorrat an. Im August, September und Oktober musste die Bevölkerung jeweils eine Woche lang auf den Bezug von Fleisch verzichten. Die Behörden setzten die „fleischlosen Wochen“ amtlich fest und richteten im Stadtzentrum eine zentrale Verteilungs- und Verkaufsstelle mit nach Stadt und Land getrennten Öffnungszeiten ein.

Frauenhaare für Unterseeboote

Parolen wie „Legt eisernen Schmuck an – der Goldschmuck gehört dem Vaterland!“ begleiteten die ständig wiederholten Aufforderungen an die Bevölkerung, goldene Wertstücke für die Aufbesserung der staatlichen Finanzen herzugeben und zu Niedrigpreisen zu verkaufen. In Norden befanden sich die Ankaufsstellen bei den Juwelieren Hasbargen und Steffens. Begehrt waren auch ausgekämmte Frauenhaare, aus denen unter anderem Dichtungsmittel für Unterseeboote hergestellt werden konnten. Die Norder Friseure Schipper und Beutner richteten Sammelstellen ein. Ende März 1918 verfügten die Norder Behörden auf Anordnung des Militärs die Beschlagnahme von Einrichtungsgegenständen sowie die freiwillige Ablieferung von Gegenständen aus Kupfer, Kupferlegierungen, Nickel, Aluminium und Zinn für Kriegszwecke. Die Liste dieser amtlichen Bekanntmachung füllte zwei Zeitungsseiten. Sie reichte von A wie Aschenbecher und Aushängeschilder, B wie Briefbeschwerer und Brauseköpfen aus Badeeinrichtungen bis Z wie Zigarrenanzünder und Zuckerzangen. Die Gegenstände mussten den Behörden auf Formularen gemeldet werden; wer dagegen verstieß, machte sich strafbar.

Im Frühjahr und Sommer 1918 erschienen in der Norder Heimatzeitung immer mehr und fast täglich Todesanzeigen für gefallene Landsleute, die in schweren Kämpfen den „Heldentod für Kaiser und Reich“ erlitten hatten, wie es in den Texten der trauernden Familienangehörigen hieß. „Unser lieber jüngster Sohn, der U-Boot-Heizer Johann Tammen, ist ein Opfer des Weltkrieges geworden“, schrieben die in Norden wohnenden Eltern. „Mit 17 Jahren zog er freudig hinaus, um zu kämpfen für sein Vaterland, und wurde im eben vollendeten 18. Lebensjahr so schnell von uns gerissen.“ Die Gefallenen und Verwundeten waren die Opfer der am Ende erfolglosen Frühjahrsoffensive, mit der die deutsche Seite an der Westfront auf französischem und belgischem Boden das Kriegsglück noch für sich wenden und Frankreich, England und die USA in die Knie zwingen wollte. Infolge der alliierten Gegenoffensive mussten die deutschen Truppen jedoch nach und nach den Rückzug antreten. Nur an der Ostfront schwiegen inzwischen die Waffen. Anfang März hatten die Mittelmächte Deutschland, Österreich-Ungarn, Bulgarien und die Türkei auf der einen und das inzwischen bolschewistische Sowjetrussland auf der anderen Seite in Brest-Litowsk Frieden geschlossen.

Dennoch wurde in propagandistisch aufgeblähten Lageberichten die Zuversicht genährt, dass es der Obersten Heeresleitung gelingen werde, für Deutschland am Ende einen „großartigen Sieg“ und einen „ehrenvollen Frieden“ zu erkämpfen. Für einen „Siegfrieden“ setzte sich in Norden die Deutsche Vaterlandspartei unter ihrem Wortführer Justizrat Franzius ein; sie wandte sich gegen alle Bestrebungen, mit den Kriegsgegnern einen „Verzichtfrieden“ zu schließen. Im Juni 1918 gab Erich Ludendorff, der in der deutschen Heeresleitung unter Hindenburg der eigentliche militärische Kopf und „Schlachtenlenker“ war, seinen Namen für eine im ganzen Reich organisierte Geldspendenaktion her. Die Haus- und Straßensammlung sollte den Kriegsbeschädigten und deren Gesundung zugutekommen. In Stadt und Kreis Norden engagierten sich der Norder Bürgermeister Hans Adalbert (Johannes) König, Landrat Bayer, Justizrat Franzius und der Verleger Heinrich Soltau für die Ludendorff-Spende.

In den letzten Monaten des Krieges mangelte es in kriegswichtigen Betrieben an Oberbekleidung für die Arbeiter. Und so musste denn auch noch eine Textilsammlung, für die in Norden Schüler eingesetzt wurden, den Bedarf decken. Selbst das Pflücken von Kornblumen in Roggenfeldern musste per Verordnung untersagt werden, „weil jeder Roggenhalm für die Ernährung unseres Volkes wichtig ist“.

In Norden und Umgebung nahm die Zahl der Diebstähle und Einbrüche erschreckend zu. Auf dem Land melkten Unbekannte häufig heimlich die Kühe aus. Der Mangel an Rauchwaren führte dazu, dass in zahlreichen Hausgärten der private Tabakanbau blühte. Unter der Überschrift „Ersparnis von Strümpfen“ schrieb der Ostfriesische Kurier: „Man (hat) in letzter Zeit die erfreuliche Beobachtung machen können, daß Leute beiderlei Geschlechts sich keineswegs scheuen, Holzsandalen ohne Strümpfe zu tragen. Zur Streckung unserer Vorräte an Textilwaren wäre es dringend zu wünschen, daß dieser Brauch sich immer mehr einbürgern würde ... Leider gibt es immer noch viele, die davor zurückschrecken, sich mit bloßen Füßen auf der Straße sehen zu lassen, aus Furcht, sich vor ihren Mitbürgern lächerlich zu machen.“

Notgeld

Um den Krieg finanzieren zu können, brauchte das Deutsche Reich über die von den Bürgern zu zeichnenden Kriegsanleihen und Spenden hinaus hartes, gewinnbringendes Geld. Seit Ausbruch der militärischen Auseinandersetzungen verschwand das als wertbeständig geltende Gold- und Silberhartgeld aus dem allgemeinen Zahlungsverkehr und wanderte vor allem in die privaten Sparbüchsen der Bevölkerung. Schon seit

August 1914 waren Banknoten gegen Gold- und Silbermünzen nicht mehr eintauschbar. Die Bahn und die Post mussten diese Münzen an die Deutsche Reichsbank abliefern. Es entstand ein akuter Mangel an Kleingeld, der vor allem im Einzelhandel spürbar war. Die Kaufleute bedrängten die Stadt- und Gemeindeverwaltungen, für Abhilfe zu sorgen.

Schon Mitte 1917 gab die Borkumer Inselverwaltung die ersten Notgeldscheine in Ostfriesland heraus. Es waren Gutscheine zu fünf, zehn und 50 Pfennig. 1918 folgten weitere Orte und schließlich auch Norden. Das erste, Ende August 1918 herausgegebene Notgeld der Küstenstadt – ein Gutschein im Wert von 25 und 50 Pfennig – zeigte auf der Vorderseite den liegenden heiligen Andreas und enthielt auf der Rückseite den Hinweis: „Dieser Gutschein verliert seine Gültigkeit, wenn er nicht innerhalb eines Monats nach erfolgter öffentlicher Aufforderung des Magistrats bei der Stadtkämmerei zu Norden abgelöst wird." Später folgten weitere Serien mit unterschiedlichen Motiven wie die Ludgerikirche, das Schöningh'sche Haus und das Alte Rathaus.

„Lichtblick" im grauen Alltag

Während der vier Kriegsjahre gab es an der Norder Heimatfront zumindest einen „Lichtblick", und dies im wahrsten Sinne des Wortes: Im November 1914, vier Monate nach Kriegsbeginn, begann in einem vorerst bescheidenen Rahmen die Versorgung der Stadt mit Elektrizität aus dem seit fünf Jahren in Wiesmoor ansässigen Torfkraftwerk. Das neue Krankenhaus und das Reservelazarett erhielten die ersten Anschlüsse. Die Geschichte der heutigen Stadtwerke begann im Dezember 1896, als das damalige Gaswerk im Südwesten der Altstadt in Betrieb genommen wurde. Der Zweck der Anlage bestand vor allem darin, die Straßenbeleuchtung von Petroleum auf Gas umzustellen sowie Läden, Schaufenster und Büros zu erhellen und private Hauseigentümer, sofern sie es sich finanziell leisten konnten, mit Gas zu versorgen. 1912 befassten sich der Magistrat und die städtischen Gremien erstmals ernsthaft mit der Elektrizität. Das von Siemens Elektrische Betriebe (SEB) gebaute und betriebene Wiesmoorer Kraftwerk auf der Basis der Torfverbrennung war damals der erste große Stromerzeuger im Nordwesten des Kaiserreichs. Als Überlandzentrale entwickelte es sich zum Ausgangspunkt eines weit verzweigten Fernleitungsnetzes, das nach und nach zahlreiche Städte, Landgemeinden und Industriebetriebe mit Strom bediente. In Leer brannte bereits 1910 das erste elektrische Licht, Wilhelmshaven, Emden und Aurich folgten 1911.

So gesehen ging den Nordern das Licht relativ spät auf. Erst im März 1914 war der Vertrag mit der Wiesmoorer Zentrale unter Dach und Fach. Nun werde alles rasch gehen, hieß es im Ostfriesischen Kurier. Bis Anfang Oktober werde bereits ein Teil des Stadtgebietes mit Elektrizität versorgt sein. Doch in Norden stieß die neue Energie zunächst nicht nur auf Zustimmung, sondern auch auf Skepsis und sogar Ablehnung.

Manche Hausbesitzer sahen in jeder Stromleitung eine Gefahr und protestierten gegen die Aufstellung von Masten vor ihren Häusern oder in den Vorgärten. Vor allem die Einwohner der Norddeicher Straße wehrten sich und verlangten in Eingaben, die Freileitungen hinter den Häusern zu verlegen. Eine vom Magistrat eingesetzte Elektrizitäts-Kommission behandelte jeden Einspruch geduldig und ließ sich auf oft langwierige Verhandlungen ein, bevor eine Einigung erzielt werden konnte. Am 8. Juni 1914 wurde die Allgemeine Elektrizitäts-Gesellschaft (AEG) mit der Herstellung eines ersten Verteilnetzes im Stadtgebiet beauftragt.

Die Initialzündung in Norden war 1914 zwar da, aber der Kriegsausbruch im August erschwerte und verzögerte alle weiteren Ausbaupläne. Viele Arbeitskräfte mussten zum Militär. Auch das benötigte Material wurde knapp. So kam man im weiteren Verlauf des Krieges nur langsam, aber immerhin doch stetig voran – wenn auch viele Norder in ihren Wohnungen weiterhin auf Petroleum- oder Gaslicht angewiesen waren. Dennoch konnte zwischen April 1915 und März 1916 die im Liefervertrag festgeschriebene Mindestabnahme von 50 000 Kilowattstunden jährlich erreicht und sogar überschritten werden. Die Abnahme von Gas ging deutlich zurück. Unter der Bezeichnung „Städtisches Gas- und Elektrizitätswerk" (später Stadtwerke) wurden beide Energie-Angebote unter einem Dach in eigener Regie vereint. 1917 mussten in Norden erstmals Stromsperren angeordnet werden. Erst nach dem Krieg konnten die Versorgungsnetze parallel zur Entwicklung der Stadt weiter ausgebaut und in den folgenden Jahrzehnten auch die Außenbezirke erschlossen werden. Das letzte „Petroleum-Abschiedsfest" im Stadtgebiet feierten die Bewohner der Häuser Im Hooker östlich des Looger Weges im August 1953.

Das Kriegsende 1918 – Der Soldat am Glockenturm

Als der Erste Weltkrieg mit der Niederlage des deutschen Kaiserreichs im Herbst 1918 zu Ende ging, war die Bilanz erschreckend. In einem bis dahin unvorstellbaren Ausmaß hatte er Leid und Zerstörung gebracht und die Welt in ihren Grundfesten erschüttert. „So wie der Erste Weltkrieg selbst eine Katastrophe war, wurde er zur Voraussetzung kommender Katastrophen, einschließlich des Zweiten Weltkriegs, der noch größere Verluste an Menschenleben in Millionenhöhe kosten sollte", schrieb später der britische Historiker David Stevenson. Schon gleich nach Kriegsende begann die Aufarbeitung und Historisierung, aber auch die Verklärung und Verfälschung der militärischen Konflikte und ihrer Folgen, zumeist in Autobiografien, Memoiren, aber auch in allgemeinen Darstellungen. In Deutschland und vielen anderen Ländern, die am Krieg beteiligt gewesen waren, entstanden Gedenkstätten, vielerorts geprägt von einem patriotisch gefärbten Erinnerungskult.

Zwei Jahre nach dem Ende der Schlachten befasste sich in Norden der Militär- und Kriegerverein mit dem Gedanken, für die bis dahin amtlich benannten 500 gefallenen Soldaten aus der Stadt und dem ländlichen Umland ein damals so bezeichnetes „Heldendenkmal" zu errichten. Ein Monument mit der Siegesgöttin Viktoria zur Erinnerung an den Deutsch-Französischen Krieg 1870/71 gab es bereits auf dem Blücherplatz. Doch die Angelegenheit kam über das Stadium der Überlegungen nicht hinaus. Erst im August 1924 trat ein Denkmalsausschuss auf den Plan, der sich der Sache ernsthaft annahm und eine erste Geldsammlung initiierte. Im Frühjahr 1925 kam der Provinzialkonservator aus Hannover nach Norden und schlug den Alten Friedhof an der Ludgerikirche als idealen Standort für ein würdiges Denkmal vor. Um sich davon ein Bild zu machen, ließ die Stadtverwaltung Modelle aus Holz anfertigen und stellte sie auf die Friedhofsanlage. Bei deren Anblick kam im Ausschuss jedoch keine Begeisterung auf; er lehnte die Entwürfe schlichtweg ab. Nun wurde der Kyffhäuserbund gebeten, sich um einen „künstlerischen Berater" zu bemühen. Die Wahl fiel auf den in Berlin-Dahlem ansässigen Professor Hermann Hosaeus, der dem Senat der Akademie der Künste angehörte. Hosaeus kam nach Norden und empfahl, das geplante Denkmal mit der Vorderfront des historischen Ludgeri-Glockenturms in Verbindung zu bringen. Der Künstler hatte auch gleich einen praktischen Vorschlag: Am Turm müsse ein riesiger, feldgrauer Krieger aus eisenhaltigen, rötlich-schwarz getönten Klinkersteinen (Eisenklinker) aufgestellt werden, der „das ungeheure große Erlebnis des Weltkrieges" symbolisiere und plastisch aus dem Bauwerk hervortrete. Die Argumente überzeugten den Denkmalsausschuss. Die Kirche äußerte keine Bedenken, obwohl durchaus kritische Stimmen gegen die Standortwahl laut wurden.

Anfang Dezember 1926 traf das Monument in Norden ein. Hosaeus, der sein Werk persönlich begleitete, erläuterte dem Ausschuss, dass das Denkmal „bodenständig, ungewöhnlich und einzig in seiner Art" sei; ein derart großes Mahnmal sei niemals zuvor in Eisenklinker gebrannt worden. Die Einweihung begann am 15. Mai 1927, einem Sonntag, mit einem Festakt in der Ludgerikirche. Der sozialdemokratische Wehrverband Reichsbanner Schwarz-Rot-Gold blieb der Veranstaltung demonstrativ fern. Gegen Mittag begaben sich die zahlreichen Teilnehmer nach draußen. Bei strömendem Regen bestieg Superintendent Ibo Kortmann barhäuptig ein Rednerpult und beschwor in markigen Worten die während der vier Kriegsjahre bis in den Tod reichende „Opferbereitschaft" an den Fronten und in der Heimat und rief aus: „Das Mal stellt einen Krieger dar, den Helm auf dem Haupte, die Hand am Gewehr, eine trotzige Geschlossenheit im Antlitz!"

Mitte der 1930er-Jahre wurde im Kreuzgewölberaum unter dem Glockenturm eine Gedenkhalle mit den Namen der im Ersten Weltkrieg gefallenen Norder Soldaten geschaffen und nach 1945 um Namenstafeln für die Toten des Zweiten Weltkriegs ergänzt.

Revolution: Arbeiter- und Soldatenräte

Ausgehend von Matrosenaufständen in Wilhelmshaven und Kiel bildeten sich im November 1918, kurz vor dem Ende des Ersten Weltkriegs, vielerorts Räte von revolutionär gesinnten Arbeitern und Soldaten.

Vor dem Hintergrund der sich abzeichnenden militärischen Niederlage Deutschlands und angesichts der Sinnlosigkeit, den verlorenen Krieg weiterzuführen, meuterten seit Ende Oktober zunächst im Kriegshafen Wilhelmshaven und dann in Kiel zahlreiche Matrosen. Sie weigerten sich, in dieser Situation noch Befehle auszuführen und ihr Leben zu riskieren. Der Initiative folgten in den Tagen darauf viele Soldaten, obwohl sie mit Gegenreaktionen und Strafen rechnen mussten. An der Jade wurden rund 1000 Aufständische festgenommen und in die überfüllten Gefängnisse eingeliefert. In Kiel kam es am 3. November zu blutigen Auseinandersetzungen, an denen einige Tausend meuternde Matrosen sowie Arbeiter, die sich ihnen anschlossen, und eine kleine Militärpatrouille beteiligt waren. Die Schießereien forderten acht Tote und etwa 30 Verletzte. Doch der Umsturz war nicht mehr aufzuhalten. Die von Reichskanzler Max Prinz von Baden geführte Regierung im fernen Berlin versuchte vergeblich, der Lage Herr zu werden. Um weiteres Blutvergießen zu verhindern, setzte die kaiserliche Militärelite der sich anbahnenden Entwicklung kaum Widerstand entgegen.

In Wilhelmshaven organisierten der Oberheizer Bernhard Kuhnt und einige Mitstreiter am 6. November eine Massendemonstration, an der rund 30 000 Soldaten und Arbeiter teilnahmen. In gleichzeitigen Verhandlungen mit der Marine-Kommandantur konnten Kompromisse erzielt und Ausschreitungen auf beiden Seiten verhindert werden. Noch am Nachmittag kam es zur Wahl eines Arbeiterrates, dem kurz darauf die Bildung eines Soldatenrates folgte. Beide Gruppen fanden schließlich eine gemeinsame Basis in einem sogenannten 21er-Rat, in dem Kuhnt die Hauptrolle übernahm. Noch am selben Tag kam es auch in Emden zur Bildung eines Soldatenrates. Der Funke sprang rasch auf andere Regionen in Deutschland und zunehmend auf die organisierte Arbeiterschaft über. Um die Schlagkraft zu erhöhen, entstanden binnen kurzer Zeit an zahlreichen Orten – darunter auch auf Norderney und in Dornum – ebenfalls Arbeiter- und Soldatenräte (ASR), die sich als „vollziehende Gewalt“, Ordnungshüter und Kontrollorgane der kommunalen Verwaltungen und der übergeordneten Behörden darstellten. Sie forderten Frieden und Demokratie, die Abdankung des Kaisers, den Acht-Stunden-Tag und Fürsorge für die Notleidenden. Mit zeitlicher Verzögerung schlossen sich in ländlichen Bereichen Landwirte, Handwerker und Landarbeiter zu Bauern- und Landarbeiterräten zusammen.

Am Vormittag des 7. November erreichten die revolutionären Vorgänge auch Norden. In schnellem Tempo rumpelte ein Automobil, an dem eine rote Fahne befestigt war, über die holperigen Straßen. Im Fahrzeug saß die Abordnung eines Soldatenrates, die vermutlich aus Wilhelmshaven kam. Die Passanten blieben stehen. Unruhe und Erregung machten sich breit. Was die Szene zu bedeuten hatte, wusste man aus der Zeitung. Das Ziel der Gruppe war das für den Landsturm und das Reservelazarett zuständige Garnisonkommando in der Küstenstadt. Dort unterbreiteten die bewaffneten Männer der Führungsspitze ihre Forderungen nach einer Aufhebung des Grußzwanges, einer einheitlichen Verpflegung für Offiziere und Mannschaften sowie der Kontrolle über sämtliche Waffen und Munitionsbestände. Der zuvor von ihnen aufgesuchte Garnisonälteste der Flugstation Hage, auf dem zu diesem Zeitpunkt noch eine 60 Mann starke Fliegerabwehrstaffel stationiert war, habe die Forderungen anerkannt und gebilligt.

Wie der Ostfriesische Kurier berichtete, verliefen auch in Norden die Verhandlungen „in verständiger und entgegenkommender Weise“ mit dem Ergebnis, dass auch hier rasch eine Soldatenrat gebildet wurde. Laut Zeitungsbericht nahm das Gremium unverzüglich „die Führung der öffentlichen Angelegenheiten in die Hand“ und organisierte bereits am Nachmittag des 9. November eine Kundgebung auf dem Marktplatz. Vor einer dicht gedrängten Volksmenge sprachen Vertreter des Soldatenrates, der Norder Garnisonälteste Major Schoepplenberg und Oberleutnant zur See Garnich aus Hage sowie der Norder SPD-Vorsitzende und Maurer Paul Müller. In der Zeitung hieß es: „Der hiesige Soldatenrat hat die Bürgschaft dafür übernommen, daß überall die Ruhe aufrechterhalten bleibt. Matrosen patrouillieren mit scharf geladenem Gewehr durch die Stadt, um auf Ordnung zu halten. Zu begrüßen ist es, daß auf Antrag des Soldatenrates unsere Ortsbehörden den Ausschank von alkoholischen Getränken verboten haben. Bislang ist nirgends die Ruhe und Ordnung gestört worden ... Unbedingt nötig ist es, daß den Anordnungen des Soldatenrates Folge geleistet wird.“

Am Morgen dieses denkwürdigen 9. November 1918 hatte Reichskanzler von Baden unter dem Druck der Ereignisse und Unruhen in eigener Initiative und ohne Rücksprache mit dem im belgischen Spa weilenden Kaiser Wilhelm II. die Abdankung des Monarchen und obersten Kriegsherrn verkündet und die Kanzlerschaft an den Sozialdemokraten Friedrich Ebert übergeben. Nachmittags rief der Sozialdemokrat Philipp Scheidemann vor dem Reichstagsgebäude in Berlin die Republik aus. Am späten Abend gab der Kaiser seinen letzten Widerstand gegen die ihm aufgezwungene Abdankung auf und flüchtete mit seiner Begleitung in die neutralen Niederlande. Nach Abschluss von Waffenstillstandsverhandlungen zwischen den noch am Krieg beteiligten Staaten verstummten am 11. November ab 11 Uhr an der Westfront nach vierjährigem Ringen endlich die Kanonen, die bis zuletzt geschossen hatten. In Berlin bildeten die Mehrheits-Sozialdemokraten (MSPD), die von Anfang an den Übergang zu einer parlamentarischen Demokratie anstrebten und daran künftig festhielten, sowie die seit 1917 abgespaltenen Unabhängigen Sozialdemokraten (USPD) einen „Rat der Volksbeauftragten“, der unter Eberts Führung vorübergehend die Regierungsgeschäfte übernahm. Die USPD, die ein Rätesystem favorisierte, schied Ende Dezember aus der provisorischen Regierung aus und überließ den Mehrheitssozialisten allein das Feld. Revolutionäre Sozialisten im kommunistisch geprägten Spartakusbund wollten eine Räterepublik. In Norden hatte die SPD schon weit vor 1914 eine Basis, stellte aber im Ersten Weltkrieg ihre Aktivitäten weitgehend ein und trat nun wieder in Erscheinung.

Mit zeitlicher Verzögerung berichteten die Tageszeitungen bis in den letzten Winkel über die umwälzenden, aufrüttelnden Ereignisse. Auch in Norden war man somit einigermaßen informiert. Nach der am 9. November stattgefundenen Kundgebung des Soldatenrates auf dem Marktplatz ergriff das örtliche Gewerkschaftskartell einen Tag danach die weitere Initiative und wählte in einer eiligst einberufenen Mitgliederversammlung einen Arbeiterrat. Beide Gruppen schlossen sich kurz darauf unter Führung des Sozialdemokraten und Büroangestellten Georg Molle zum Arbeiter- und Soldatenrat für die Stadt und den Landkreis Norden zusammen, der am 11. November im Ekeler Gasthof Dittrich in der Umlandgemeinde Sandbauerschaft seine Aufgaben und Absichten verkündete. Die Gastwirte im Norder Stadtgebiet hatten ihre Lokale für die von dem SPD-Mitglied Menne Tammen geleitete Versammlung nicht zur Verfügung gestellt. Der Saal von Dittrich war derart überfüllt, dass viele Teilnehmer draußen ausharrten oder wieder umkehrten.

Am nächsten Morgen nahm der Norder Arbeiter- und Soldatenrat, dessen Mitglieder von jedem Dienst befreit waren, als Kontrollinstanz seine Tätigkeit auf und richtete im Rathaus ein Büro ein. Wie es in einer offiziellen Verlautbarung hieß, „beriet" von da an der Norder SPD-Vorsitzende Paul Müller den Magistrat und den Bürgermeister Johannes König und unterzeichnete mit ihm alle Verordnungen und amtlichen Bekanntmachungen. In der Kreisverwaltung am Fräuleinshof trat Georg Molle als „Berater und Mitzeichner" des Landrats Hermann Bayer auf. In der Praxis ging es in dieser bitteren Nachkriegszeit vor allem um eine gerechte Verteilung der noch vorhandenen Lebens- und Nahrungsmittel, um die Beseitigung der Wohnungsnot, die Fürsorge für Arbeitslose, um Notstandsarbeiten und um den Kampf gegen Schiebereien, Hamstereien und Wucher.

In der Zwischenzeit hatte der Arbeiter- und Soldatenrat unter anderem auch die Küstenfunkstelle Norddeich Radio besetzt. Als die Postbeamten sich nicht gefügig zeigten, wurden sie vorläufig aus dem Dienstgebäude verwiesen. Erst nach einigen Tagen konnten sie wieder an ihre Arbeitsplätze zurückkehren, weil mittlerweile in dem für viele Schiffe lebenswichtigen Funkverkehr ernsthafte Schwierigkeiten aufgetreten waren.

Problematisch war die Unterbringung, Verpflegung und Beschäftigung der von den Fronten geordnet zurückkehrenden Soldaten, die zunächst auf zahlreiche Städte und Landgemeinden in Deutschland verteilt wurden und dort warten mussten, bis sie in ihre Heimatorte entlassen werden konnten. In Norden standen dafür die Turnhallen, das lutherische Gemeindehaus sowie einige Säle, aber nur wenige Privatquartiere zur Verfügung.

In einer Bekanntmachung warnte der Arbeiter- und Soldatenrat vor „Plünderungen und Ausschreitungen“, die „unnachsichtlich bestraft und standrechtlich abgeurteilt werden“. Gegenüber der neuen Regierung in Berlin verhielt sich das Norder Gremium – wie die meisten Räte im Reich – loyal und akzeptierte die ihm von dort zugestandenen Machtbefugnisse. Ein „Freistaat Oldenburg-Ostfriesland“, den inzwischen der Wilhelmshavener Kuhnt ausgerufen hatte, stieß auf strikte Ablehnung. Zu einer gewaltsamen Veränderung der Verhältnisse kam es somit nicht. Trotz vorübergehender Eingriffe blieb auch die aus dem Kaiserreich überlieferte Behördenstruktur bestehen; die staatlichen und kommunalen Institutionen sowie die Gerichte konnten ihre Tätigkeit reibungslos fortsetzen. Auch im wirtschaftlichen, kulturellen und kirchlichen Leben gab es keine Beschränkungen.

Mitarbeit des Bürgertums

Dennoch: Die Zeiten waren wirr, der Nachkriegsalltag grau, aber das Leben ging weiter. Auch das konservative Norder Bürgertum, das schon die „bolschewistische Revolution“, „russische Zustände“ und einen Bürgerkrieg heraufziehen sah, erholte sich rasch von seinem Schock und seiner Hilf- und Sprachlosigkeit und fand wieder zu sich selbst. Bereits am 16. November 1918, wenige Tage nach dem Umsturz, formierte sich im Deutschen Haus ein Bürgerrat, dem namhafte Persönlichkeiten und Honoratioren aus der Stadt und dem Landkreis angehörten. Er vertrat die Interessen von Handel, Industrie und Handwerk, der Landwirtschaft, der Beamten, Angestellten, Lehrer und freien Berufe. An die Spitze stellte sich der Teekaufmann Onno Behrends, der zugleich Vorsitzender des Kaufmännischen Vereins war. In einer Vorankündigung schrieben die Initiatoren: „Gegenüber den schweren inneren Umwälzungen im Vaterlande darf das deutsche Bürgertum nicht tatenlos bleiben, sondern ist verpflichtet, in enger Fühlung mit der Reichsleitung und den bestehenden Arbeiter- und Soldatenräten die Gleichberechtigung des Bürgertums bei allen staatlichen Maßnahmen durchzusetzen und tatkräftig an der Aufrechterhaltung der Ordnung mitzuarbeiten.“ Einstimmig nahm die gut besuchte Gründungsversammlung eine von dem liberalen Norderneyer Bürgermeister und späteren ostfriesischen Regierungspräsidenten Jann Berghaus formulierte Resolution an, in der „dringend“ die Mitarbeit im Arbeiter- und Soldatenrat in Form von gemeinsam tätigen Kommissionen gewünscht wurde. Das war, wie sich zeigen sollte, eine geschickte Umarmungstaktik, der sich die andere Seite nicht ohne Weiteres entziehen konnte, wenn sie ihre Glaubwürdigkeit nicht verlieren wollte. So meldete sich denn auch der ASR-Funktionär Paul Müller, der ebenfalls zu der Versammlung eingeladen worden war, zu Wort und begrüßte die angekündigte Mitarbeit der Bürgerlichen mit den Worten: „Wir wollen Eintracht und Harmonie."

Um die Absicht in die Tat umzusetzen, bildeten beide Seiten am 22. November gemeinsam besetzte Kommissionen für Ernährung, Wohnungsfragen und Demobilisierung, Bekleidung, Sicherheits- und Verkehrswesen, Gesundheits- und Wohlfahrtspflege sowie Justiz, Kirche und Schule. Dabei zeigte sich allerdings, dass der Bürgerrat – bis auf die Kommission für Sicherheits- und Verkehrswesen – in allen Gremien eindeutig die Mehrheit hatte. Das lag wohl daran, dass einerseits eine paritätische Zusammensetzung vorher nicht vereinbart worden war und andererseits die Bürgerlichen im Gegensatz zu den Arbeitern und Soldaten zahlenmäßig keine Mühe hatten, fast alle Kommissionen mit erfahrenen und fachlich kompetenten Persönlichkeiten zu besetzen und angesichts ihrer Mehrheit auch gleich den Vorsitz zu übernehmen. Gleichwohl bekräftigte der Norder Arbeiter- und Soldatenrat am 4. Dezember noch einmal seine vor allem militärischen Befugnisse im Sicherheits- und Verkehrsbereich. Die entsprechende Verordnung enthielt auch die Unterschriften des Garnisonältesten Schoepplenberg sowie des Landrats und des Bürgermeisters.

Am 20. Dezember erhielt die anfangs von beiden Seiten beschworene „Harmonie und Eintracht" allerdings einen Dämpfer. Während einer Sitzung des Bürgerrates im Deutschen Haus, an der auch der Arbeiter- und Soldatenrat teilnahm, äußerte sich Onno Behrends zum Acht-Stunden-Tag und zu Streiks. Der ASR-Vorsitzende Molle unterbrach ihn und erklärte, dies seien parteipolitische Aussagen, zu denen der Bürgerrat nicht berechtigt sei. Als Behrends widersprach, verließen die Mitglieder des Arbeiter- und Soldatenrates demonstrativ den Sitzungsraum. Die zurückgebliebenen Teilnehmer bedauerten den Vorfall, der zwar einen Schatten auf die Zusammenarbeit warf und gegenseitiges Misstrauen nährte, aber die Tätigkeit der Kommissionen offensichtlich nicht beeinträchtigte. Zu getrennt stattfindenden Sitzungen und Versammlungen lud man jeweils auch die Gegenseite ein. Im Vergleich zu vielen anderen Städten war die Zusammenarbeit in dieser Form und in dieser Zeit zweifellos ungewöhnlich. Wesentlich turbulenter ging es beispielsweise in Emden zu, wo radikale linke Kräfte Auseinandersetzungen und Unruhen auslösten. Dennoch kam es auch in Norden zu zwei spektakulären Vorgängen.

1919: Zwischenfälle

Am Abend des 27. Januar 1919 ehrten Norder Honoratioren – wie alle Jahre zuvor – den längst im niederländischen Exil weilenden Kaiser, der an diesem Tag Geburtstag hatte. Als die Runde nach beendeter Würdigung das Versammlungslokal verließ, wurde sie von einer draußen wartenden Gruppe tätlich angegriffen und verprügelt. Prominentestes Opfer des Überfalls war Landrat Bayer. Der Ostfriesische Kurier ging auf den Vorfall konkret nicht ein, sondern beließ es bei einer geheimnisvollen Andeutung, die jedoch die Gerüchteküche erst recht beschäftigte. Zitat: „Gestern Abend haben sich in den Straßen der Stadt bedauerliche Vorgänge abgespielt, die sich, wie alle hoffen werden, in der Zukunft nicht mehr wiederholen mögen. Zu einer besonderen politischen Ausbeutung dieser Vorgänge liegt kein konkreter Anlass vor. Sollten auswärtige Zeitungen übertriebene Berichte darüber bringen, so richten sich diese selbst." In einer kurz darauf veröffentlichten Zeitungsanzeige distanzierte sich der offensichtlich in Verdacht geratene Arbeiter- und Soldatenrat von dem Zwischenfall und erklärte: „100 Mark Belohnung denjenigen, die uns Angaben machen, sodaß die Schuldigen, die den Herrn Landrat Bayer überfallen haben, zur verdienten gerichtlichen Bestrafung gebracht werden." Nicht die organisierte Arbeiterschaft, sondern der „Mob" habe die Tat verübt, hieß es in anderen Äußerungen.

Am 25. April 1919 verwahrte sich der Ostfriesische Kurier gegen Aussagen des ASR-Vorsitzenden Molle, der in einer Volksversammlung behauptet hatte, dass die Zeitung „von Beginn der Revolution an" die Interessen der Arbeiterschaft kaum berücksichtige. Verlag und Redaktion konnten hingegen schlüssig beweisen, dass bis dahin nahezu alle Berichte und Verlautbarungen des Arbeiter- und Soldatenrates und der SPD ins Blatt gerückt worden seien, selbst solche, die der Redaktion „unter Androhung von Gewalt" und ohne Rücksicht auf die Pressefreiheit übermittelt worden seien. Noch am Erscheinungstag organisierte Molle in der Nähe des Verlagshauses eine Protestaktion, an deren Ende Demonstranten in das Gebäude eindrangen und den Redakteur Franz Knorr tätlich angriffen. Wie die Norder Kreisverwaltung dem Auricher Regierungspräsidenten meldete, habe Molle die Demonstranten „aufgehetzt", sich selbst aber während der tätlichen Übergriffe in eine nahe Gaststätte verzogen. Zwei Tage danach veröffentlichte die Zeitung unter Zwang und (Zitat) „unter dem Druck der Verhältnisse" eine lange, von Molle „im Namen des ganzen werktätigen Volkes" unterzeichnete „Antwort", in der die Zeitung beschimpft und der tendenziösen „Volksverdummung" bezichtigt wurde. Eine Woche später setzten sich die Kontrahenten jedoch an einen Tisch und verfassten eine von beiden Seiten unterschriebene Erklärung, die der Ostfriesische Kurier am 6. Mai abdruckte. Darin hieß es, dass einerseits die Interessen der organisierten Arbeiterschaft „nicht vernachlässigt oder bekämpft werden" und andererseits „die Pressefreiheit in vollem Maße gewahrt bleibt" und keinerlei Beschränkungen unterliege.

Deutsche Nationalversammlung

Überall im Reich und somit auch in Norden standen die Winterwochen 1918/19 ganz im Zeichen der Wahl zur verfassunggebenden Deutschen Nationalversammlung am 19. Januar 1919, aus der die SPD mit 165 Sitzen, das katholische Zentrum mit 89 und die Deutsche Demokratische Partei mit 74 als stärkste Parteien hervorgingen. Erstmals in der deutschen Geschichte konnten auch die Frauen das ihnen jetzt zugestandene Wahlrecht ausüben. Wegen Unruhen in Berlin und aus symbolischen Gründen trat das erste demokratisch gewählte deutsche Parlament am 6. Februar 1919 in der Goethe- und Schiller-Stadt Weimar zusammen. So sprach man künftig von der „Weimarer Republik". Die Nationalversammlung wählte den bisherigen sozialdemokratischen Volksbeauftragten Friedrich Ebert zum ersten deutschen Reichspräsidenten. Unter seinem Parteifreund Philipp Scheidemann bildeten die drei stärksten Fraktionen die „Weimarer Koalition". Ab Ende September 1919 tagte das Parlament in Berlin.

Politischer Neuanfang in Norden

Am 6. April 1919 gab es auch in Norden einen politischen Neuanfang. Zur ersten demokratischen Wahl des Bürgervorsteherkollegiums, die nach der kurz zuvor erfolgten Eingemeindung der Umlandgemeinde Sandbauerschaft (Ortsteile Ekel, Lintel, Westgaste) in einem vergrößerten Stadtgebiet stattfand, einigten sich die konservativen und liberalen Parteien mit den Sozialdemokraten auf eine Einheitsliste unter der Bezeichnung „Molle-Franzius-Dreyer", die gegenüber kleineren Mitbewerbern die Mehrheit errang. Allen Parteien ging es, wie sie betonten, „in dieser schweren Zeit" vorrangig „um Norden". Mit dem als gemäßigt geltenden und angesehenen Sozialdemokraten Paul Müller war nun auch erstmals ein Repräsentant der Arbeiterschaft als Senator im Magistrat (Stadtverwaltung) vertreten. Molle errang ein Mandat im Bürgervorsteherkollegium.

Vor diesen Hintergründen schwanden im ganzen Reich nach und nach die Chancen und Einflussmöglichkeiten der Arbeiter- und Soldatenräte. Sie sahen sich zunehmend an den Rand gedrängt, denn ihre Kontrollfunktionen in den Behörden und ihre Mitwirkung in öffentlichen Angelegenheiten waren nicht mehr sonderlich gefragt. Die durch demokratische Wahlen legitimierte Staatsordnung hatte einen neu gefestigten Rückhalt; in den politischen und verantwortlichen Gremien bekam die Arbeiterschaft Sitz und Stimme. In Norden gingen die Aufgaben der vorherigen Kommissionen bald auf die nunmehr vom Bürgervorsteher-Kollegium gebildeten Ausschüsse über. Auch der von Onno Behrends geleitete Bürgerrat wurde überflüssig. Dennoch setzte der Norder Arbeiterrat seine Aktivitäten vorerst noch fort, obwohl er weder bei der Arbeitsplatzbeschaffung noch bei der Verbesserung der Lebensmittelversorgung spektakuläre Erfolge aufweisen konnte. Die Anhängerschaft schmolz zusehends dahin, Arbeitslose gingen von sich aus auf die Straße und Arbeitnehmer streikten in eigener Initiative, um Lohnforderungen durchzusetzen. Von „Soldaten" in diesem Gremium war schon im Februar keine Rede mehr gewesen, denn die meisten der in der Stadt und dem Umland untergebrachten Militärangehörigen waren inzwischen in ihre Heimatorte entlassen worden. Das Norder Garnisonskommando wurde im Frühjahr aufgelöst. Mitte März teilte Molle in seiner Funktion als Vorsitzender des Arbeiterrates mit, dass er seine Tätigkeit als „politisches Kontrollorgan" im Norder Rathaus eingestellt habe. Er gestand ein, dass ihm seitens der Stadtverwaltung keine Schwierigkeiten bereitet worden seien. Paul Müller übte seine Kontrollfunktion beim Landrat noch bis Anfang Juni aus. Am 21. Juni wurde das bis dahin bestehende Büro des Arbeiterrates im Rathaus aufgelöst.

Seit seiner Wahl ins Bürgervorsteherkollegium hatte Molle ohnehin andere Betätigungsfelder im Blick. Im Stadtparlament fiel der als scharfzüngig und oft unbeherrscht charakterisierte Politiker vor allem durch provozierende Wortbeiträge auf. Immer wieder wetterte er gegen die Umbenennung des Neuen Weges in „Hindenburgstraße" und forderte den Abbruch des Bismarckdenkmals. Im Juni 1919 brachte er mit dem Ausruf „Man muss den Magistrat zum Teufel jagen!" nicht nur den erst seit kurzer Zeit amtierenden neuen Bürgermeister Dr. Friedrich Walther und die übrige Stadtverwaltung gegen sich auf, sondern löste auch eine kommunalpolitische Krise aus. Sowohl der Bürgervorsteher-Wortführer Justizrat Franzius als auch vier langjährige bürgerlich-konservative Senatoren traten nach dieser Attacke zurück. Ende Juli wurde Molle selbst Senator und saß – neben seinem sozialdemokratischen Parteifreund Müller – im Magistrat. Darüber hinaus gehörte er mittlerweile dem Norder Kreistag und dem Kreisausschuss an, war in dem vor allem für die Lebensmittelversorgung zuständigen Kreiswirtschaftsamt tätig und leitete in der Funktion eines Beamten die sogenannte „Kreiskornstelle". Privat erwarb er zum 1. Oktober 1920 den Gasthof „Zum Elefanten" an der Markt-Südseite (später Verlagshaus Heinrich Soltau, danach Markt-Apotheke).

Doch die steil nach oben führende Karriere endete jäh, als Molle Mitte 1920 in Verdacht geriet, bestechlich und neben anderen Personen an inzwischen aufgedeckten Unregelmäßigkeiten, Unterschlagungen und Täuschungsmanövern im Kreiswirtschaftsamt maßgeblich beteiligt zu sein. Daraufhin legte er im September 1920 seine Ämter als Senator und Kreistagsmitglied nieder. Einen Monat danach griff der Norder Magistrat in einem scharf formulierten Brief an den Landrat die Vorgänge in dessen Behörde auf und verlangte im Interesse der „erregten Einwohnerschaft" eine umfassende Aufklärung. Eine Kopie des Schreibens ging an den Regierungspräsidenten. Mitte Dezember 1921 musste sich Molle in Aurich vor Gericht verantworten. Die Anklage warf ihm vor, „in sechs Fällen für Handlungen unter Verletzung seiner Dienstpflicht" Geld und Geschenke angenommen zu haben. Die Auricher Strafkammer verurteilte ihn in vier Fällen zu sechs Monaten Gefängnis und zog die Bestechungsgelder in Höhe von einigen Tausend Mark ein. Im Oktober 1922 wurde die von Molle beantragte Revision des Urteils vom Reichsgericht als „unbegründet" verworfen. Die SPD distanzierte sich von Molle. In später erschienenen Dokumentationen zur Geschichte der Arbeiterbewegung und der Partei in Norden taucht sein Name nicht auf.

In der Milliardenflut: Die Inflation 1923

Auf sage und schreibe 500 Milliarden Mark kletterte im November 1923 der jede Woche neu festgesetzte Bezugspreis für den Ostfriesischen Kurier. Als „Zahlungsmittel" nahm der Norder Verlag aber auch Naturalien an. Auf dem Wochenmarkt kostete ein Läuferschwein bis zu 50 Billionen Mark. In den Lebensmittelläden zahlte die Hausfrau am Monatsanfang für ein Pfund Butter 150 Milliarden und für ein Ei 800 Millionen Mark. Für eine Schachtel Streichhölzer musste man 610 Millionen Mark auf den Ladentisch legen. In jenem Herbst erreichte die seit dem Ende des Ersten Weltkrieges zunächst noch schleichende, im Laufe der Nachkriegsjahre jedoch immer rascher galoppierende Inflation ihren absoluten Höhepunkt; sie nahm bizarre, niemals zuvor erlebte und aus heutiger Sicht unvorstellbare Formen an. Der dramatische Währungsverfall in diesem Ausmaß hatte verschiedene Ursachen.

Im 1919 unterzeichneten Friedensvertrag von Versailles hatten die Siegermächte dem geschlagenen Deutschen Reich nicht nur die überseeischen Kolonien und die Flotte weggenommen, sondern ihm auch die alleinige Kriegsschuld, vor allem aber erhebliche Reparationsleistungen aufgebürdet. Trotz einer dadurch unausweichlich zunehmenden Staatsverschuldung mussten auch die Kriegsanleihen, deren Zeichnung das ehemalige Kaiserreich zur „nationalen Pflicht" aller Deutschen erhoben hatte, zurückgezahlt werden. Im Januar 1923 besetzten Frankreich und Belgien das Ruhrgebiet, den industriellen Kern des Kriegsverlierers, um damit ihre Reparationsansprüche – vor allem auf die Ruhrkohle – militärisch durchzusetzen. Frankreich fürchtete zudem ein wiedererstarktes Deutschland. Der Einmarsch der fremden Truppen löste eine Welle der nationalen Empörung aus, die alle politischen und sozialen Schranken überwand und in der Öffentlichkeit eine breite Unterstützung fand.

Die deutsche Reichsregierung sah sich auf der vermeintlich sicheren Seite, als sie am 13. Januar 1923 in einer groß angelegten Kampagne zum passiven Widerstand im besetzten Gebiet aufrief und sich bereit fand, alle damit verbundenen Aktionen und enormen Lasten auch zu finanzieren. So unterstützte sie im „Ruhrkampf" die streikenden Bergleute und wies die Beamten an, den Anordnungen der Besatzungsmacht nicht Folge zu leisten. Mit immer höheren Krediten der Reichsbank und einer bewusst in Kauf genommenen, aber folgenschweren Erhöhung des Geldumlaufs wollte sie die rasch anschwellende Kostenlawine zwar beherrschen, stürzte aber dadurch das Reich immer tiefer in eine finanzielle Katastrophe. Die Notenpressen druckten unablässig neues Papiergeld, dessen Wert mit aufgedruckten Millionen-, Milliarden- und Billionenbeträgen ins Astronomische kletterten. Und entsprechend kletterten die Preise für Waren aller Art. Die Zeitungen erläuterten der Leserschaft, dass eine Million sechs, eine Billion zwölf und eine Trillion 18 Nullen habe. Um dem Mangel an Kleingeld und Münzen abzuhelfen, gaben viele Städte, Gemeinden und Institutionen eigenes Notgeld heraus. Binnen weniger Monate verlor die deutsche Währung nahezu jeden Wert. Das Land war praktisch bankrott.

Auch in Ostfriesland veränderte die Inflation das öffentliche Leben, die Arbeitswelt und den privaten Alltag. Sinkende Einnahmen und steigende Produktionskosten, schwindende Kapitalreserven, ein empfindlich spürbarer Kaufkraftverfall und hohe Arbeitslosenzahlen prägten auch hierzulande das Bild dieses Krisenjahres 1923. Im Herbst wurden in vielen Betrieben die Löhne und Gehälter wöchentlich festgesetzt und schließlich sogar täglich ausgezahlt. Zeitzeugen erinnerten sich, dass die Arbeiter das Papiergeld bündelweise in Tragetaschen stopften, um rasch einzukaufen, denn am nächsten Tag war der Lohn schon wieder weniger wert und die Waren schon wieder teurer.

Am 9. August 1923, einem Donnerstag, begann in Norden ein mehrtägiger Streik. Der Ostfriesische Kurier berichtete: „Die unleugbar außerordentlich zugespitzte wirtschaftliche Situation, die Tatsache, daß die Arbeiterschaft mit ihrem Verdienst nicht mehr in der Lage ist, für sich und ihre Familien das zum Leben Notwendigste erwerben zu können, hatte diese veranlaßt, überall die Arbeit niederzulegen." Am späten Vormittag bewegte sich – von Westgaste kommend – eine lange Streikkolonne in die Innenstadt. Im Verlagshaus der Heimatzeitung am Markt veranlasste sie in der Setzerei und Druckerei die Einstellung der Arbeit und holte danach aus vielen Kontoren und Büros sowie aus allen Betrieben und dem Finanzamt die Angestellten und Arbeiter heraus. Am Mittag begab sich die Menge in den Gasthof zur Börse, wo auch der inzwischen amtierende Landrat Ludwig Schede und Bürgermeister Georg Bucksch eingetroffen waren. Die spontan einberufene Versammlung verlief nach Augenzeugenberichten zeitweise sehr erregt. Die demonstrierenden Teilnehmer verlangten die sofortige Auszahlung wertbeständiger Löhne und beauftragten eine Kommission, über diese Forderung mit der Kreisverwaltung, dem Magistrat, den Arbeitgebern sowie Vertretern der Landwirtschaft und der Kaufmannschaft unverzüglich zu verhandeln. Unter Vorsitz des Bürgermeisters setzten sich die Verhandlungspartner noch am Nachmittag im Rathaus an einen Tisch. Die Arbeitgeber argumentierten, dass auch nach ihrer Auffassung die Löhne den Verhältnissen angepasst werden müssten, verwiesen aber zugleich auf ihre wirtschaftlichen Schwierigkeiten und auf die Reichsregierung, von der schon in den nächsten Tagen „durchgreifende Maßnahmen" zu erwarten seien. Die Arbeitnehmer bezweifelten den guten Willen der Gegenseite.

Die klassenkämpferischen Töne beherrschten am Abend dieses 9. August auch eine Versammlung im überfüllten Ekeler Schützenhaus, wo die Sprecher der Kommission ihre unterschiedlichen Positionen bekräftigten, aber keine konkreten Ergebnisse vorlegen konnten. In der gespannten Atmosphäre fielen böse und drohende Worte. Lebhafte Zustimmung erhielten jene Redner, die ankündigten, im Norddeicher Hafen die für Norderney bestimmten Lebensmittel zu beschlagnahmen, in der Westermarsch die Bauern „zu besuchen" und sich von den am Moortief lagernden Torfvorräten der Norder Fehngesellschaft gewaltsam Brennstoff zu besorgen. Erst der Auftritt des Reichstagsabgeordneten Josef Ernst, der Ruhe und Ordnung anmahnte, glättete die Wogen. Am darauffolgenden Sonntag zog ein Demonstrationszug durch die Innenstadt zum Marktplatz. Weil die Behörden Unruhen befürchteten, hatte die Auricher Bezirksregierung 25 Schutzpolizisten und alle Landjäger aus dem Kreisgebiet nach Norden beordert, die auf dem Markt Posten bezogen. Zu Zusammenstößen kam es zwar nicht, aber das ungewohnte Bild heizte die Stimmung an. Vor einer großen Menschenmenge erklärte der Vorsitzende des Bauarbeiterverbandes, Cramer: „Die Arbeit wird solange nicht aufgenommen, wie Bajonette hier in Norden sind!" Erst am 16. August wurden die Schutzpolizisten nach Hage verlegt. Dadurch entspannte sich die Lage.

Ab 19. August erschien auch der mehrere Tage bestreikte Ostfriesische Kurier, der sich mit kleinformatigen Notausgaben nur mühsam über Wasser gehalten hatte, wieder in der gewohnten Form. Aber immer wieder musste die Zeitung ihre Abonnenten um Nachzahlungen bitten, die jedoch nur spärlich eingingen. „Vielfachen Wünschen entsprechend" nahm der Verlag als Gegenwert nun auch Naturalien als Zahlungsmittel entgegen. Zahlreiche Leser müssen davon Gebrauch gemacht haben, denn als sich die Lage später besserte, wurde ein großer Teil der eingelagerten Kartoffeln und Getreidemengen an die Mitarbeiter ausgegeben. Ende September veröffentlichten die Industrie- und Handelskammer, die Handwerkskammer, der Einzelhandel und der Landwirtschaftliche Hauptverein einen Appell an die ostfriesischen Zeitungsbezieher, der Presse als einziges Informationsmittel in dieser schweren Zeit die Hilfe nicht zu versagen und den Blättern die Treue zu halten.

Am 24. September gab die Reichsregierung unter Gustav Stresemann den aussichtslosen „Ruhrkampf" auf. Im Oktober leitete sie durchgreifende Maßnahmen zur Sanierung der deutschen Währung ein und brachte ab 15. November auf der Basis der Goldmark die Rentenmark und danach die Reichsmark als neue stabile Währung in Umlauf. Für eine Billion Inflationsgeld gab es eine Rentenmark. Wer Sachwerte oder Immobilien besaß, kam einigermaßen glimpflich über die Währungsumstellung hinweg. Wer aber sein Geld auf die hohe Kante gelegt hatte, büßte seine Ersparnisse ein und musste von vorn beginnen. Im Krisenjahr 1923 waren viele der überkommenen Wertvorstellungen verloren gegangen.

Der Nationalsozialismus in Norden

Nach dem verlorenen Ersten Weltkrieg und dem Zusammenbruch der Monarchie stand die neue Republik in Deutschland auf unsicherem Boden. Die Rahmenbedingungen für die erste parlamentarisch-demokratisch verfasste Staatsform waren nicht ideal und förderten nicht ihre dauerhafte Festigung. Die als Demütigung empfundenen Wiedergutmachungsforderungen der Siegermächte, politische Unruhen, Inflation und wirtschaftliche Krisen belasteten in den 1920er-Jahren bis auf eine kurzfristige Stabilisierungsphase in der zweiten Hälfte des Jahrzehnts die Entwicklung.

Im Laufe der Zeit verhinderte die Vielzahl von Parteien tragfähige, auf Dauer gesicherte Mehrheiten im Berliner Reichstag. Die Regierungen wechselten rasch. Hinzu kam, dass rechts orientierte Parteien, darunter die monarchistisch-antidemokratische Deutschnationale Volkspartei (DNVP), zunehmend an Boden gewannen. Im linken Gegenlager schwächten ideologische Konflikte zwischen den verfassungstreuen Sozialdemokraten auf der einen und den Kommunisten auf der anderen Seite die Abwehrkräfte. Die vielschichtige Stimmungslage begünstigte von Anfang an am äußersten rechten Rand des politischen Spektrums die Existenz von antirepublikanischen, antisemitischen Splittergruppen und völkischen Organisationen. Der seit dem Herbst 1918 in München bestehende „Politische Arbeiterzirkel“ war die Basis für die Deutsche Arbeiterpartei (DAP), die der Werkzeugschlosser Anton Drexler und der Sportjournalist Karl Harrer am 5. Januar 1919 in der bayerischen Landeshauptstadt gründeten. Im Februar 1920 erfolgte die Umbenennung in Nationalsozialistische Deutsche Arbeiterpartei (NSDAP). Ihre Initiatoren wollten den Nationalismus und den Sozialismus miteinander verbinden. Im September 1919 war der aus Österreich stammende ehemalige Gefreite Adolf Hitler, ein Mann ohne Ausbildung und Zukunftsaussichten, der „Bewegung“ beigetreten. Ende Juli 1921 brachte der rhetorisch ungewöhnlich begabte Volksredner und „Trommler“, der die Massen faszinierte, den Vorsitz der Partei in seine Hand, löste sie allmählich aus dem Dunst von Bierkellern und Hinterzimmern und verschaffte sich durch das „Führerprinzip“ in den eigenen Reihen nach und nach diktatorische Vollmachten. Auf seinem Weg nach oben begleiteten und unterstützten ihn in der Folgezeit einflussreiche Förderer und Gönner.

Hitlers Ziele, an denen er fortan unbeirrt festhielt, waren von Anfang an klar: Er bekämpfte mit allen Mitteln die Demokratie und damit die Republik, erklärte die Juden zum universalen und minderwertigen Feind, propagierte die Überlegenheit der arischen Rasse und den Anspruch des deutschen „Herrenvolkes“ auf mehr „Lebensraum“.

In Norden ging die von der Hitler-Partei und geistesverwandten völkischen Gruppen ausgestreute Saat sehr früh auf. Schon am 17. November 1921 griffen rund 30 Männer das nationalsozialistische Gedankengut auf und gründeten im „Krug zum weißen Seehund“ an der Brückstraße eine rechtsextreme, antisemitische Ortsgruppe des Deutschvölkischen Schutz- und Trutzbundes. Am 5. Dezember folgte im Gründungslokal die erste ordentliche Mitgliederversammlung. Weitere Zusammenkünfte, die zunächst alle zwei Wochen stattfanden, hatten das auch öffentlich erklärte Ziel, „sich gegenseitig zu stärken und die Mitglieder im völkischen Sinne zu erziehen“. Am 21. Oktober 1921 hatten sich zudem in Norden ehemalige Frontsoldaten des Ersten Weltkrieges im nationalistisch-konservativen Verband Stahlhelm zusammengeschlossen. Beiden Gruppierungen gehörten bereits Mitglieder an, die schon bald als überzeugte Nationalsozialisten auf lokaler und gesamtostfriesischer Ebene eine wesentliche Rolle spielen sollten.

Unter dem Motto „Deutschland in Judennot!“ veranstaltete der Schutz- und Trutzbund am 4. März 1922 im Saal des Restaurants Stürenburg am Alten Hafen seine erste öffentliche Versammlung. Als Redner trat ein Rektor Fetz aus Bremerhaven auf. Das Thema dürfte bei antisemitisch eingestellten Einwohnern durchaus offene Ohren gefunden haben. Bereits weit vor dem Ersten Weltkrieg hatte im Juli 1892 ein antijüdischer Vortrag einige Hundert Zuhörer in den Walter'schen Saal in Ekel gelockt, und im Dezember 1912 hatte die damalige Deutschsoziale Partei auf einem Flugblatt die Bevölkerung aufgefordert, ihre Weihnachtseinkäufe nicht in jüdischen, sondern ausschließlich in deutschen Geschäften zu tätigen.

Das erste Hakenkreuz in der Küstenstadt

Am 6. und 31. Mai sowie am 1. Juni 1922 versah die Norder Ortsgruppe des Deutschvölkischen Schutz- und Trutzbundes die im Ostfriesischen Kurier aufgegebenen Versammlungsanzeigen zum ersten Mal mit dem Hakenkreuz. Dieses Kennzeichen, ein uraltes Symbol in Kreuzform mit rechtwinklig umgebogenen Ecken, war das Partei-Emblem der NSDAP. Die scharfen Hetzkampagnen gegen die Demokratie und die Republik und ihr Ruf nach einer Diktatur verfehlten ihre Wirkung offensichtlich nicht. Zwischen Januar 1922 und November 1923 stieg im Ursprungsland Bayern und zunehmend auch im übrigen Deutschland die Zahl ihrer Mitglieder von 6000 auf rund 55 000 sprunghaft an. Im Frühsommer 1922 gab es bereits 50 Ortsgruppen. Auch die in Norddeutschland gegründeten Parteigruppierungen verzeichneten einen erheblichen Zulauf; in einigen Gebieten wurden völkische Organisationen integriert. In Norden jedoch wirkte vorerst nur der Schutz- und Trutzbund im nationalsozialistischen Sinne.

Die Lage änderte sich, als im Juni 1922 der deutsche Außenminister Walther Rathenau von Rechtsradikalen ermordet wurde. Eine Mehrheit des Reichstages in Berlin beschloss ein Gesetz zum Schutz der Republik, auf dessen Grundlage extremistische Vereinigungen und Aktivitäten sowohl im rechten als auch im linken Lager verboten werden konnten. In der Folgezeit sprachen unter anderem die Länder Preußen, zu dem Ostfriesland gehörte, sowie Baden, Sachsen und Thüringen, aber auch Hamburg und Bremen ein Verbot der NSDAP aus, nicht jedoch Bayern, wo die Nationalsozialisten weiterhin ungehindert agieren konnten. In Preußen ließ Innenminister Severing auch die Schutz- und Trutzbünde auflösen. In Norden ordnete Bürgermeister Georg Bucksch Mitte Juli 1922 die Auflösung der Ortsgruppe an. Doch die Völkischen in der Küstenstadt verschwanden nicht von der Bildfläche. Sie formierten sich neu unter der Bezeichnung „Verein deutsch denkender Arbeiter". Dabei handelte es sich nach Angaben der Polizei vom Mai 1923 um eine Tarnorganisation der verbotenen NSDAP; sie werde „beobachtet". In einer öffentlichen Versammlung des Vereins am 12. Mai 1923 im Hotel Frisia (später Reichshof) attackierten drei Redner aus Bremen und Hannover in scharfer Form das Judentum, die Sozialdemokratie, den Marxismus-Bolschewismus und das nach ihrer Ansicht „kranke" deutsche Gewerkschaftswesen. Die im Saal anwesenden Norder Sozialdemokraten Wilhelm Hevemeyer und Cramer verwahrten sich gegen die Behauptungen, verurteilten den propagierten Rassenhass und erklärten, dass man es bei den Veranstaltern mit Nationalsozialisten zu tun habe. Im weiteren Verlauf kam es zu Tumulten und Tätlichkeiten, die Polizei musste eingreifen. Wenige Tage danach gab sich der Norder Rechtsanwalt Dr. Peter Heuer in einer Zeitungsanzeige als Mitinitiator der Veranstaltung zu erkennen und suchte „im Namen der angegriffenen Herren" Zeugen für die Vorkommnisse. Er behauptete, dass vor und während der Versammlung Geld verteilt und angenommen worden sei, um den Verlauf zu stören und zu Gewalttaten anzuspornen.

Ebenfalls in einer Zeitungsanzeige wies der Sozialdemokrat Hevemeyer diese Unterstellung zurück und erklärte, „daß für die Verteilung von Geld nur die deutschvölkischen Kreise selbst in Betracht kommen können". In einem vom 30. Mai 1923 datierten Schreiben bezeichnete Bürgermeister Bucksch den „Verein deutsch denkender Arbeiter" als eine „verbotene Fortsetzung des Deutschvölkischen Schutz- und Trutzbundes". Die Veranstaltungen und die weitere Mitgliedschaft seien daher ein Verstoß gegen das Republikschutzgesetz und somit strafbar.

Der verschollene „Hitler-Brief"

Doch auch nach diesem erneuten Verbot gaben die Völkischen und die fanatischen Nationalsozialisten in Norden und Umgebung keine Ruhe. Unter dem neuen Tarnnamen „Ostfrieslands fahrende Gesellen" warben ihre Führungsleute nun in Stadt und Land mehr oder minder offen Mitglieder für die NSDAP an. Weil die Partei nach wie vor in Preußen verboten blieb, aber in Bayern weiterhin aktiv sein konnte, kamen sechs der Norder Rechtsextremisten nach eigenen Angaben auf die Idee, sich in der NSDAP-Ortsgruppe München als Mitglieder eintragen zu lassen und sich von dort eine Hakenkreuzfahne zu beschaffen. Wie die lokalen Parteigrößen später immer wieder behaupteten, habe Hitler 1923 den Stützpunkt Norden mit zunächst 30 Mitgliedern in einer eigenhändig unterzeichneten Verfügung zur „ersten NSDAP-Ortsgruppe außerhalb Münchens" erklärt. Eine französische Zeitung habe Norden, die „Keimzelle" der Nationalsozialisten in Ostfriesland, als „Klein-München" bezeichnet. Den Wahrheitsbeweis konnten sie jedoch später nicht vorlegen, denn der Hitler-Brief sei in den 1920er-Jahren verloren gegangen. Ob die Behauptung lediglich der Legendenbildung diente, lässt sich nicht mehr nachweisen. NSDAP-Ortsgruppen außerhalb Münchens gab es immerhin bereits 1921/22 in Hannover, Oldenburg und Bremerhaven.

Am 8./9. November 1923 unternahm Hitler zusammen mit zahlreichen Gesinnungsgenossen, unter denen sich auch der „Weltkriegs-Held" General Erich Ludendorff befand, einen Putschversuch in München. Das Unternehmen scheiterte. Der NS-Parteiführer wurde verhaftet und die NSDAP nun im ganzen Reich verboten. Hitler erhielt fünf Jahre Haft, von denen er jedoch nur eine relativ kurze Zeit unter günstigsten Bedingungen in der Festung Landsberg abbüßen musste. Hier verfasste er sein politisches Programmbuch „Mein Kampf". Ludendorff war freigesprochen worden. Als Hitler kurz vor Weihnachten 1924 wieder in Freiheit war, fand er eine veränderte Szenerie vor. Die verheerende Inflation war überwunden, die wirtschaftliche Situation in Deutschland verbesserte sich und die parlamentarisch-demokratische Staatsform gewann allmählich an Festigkeit. Dennoch malten die Rechtsradikalen weiterhin ein düsteres Bild. Anstelle der verbotenen NSDAP hatten sich inzwischen im ganzen Reich völkische Cliquen gebildet. Neugründungen wie die Nationalsozialistische Freiheitspartei und die NS-Freiheitsbewegung sollten die zersplitterten, teils auch untereinander rivalisierenden Gruppierungen in Form von Dachverbänden zusammenhalten. Ludendorff spielte dabei eine wichtige Rolle. Hitler sah dieser Entwicklung distanziert zu. Er wartete auf „seine Stunde", denn er wollte weder Konkurrenten noch Kompromisse und deshalb auf Dauer auch keine gemeinsame Sache mit Männern wie Ludendorff. Er sah sich als alleinige „Führerfigur", als „Erlöser" des „geknechteten deutschen Volkes". Die Alleinherrschaft und Machtentfaltung einer von ihm geführten Partei wollte er nun jedoch nicht mehr mit Waffengewalt, sondern auf legalem Wege erreichen.

1924: NS-Einzug ins Norder Rathaus

Vor dieser Kulisse waren die nationalsozialistisch eingefärbten Völkischen in Norden zwar einerseits verunsichert, andererseits aber zum Weitermachen entschlossen – wiederum unter wechselnden Namen, aber immer häufiger mit dem Hakenkreuz als NS-Symbol. Neben Heuer, der zugleich Vorsitzender des örtlichen Stahlhelm-Bundes war, trat nun ein weiterer „Vorkämpfer" immer mehr in den Vordergrund: der Buchdruckereibesitzer Siebold Siebolts, der Ende November 1923 öffentlich die „nationale Diktatur" gefordert hatte.

Am 4. Mai 1924 entschieden die Wähler in Deutschland über eine neue Zusammensetzung des Reichstages. In Preußen war der Urnengang zugleich mit Kommunalwahlen verbunden. In Norden ging es um die Neubesetzung des Bürgervorsteherkollegiums. Mit ihrer Beteiligung an beiden Wahlen stellten sich die Völkischen/Nationalsozialisten in Stadt und Kreis Norden erstmals dem Votum der stimmberechtigten Bevölkerung. Im Vorfeld der Kommunalwahl kam es auf Initiative von Heuer und Siebolts zur Gründung eines 150 Mitglieder starken Deutschvölkischen Wahlvereins, der sich kurz darauf als Völkischer Block beziehungsweise Völkisch-sozialer Block bezeichnete, in Zeitungsanzeigen und Verlautbarungen aber auch als Ortsgruppe Norden der Nationalsozialistischen Freiheitspartei, der NS-Freiheitsbewegung oder der Deutschvölkischen Freiheitsbewegung Großdeutschlands auftauchte. Die unterschiedliche Namensgebung war verwirrend, doch die Kurzform Völkischer Block prägte sich beim Publikum wohl am ehesten ein und wurde deshalb am häufigsten verwendet.

Heuer und Siebolts hielten Reden, in denen sie den „drohenden Untergang der Germanen" prophezeiten, das internationale Judentum als „gefährlichsten aller Reichsfeinde" bezeichneten und sich offen zu Hitler und Ludendorff bekannten. Die Versammlungsanzeigen waren durchweg mit dem Hinweis „Juden Zutritt verboten", einmal sogar mit dem Hinweis „Juden und Betrunkenen ist der Zutritt verboten" versehen. Der Norder Magistrat und übergeordnete Behörden sahen offensichtlich darüber hinweg. In einer ihrer zahlreichen Veranstaltungen attackierten Heuer und Siebolts im überfüllten Saal des Hotels Frisia „das satte behäbige Bürgertum“ und erneut die Juden, aber auch die Sozialdemokraten und Kommunisten. Mehrheitsentscheidungen in Parlamenten seien „Unsinn“, das Volk wolle „Führer wie Hitler und Ludendorff“. Hitler sei nur vorläufig „kaltgestellt“, aber er werde wiederkehren. Als sich daraufhin Sprecher der politischen Gegner zu Wort meldeten, beschimpfte Heuer sie als „jämmerliches Gesindel“ und „feige Marxistenhorden“. Weitere Ausführungen gingen in erregten Debatten und Tumulten unter. Schließlich sangen die Kommunisten die Internationale und die Völkischen das Lied „Hakenkreuz am Stahlhelm“ gegeneinander an.

Die Norder Kommunalwahl, bei der für das Bürgervorsteherkollegium 22 Sitze zu vergeben waren, bescherte den Völkischen auf Anhieb den Einzug ins Stadtparlament. Ihre Fraktion stellte fünf Bürgervorsteher, darunter Heuer und Siebolts. Ihr Mitstreiter Erich Reinhardt, Direktor des Norder Katasteramtes, kam als Senator in den Magistrat und damit in die Stadtverwaltung. Dem rechten Lager zugeordnet wurden auch die Wirtschaftliche Vereinigung mit sechs Sitzen und die Liste der früheren Sandbauerschaft mit einem Mandat. Links orientiert waren dagegen die Sozialdemokraten mit drei, die Kommunisten mit zwei, die Deutsche Demokratische Partei mit zwei und die Freiwirtschaftliche Partei mit drei Sitzen. Das Verhältnis betrug also 12:10 zugunsten des rechten Lagers. Ähnlich rechtslastig und mit noch deutlicheren Stimmengewinnen für die Völkischen fiel auch das Norder Ergebnis der Reichstagswahl aus. Damit waren in der Stadt vor allem die Parolen und Kampagnen der Rechtsradikalen und ihrer Anführer auf fruchtbaren Boden gefallen. Im Vergleich zu anderen preußischen Regionen waren ihre Resultate hier überdurchschnittlich hoch und wurden in Ostfriesland nur noch übertroffen von der erschreckenden Reichstagswahlbilanz im Nachbarkeis Wittmund, wo der dortige Völkische Block mit dem Carolinensieler Heinrich van Dieken an der Spitze mit einem Stimmenanteil von 46,4 Prozent alle übrigen Parteien in den Schatten stellte.

Nach ihrem Einzug in das Norder Bürgervorsteherkollegium verfolgten die Völkischen/Nationalsozialisten schon in den ersten Sitzungen des neu gewählten Gremiums ganz offenkundig die Absicht, die Weichen des Geschehens auf politischer Ebene nach ihrem Willen zu stellen. Siebolts kündigte an, dass sein „nationaler Block die Minderheit an die Wand drücken“ werde. Gemeinsam mit der Wirtschaftlichen Vereinigung lehnten die Völkischen die weitere Tätigkeit des Demokraten und Lehrers Wilhelm Dirks als Wortführer der Bürgervorsteher ab, weil er der „verjudeten Demokratie“

angehöre. Die Rechten blockierten Entscheidungen und Beschlüsse und machten anfangs das Kollegium durch Fernbleiben beschlussunfähig. Die zehn Bürgervorsteher der Linken bezeichneten dieses Verhalten als „Gewaltpolitik", sahen keine gedeihliche Zusammenarbeit mehr und legten am 12. August 1924 geschlossen ihre Ämter nieder. Die Nachrücker auf den Listen nahmen ihre Mandate nicht an. Übrig blieb ein „Rumpfparlament" des rechten Lagers.

Die Verweigerungshaltung der linken Seite im Bürgervorsteherkollegium war einerseits zwar konsequent, aber andererseits war dadurch etwa die Hälfte der wahlberechtigten Norder Bevölkerung nicht mehr in diesem wichtigen Entscheidungsgremium vertreten. Damit begann eine kommunalpolitische Krise, die sich in der Folgezeit noch zuspitzen und lange dauern sollte. Hinzu kam eine innenpolitische Krise auf der Berliner Regierungsebene, die am 7. Dezember 1924 eine zweite Reichstagswahl in diesem Jahr zur Folge hatte. In Norden traten die Völkischen unter dem Hakenkreuz der NS-Freiheitsbewegung Großdeutschlands an und lieferten sich mit den anderen Parteien einen erbitterten Wahlkampf. Mit aufhetzenden antisemitischen und antirepublikanischen Parolen wie „Zersprengt die roten Sklavenketten, seid völkisch treu mit Mut und Kraft" oder „Dat rode Schipp, dat sitt up Grund, man blot de Jöden sünd gesund!" heizten sie die Stimmung an.

Am 21. November sprach General Ludendorff in Aurich und übernachtete in Norden im Hotel zur Post. Am nächsten Morgen sangen zwei Klassen der Gräfin-Theda-Schule vor dem Hotel das Deutschlandlied. Die jüdischen Mitbürger in Norden wehrten sich in einer Veranstaltung im Deutschen Haus gegen die antisemitischen Angriffe. In einer mehrseitigen Zeitungsbeilage erinnerten sie daran, dass im Ersten Weltkrieg 12 000 jüdische Soldaten für Deutschland gefallen seien. Das Norder Wahlergebnis brachte den Sozialdemokraten zwar die meisten Stimmen, aber die NS-Freiheitsbewegung lag nur knapp dahinter. Der Kreis Wittmund blieb eine Hochburg der NS-Bewegung. Im übrigen Deutschen Reich fiel dagegen das Resultat für die Rechtsextremen, aber auch für die Kommunisten enttäuschend aus.

Ende Februar 1925 starb der sozialdemokratische Reichspräsident Friedrich Ebert an den Folgen einer Operation. Sein Nachfolger wurde der monarchistisch geprägte, in weiten Kreisen populäre „Nationalheld" aus dem Ersten Weltkrieg, Paul von Hindenburg. Um diese Zeit machte sich Adolf Hitler, nachdem er die Aufhebung des Verbots seiner Partei erreicht hatte, an die Neugründung der NSDAP. Dabei waren ihm allerdings Grenzen gesetzt: Im gesamten Reich durfte er in öffentlichen Versammlungen nicht reden. Das Redeverbot wurde offiziell 1927, in Preußen erst 1928 aufgehoben.

Streit unter dem Hakenkreuz

In Norden fanden die nach wie vor aktiven Anhänger der nationalsozialistisch-völkischen Weltanschauung in dieser Situation offensichtlich nicht den „rechten" Kurs. Sie zerstritten sich, bis es im Sommer 1925 zum völligen Zerwürfnis zwischen ihren beiden Funktionären Heuer und Siebolts kam. Siebolts warf Heuer in aller Öffentlichkeit „Maßlosigkeiten und Hemmungslosigkeiten" vor und bezeichnete ihn als „Außenseiter". Gemeinsam mit einigen Gesinnungsgefährten, darunter Katasteramtsdirektor Reinhardt, Zahnarzt Dr. Werner Wahnbaeck und Stadtbaumeister Hermann Dorner, kehrte Siebolts dem Völkischen Block den Rücken und gründete eine eigene Organsiation unter dem Namen Völkischer Bund. Beide Gruppen versahen ihre Annoncen und Plakate mit dem nationalsozialistischen Hakenkreuz. Damit stand Heuer allein an der Spitze des Völkischen Blocks. In einer Zeitungsanzeige beschimpfte er nun seinerseits die bisherigen Mitstreiter als „Verräter, Quertreiber und Verleumder ehemaliger Kampfgenossen".

Der Bruch spaltete auch die Völkische Fraktion im Bürgervorsteherkollegium, dem das linke Lager nach wie vor fernblieb. So schwelte die kommunalpolitische Krise im Rathaus weiter. Sie beschäftigte inzwischen die Öffentlichkeit in hohem Maße, aber auch die Gerichte, den Auricher Regierungspräsidenten und schließlich den preußischen Innenminister. Dabei ging es vor allem um die Beschlussfähigkeit des rechten „Rumpfkollegiums", um dessen mögliche Auflösung sowie um Neuwahlen. Inzwischen berichteten auch überregionale Zeitungen über die Norder Verhältnisse.

Der demokratische Bürgermeister Bucksch hatte einen schweren Stand, zumal ihm Siebolts im Juli 1925 wegen einer Besoldungsangelegenheit mehrfach öffentlich „Korruption, Heuchelei und Willkür" vorwarf. In einem Prozess vor dem Auricher Schöffengericht musste Siebolts einige Monate später diese Behauptungen zurücknehmen und die Kosten des Verfahrens tragen. Auf dem Höhepunkt der Krise berief der Norder Güterinspektor Mayer am 1. September 1925 in der Börse am Markt eine Bürgerversammlung ein. Die über 600 Teilnehmer verabschiedeten eine Resolution, in der sie ihren Unmut über die verworrene Lage im Rathaus sowie über das Verhalten von Siebolts und dem rechten „Rumpfkollegium" äußerten, aus dessen Reihen kein Vertreter erschienen war. Doch Siebolts setzte seine Attacken fort und verbreitete im **Februar 1926** ein Flugblatt, in dem er die wirtschaftlichen Folgen des Ersten Weltkriegs ausschließlich dem „Weltjudentum“ anlastete und zum Boykott jüdischer Geschäfte aufrief. Zitat: „Unser nächstes Ziel ist, in Norden eine Stelle zu schaffen, die von Judenschmutz und Judengold reingehalten werden soll. Wer sein Volk liebt, lasse sich nicht von Juden und traurigen Judenknechten betören, sondern gehe zum deutschen Kaufmann, zum deutschen Handwerker.“

Auf Initiative jüdischer Organisationen hatte auch dieser Vorgang ein gerichtliches Nachspiel. Wegen öffentlicher Beleidigung sollte Siebolts 300 Reichsmark zahlen oder zehn Tage Gefängnis absitzen. Das von ihm mehrfach angefochtene Urteil wurde jedoch offensichtlich nicht vollstreckt. Ende November 1925 veranstaltete der von Heuer geführte Völkische Block in Norden erstmals eine Kundgebung mit dem berühmt-berüchtigten Ludwig Münchmeyer. Dieser fanatische Nationalsozialist und glühende Antisemit, mit dem sich die Justiz immer wieder beschäftigen musste, war Inselpastor auf Borkum, bis er Mitte 1926 von seinem geistlichen Amt suspendiert wurde. Als einer der eifrigsten NS-Propagandisten schürte er in Ostfriesland den Rassenhass und verstieg sich dazu, das christliche Kreuz mit Hitlers Hakenkreuz gleichzusetzen. Auch in den folgenden Jahren trat er häufig in Norden auf und hatte viel Zulauf.

Am 22. Mai 1926, einen Tag vor Pfingsten, starb Heuer „nach kurzer, schwerer Krankheit“, wie es in den Traueranzeigen hieß, im 39. Lebensjahr. Noch zwei Wochen zuvor hatte er im Lütetsburger Wald bei einem altgermanischen Freudenfeuer im Kreis ehemaliger Frontkämpfer eine flammende Rede auf Hitler gehalten. Als sich drei Tage nach seinem Tod der Trauerzug vom Privathaus am Markt zum Neuen Friedhof bewegte, unterbrach die Polizei den Pfingstmarkttrubel. Bis zum Eingang in die Klosterstraße „bildeten die Menschenmassen ein Spalier“, hieß es im Ostfriesischen Kurier. Die auch nach Heuers Tod andauernden Querelen unter den Völkischen veranlassten Hitlers NSDAP, in Norden als nunmehr dritte rechtsextreme Gruppierung eine eigenständige Organisation aufzubauen. Seit ihrer Neugründung verfügte die Partei im Reichsgebiet inzwischen über einige Hundert Ortsgruppen. Auch die Einteilung in großräumige Parteigaue war bereits weit fortgeschritten. Am 30. Juli 1926 veranstaltete der NS-Parteigau Hannover im Reichshof (bis Mitte Mai 1925 Hotel Frisia) eine große Versammlung mit dem Führer der österreichischen Nationalsozialisten, Prof. Dr. Suchenwirth aus Wien. Trotz ihres Zerwürfnisses forderten die beiden völkischen Gruppen in Norden ihre Mitglieder in getrennten Zeitungsanzeigen zur Teilnahme auf.

Um die kommunalpolitische Krise in Norden zu beenden, ordnete der Auricher Regierungspräsident Jann Berghaus auf Empfehlung des preußischen Innenministeriums am 17. Oktober 1926 endlich Neuwahlen an, die am 28. November stattfanden. Das Ergebnis sorgte für klare Verhältnisse: Die Nationalsozialisten und Völkischen mussten eine empfindliche Niederlage einstecken. Damit quittierten die Wähler die bisherige Blockadepolitik und die Zerstrittenheit der Rechtsradikalen. Eindeutige Gewinner waren die Sozialdemokraten; sie konnten die Zahl der Mandate von bisher vier auf jetzt sieben erhöhen. Die Kommunisten errangen einen Sitz. Die übrigen der insgesamt 22 Mandate verteilten sich auf die anderen Parteien und Gruppen. Unterm Strich hatten nun die Vertreter der Linken und der Mitte die Mehrheit im Stadtparlament. Endlich kehrte im Rathaus die allgemein gewünschte Ruhe und Sachlichkeit ein. Zu folgenschweren Kontroversen kam es nicht mehr. Der Ostfriesische Kurier stellte fest, „daß heute eine verhältnismäßig große Einigkeit innerhalb der städtischen Kollegien besteht, abgesehen von den grundsätzlichen Unterschieden zwischen rechts und links, die sich jedoch ebenfalls in durchaus würdiger und sachlicher Form auswirken". Auf der Tagesordnung standen in der Folgezeit unter anderem die defizitäre Haushaltslage der Stadt, die Umwandlung der Höheren Mädchenschule (Gräfin-Theda-Schule) in eine Mittelschule für Jungen und Mädchen sowie die geplante Eindeichung der Leybucht.

Die Wahlschlappe vom November 1926 hatte das rechtsextreme Lager zwar schwer getroffen, aber in den Grundfesten nicht erschüttert. Nach der Wahl setzten die Nationalsozialisten alles daran, die sich bis dahin gegenseitig blockierenden Kräfte zu bündeln und die führenden Funktionäre der Völkischen sowie der früheren nationalsozialistischen Konkurrenz- und Tarnorganisationen in Norden in einer eigenständigen Ortsgruppe der NSDAP unter einen Hut zu bringen. Eine wichtige Rolle spielten dabei Oldenburger Parteifunktionäre, denen es im September 1927 gelang, eine NS-Ortsgruppe zu gründen, obwohl sich die Integration und Auflösung der völkischen Gruppierungen noch bis Mitte 1928 hinzog. Die Mitglieder und Freunde der neuen Norder NSDAP-Ortsgruppe trafen sich regelmäßig zu „Sprechabenden", organisierten „Aufklärungsveranstaltungen" und bildeten Stützpunkte in den Landgemeinden. Unter dem Motto „Der Nationalsozialismus marschiert – Wacht auch in Norden auf!" gestalteten sie im Herbst 1927 ein Schaufenster in der Innenstadt. Im Herbst richtete die Partei in der Großen Mühlenstraße eine Geschäftsstelle ein.

Gründung der SA (Sturmabteilung)

Nach späteren, allerdings tendenziös gefärbten und daher mit Vorsicht zu bewertenden Angaben der NSDAP erfolgte bereits im September 1926 in Norden die Gründung der zunächst aus zwölf Mann bestehenden Sturmabteilung (SA). Ihre Mitglieder trugen anfangs Windjacken sowie die Käppis des Stoßtrupps Hitler und waren mit Handstöcken „bewaffnet". Ihre Tätigkeit bestand vor allem darin, Aktionen der Sozialdemokraten und Kommunisten zu stören und deren Plakate mit den Worten „Judenschwindel" sowie mit Hakenkreuzen zu überkleben. 1928 wurde die Norder SA mit einer einheitlichen Uniform, den Braunhemden, ausgestattet. Nun übernahm sie bei Parteiversammlungen den Saalschutz und beteiligte sich an Saalschlachten. Ebenfalls nach späteren Angaben der Partei wurde Ende 1929 in Norden die Hitlerjugend gegründet.

1929: Extreme Wirtschaftslage begünstigt politische Situation

Wie in der schwierigen Zeit nach dem verlorenen Krieg war auch im letzten Drittel der 1920er-Jahre der Nährboden für rechts- und linksextreme Parteien höchst fruchtbar. Der bis heute zitierte Glanz der legendären „Goldenen Zwanziger", der im Grunde jedoch vor allem das vielseitige Kulturleben widerspiegelte, war trügerisch. Trotz Erleichterungen hatte Deutschland nach wie vor die von den Siegermächten des Weltkrieges geforderten Reparationszahlungen aufzubringen. Viele Investitionen und Finanzierungen konnten nur mithilfe ausländischer Kredite verwirklicht werden und machten die Wirtschaft abhängig und krisenanfällig. Nach oben und unten schwankende, dann aber doch stetig wachsende Arbeitslosenzahlen waren alarmierende Signale. Schließlich führte der New Yorker Börsenkrach im Oktober 1929 in die verheerende Weltwirtschaftskrise.

In diesem Zeitraum konnten sich die unermüdlich aktiven Norder Nationalsozialisten mit ihren Parolen und Verheißungen („Nur Adolf Hitler kann uns retten!"), wenn auch langsam, aber doch von Wahl zu Wahl stetig steigern. So brachte es die „Hitlerbewegung" bei den Reichstags- und preußischen Landtagswahlen am 20. Mai 1928 in Norden zwar „nur" auf 17,5 Prozent, war aber nach der SPD, die mit 31 Prozent weit vorn lag, immerhin die zweitstärkste politische Kraft. Bei der nächsten Reichstagswahl Mitte September 1930 verringerte sich der Abstand jedoch erheblich. Mit einem Stimmenanteil von 29 Prozent kam die NSDAP den Sozialdemokraten, die 30,1 Prozent erreichten, sehr nahe. Nur bei den turnusmäßig anstehenden Kommunalwahlen am 17. November 1929, als die Norder über die Zusammensetzung eines neues Bürgervorsteherkollegiums abstimmten, bot sich ein anderes Bild. Wohl in schlechter Erinnerung an die empfindliche Wahlschlappe der Rechtsextremen im Herbst 1926, hielten sich die Nationalsozialisten diesmal auffallend bedeckt und traten nicht direkt an, sondern beteiligten sich an einer rechts stehenden „Bürgerlichen Einheitsliste" mit politisch unterschiedlich orientierten Kandidaten. Die Liste errang immerhin sieben Mandate. Mit acht Sitzen im Stadtparlament behauptete die SPD jedoch ihre dominierende Position und konnte auch fortan – häufig gemeinsam mit der politischen Mitte – die Norder Kommunalpolitik bestimmen. Anfang 1929 war ein Wechsel im Bürgermeisteramt erfolgt: Georg Bucksch verließ Norden und übersiedelte nach Magdeburg. Von dort kam auch sein Nachfolger Dr. Albert Schöneberg, dem der Ruf eines exzellenten Verwaltungsfachmannes vorauseilte.

Weil die Nationalsozialisten im neuen Bürgervorsteherkollegium nicht so recht zum Zuge kamen, verstärkten sie sowohl in der Stadt als auch im ländlichen Umland ihre Aktivitäten. Bald erschien auch Siebolts wieder auf der politischen Bühne und hielt markige Reden in Marienhafe, Leezdorf, Neßmersiel und im Harlingerland. Die NSDAP, der er inzwischen beigetreten war, kündigte ihn als „nationalen Vorkämpfer", als „einen der besten Versammlungsredner Ostfrieslands" und als einen „der glühendsten Apostel Hitlers" an.

Adolf Hitler in Ostfriesland

Als Folge der Weltwirtschaftskrise stieg die Zahl der Arbeitslosen in den Wintermonaten 1930/31 weiter an. Die Spitzen der Stadt und des Landkreises Norden, der städtische Wohlfahrtsausschuss, mehrere Hilfsorganisationen und der Verleger Heinrich Soltau riefen eine Notgemeinschaft ins Leben, organisierten Spendenaktionen und später eine fahrbare Volksküche für Erwerbslose, die ihrerseits auf die Straße gingen und demonstrierten. In dieser Atmosphäre verschlechterte sich das politische Klima in der Kreisstadt erneut. Die Nationalsozialisten, Sozialdemokraten und Kommunisten provozierten sich gegenseitig und störten die jeweils gegnerischen Versammlungen. Die Hitler-Partei rührte bei jeder sich bietenden Gelegenheit die Propagandatrommel am kräftigsten und beherrschte immer mehr die öffentliche Szene. Vor allem die durch fortwährende Krisen der Berliner Reichsregierung ausgelösten Neuwahlen des Reichstages und andere Volksabstimmungen boten ihren Funktionären willkommene Anlässe. Sie fassten wieder festen Tritt. Die Aktivitäten der Norder Ortsgruppe führten zum weiteren Ausbau der Parteiorganisation im ländlichen Umland. Ab 1930 fanden in der Börse alljährlich propagandistisch aufgezogene Weihnachtsfeiern „im völkischen Sinne“ mit Tannenbaum und Hakenkreuz statt.

Am 19. Juli 1931 kam es in Norden bei einem Aufmarsch der SA zu einem heftigen Zusammenstoß mit Andersdenkenden, angeblich allesamt Kommunisten, die in der Innenstadt und auf dem Marktplatz die 500 Mann starke Kolonne mit Steinen bewarfen und mehrere Marschierer verprügelten. Die SA-Männer drängten die Angreifer mit Gewalt in die Kirchstraße, wo sich diese mit Eisenstangen, Mistforken und Sensen bewaffneten, auf den Marktplatz zurückkehrten und erneut eine drohende Haltung einnahmen, bis Polizeikräfte eintrafen. Einige Wochen danach kamen nur die Angreifer – mehrere Arbeiter, zwei Händler und eine Frau – vor Gericht und wurden zu Zuchthaus- und Gefängnisstrafen verurteilt.

Mitte Juli 1932 veranstaltete die ostfriesische NSDAP in Aurich und Norden wiederum große Aufmärsche, an denen neben SA-Braunhemden auch schwarz uniformierte Mitglieder der inzwischen gegründeten Schutzstaffel (SS) teilnahmen. Bei der Anreise nach Norden wurde eine Gruppe in Moordorf und Victorbur von Kommunisten in Schlägereien verwickelt, in deren Verlauf es Verletzte gab und Schüsse fielen. Bei einer Durchsuchung am Norder Hauptbahnhof in Süderneuland fand die Polizei bei einigen SA-Männern Schusswaffen. Über den anschließenden Umzug durch die Innenstadt schrieb der Ostfriesische Kurier: „Die Bevölkerung nahm den Vorbeimarsch mit großem Ernst entgegen. Das ungewohnte Schauspiel dürfte manchen nachdenklich gestimmt haben.“

Nachdem Hitler im Oktober 1928 und im November 1930 in Oldenburg aufgetreten war, sprach er Mitte Mai 1931 vor einigen Tausend Zuhörern in einer Halle im oldenburgischen Jever. Die Reichsbahn setzte Sonderzüge ein. Am 29. Oktober 1932, einem Sonnabend, erschien der Parteiführer leibhaftig in Ostfriesland, wo die regionale NSDAP mit großem Aufwand in der Landwirtschaftlichen Halle in Aurich einen „Hitlertag“ vorbereitet hatte. In den Ostfriesischen Nachrichten hieß es: „Um den Zustrom der Massen unter Dach zu bringen, waren auf der Westseite der Halle noch vier Zelte aufgeschlagen und mit Lautsprecheranlagen versehen worden. Vorbereitungen in auch nur annähernd solchen Ausmaßen hat Aurich, hat Ostfriesland noch für keine Wahlkundgebung erlebt." Die Polizei schätzte die Zahl der Teilnehmer auf rund 12000. Auch diesmal setzte die Bahn Extrazüge ein. Die Menschenmenge harrte stundenlang aus, bis Hitler kurz nach 19 Uhr eintraf, mit minutenlangen Begeisterungsstürmen und „Heil-Rufen" empfangen wurde – und nach einer Rede von kaum 20 Minuten Aurich wieder verließ. Dennoch waren die meisten Teilnehmer offensichtlich stark beeindruckt; nur wenige zeigten sich nach dem langen Warten enttäuscht über das kurze Gastspiel. Die meisten ostfriesischen Zeitungen berichteten in epischer Breite.

Veränderte ostfriesische Presselandschaft

Die sich zuspitzende Politisierung hatte inzwischen auch die ostfriesische Presselandschaft verändert. Es war ein Blätterwald entstanden, in dem stark polarisiert und der Wettbewerb auch ideologisch und scharf polemisch ausgetragen wurde. Als Gegengewicht zu den bürgerlich-konservativen Zeitungen, zu denen auch der Ostfriesische Kurier mit einer kritischen Distanz zur parlamentarisch-demokratischen Staatsform gehörte, hatte die SPD in der Region bereits seit 1924 ihr eigenes Parteiorgan, den Volksboten, der sich in seinen Artikeln vor allem den Völkischen, Nationalsozialisten und Kommunisten entgegenstellte. Die Hitler-Partei reagierte darauf mit dem Wochenblatt NS-Parole, das ab März 1932 auch in Norden verteilt wurde.

Offensichtlich auf Betreiben einiger Norder NS-Funktionäre, die nach wie vor den Ostfriesischen Kurier wegen seiner angeblich unzureichenden Behandlung ihrer Interessen kritisierten, gab eine in Emden ansässige Zeitungsgesellschaft ab Mitte Juni 1932 ein Konkurrenzblatt unter dem Titel „Norder Zeitung" heraus. Mit deren Erscheinen befürchtete der Ostfriesische Kurier wohl vor allem wirtschaftliche Einbußen und ging nun seinerseits in die Offensive. Ab 7. Juni 1932 veröffentlichte er – zunächst dreimal wöchentlich – eine vierseitige Beilage im Halbformat unter dem Titel „Aus der nationalsozialistischen Freiheitsbewegung". Zur Begründung hieß es, dass der Verlag auf diese Weise und im Vorfeld einer erneut anstehenden Reichstagswahl dem Leserpublikum „nähere Einblicke in die Geisteswelt des Nationalsozialismus" ermöglichen wolle. Nur die NSDAP mit ihrem „gewaltigen Machtzuwachs" sei als „Rettungsanker in dieser Zeit" anzusehen und stelle eine „beispiellose Volksbewegung" dar. Der Inhalt der Beilage setzte sich weitgehend aus Propagandamaterial der Partei und aus der wörtlichen Wiedergabe von Ansprachen führender Funktionäre auf Reichsebene zusammen.

Doch auch dieser Schritt konnte die Nationalsozialisten nicht davon abhalten, im Herbst 1932 ein weiteres Blatt zu starten: die Ostfriesische Tageszeitung (OTZ), ein reines Parteiorgan mit lokalen Nachrichten und Anzeigen, das bis 1945 bestand. In ihren Anfangsjahren versuchte die OTZ mit allen Mitteln, den alteingesessenen ostfriesischen Heimatzeitungen den Rang streitig zu machen. Sie forderte offen dazu auf, nur noch das Parteiblatt zu beziehen. Doch das breite Leserpublikum blieb den vertrauten Blättern treu. Später gingen allerdings viele Abonnenten dazu über, beide Blätter zu lesen. Als Mitbewerber auf dem heftig umkämpften Zeitungsmarkt im Nordwesten Ostfrieslands traten seit 1928 überdies die „Norder Nachrichten“ auf.

Am 18. März 1932 gründete die NSDAP in Norden den Bund Deutscher Mädel (BDM) als „Kampf-, Arbeits- und Lebensgemeinschaft“. Zugleich appellierte die Hitlerjugend an die Eltern, ihre Jungen „getrost der Partei zu überlassen, um lebensbejahende, kämpferische Menschen heranzubilden“. Ende Oktober 1932 erschien die uniformierte Norder SA geschlossen in einem Sonntagsgottesdienst in der Ludgerikirche. Die Nationalsozialisten waren auf dem Weg, nach und nach viele Lebensbereiche zu durchdringen.

1933: Brauner Terror und Prügelszenen

Am Abend des 30. Januar 1933 hallte der Marschtritt der Norder Nationalsozialisten durch die Innenstadt. Mit brennenden Fackeln demonstrierte die SA den, wie sie verkündete, „Anbruch einer neuen Zeit“. Am späten Vormittag dieses Tages hatte der greise Reichspräsident Paul von Hindenburg nach mehreren Regierungskrisen und Kanzlerwechseln in Berlin den zur Macht drängenden NS-Parteiführer Hitler zum neuen Reichskanzler ernannt. Doch nicht nur Hindenburg, sondern auch dessen Vertrauensmann Franz von Papen und die Deutschnationalen um Alfred Hugenberg, der Stahlhelmbund und parteilose Konservative ebneten Hitlers weiteren Weg, der in die Diktatur, in ein Terrorsystem und schließlich in die Katastrophe des Zweiten Weltkrieges und den Völkermord führen sollte. Die rechts orientierten Schrittmacher und Wegbereiter glaubten allen Ernstes, die NS-Bewegung zügeln, geschickt „einrahmen“ und für ihre eigenen Interessen einspannen zu können. Darin sollten sie sich gründlich täuschen.

Als an jenem vorletzten Januartag 1933 die Braunhemden und ihr Gefolge Kampflieder singend durch Norden zogen, säumten viele Menschen – offensichtlich begeis-

Verwundete Soldaten und Betreuungspersonal vor den Holzbaracken des Norder Reservelazaretts (1915).

Gruppenfoto mit verwundeten Soldaten und Krankenschwestern im Norder Reservelazarett (1915).

Vom Flughafen Hage zum Bombeneinsatz gen England: Luftschiff über dem ostfriesischen Küstengebiet.

Deutsche Frauen,
sammelt Euer
ausgekämmtes Haar
und bringt es zu Herrn
Friseur Schipper, Osterstr.

Kriegsjahr 1918: Selbst Frauenhaare werden gesammelt.

Norden, den 6. Dezbr. 1918.

Zur Ergänzung und Abänderung unserer am 4. d. M. erlassenen Verordnungen:

§ 2. Die Militärgewalt liegt in den Händen des A.- u. S.-Rates, jedoch nur soweit, als sich bisher die Befugnisse des Garnisonältesten auf hier anwesende Truppen erstreckten (Zapfenstreich usw.). Im übrigen unterstehen die Truppen ihren militärischen vorgesetzten Dienststellen. Die Zivilgewalt wird von den jetzt bestehenden Zivilbehörden weiter ausgeübt unter Kontrolle des A. u. S.-Rates.

§ 3 fällt weg.

§ 11. Unbedingte Einrichtung einer einheitlichen Verpflegung, bestehend in gemeinsamer Küche, soweit die Truppenintendanturen nicht Bestimmungen über Selbstverpflegung erlassen haben.

§ 19. Der militärische Dienst geht seinen geregelten Gang weiter. Er wird von den militärischen Vorgesetzten angesetzt unter Kontrolle des Soldatenrates der Truppe. Dienstverweigerung usw.

§ 20. Disziplin und militärische Ordnung werden sich ohne Strafen nicht aufrechterhalten lassen. Es wird darauf hingewiesen, daß die Disziplinarstrafordnung noch voll und ganz zu Recht besteht. Die Strafen werden von den zuständigen Disziplinarvorgesetzten unter Zustimmung des S.-Rates seiner Truppe verhängt.

§ 22. Vorgesetzte tragen Rangabzeichen, Offiziere und Mannschaften Seitengewehr, Schußwaffen nur im Dienst. Munition bleibt in Verwahrung des Truppenteils. Das Tragen von Schußwaffen für Jagdzwecke unterliegt der Kontrolle des Arbeiter- und Soldaten-Rates. Wachen und Sicherheitsbeamte dürfen nach wie vor die erforderlichen Waffen tragen. [14482

Der Arbeiter- und Soldatenrat.

Molle.

November/Dezember 1918: Amtliche Bekanntmachung des Arbeiter- und Soldatenrates für die Stadt und den Kreis Norden (Anzeige, Ostfriesischer Kurier).

Das Standbild des Soldaten aus dem Ersten Weltkrieg an der Ostseite des Norder Ludgeriturms.

Norder Notgeldschein im Inflationsjahr 1923.

Die Keimzelle: Im Krug zum weißen Seehund an der Brückstraße (rechts) gründeten nationalsozialistische Norder im November 1921 den Deutschvölkischen Schutz- und Trutzbund.

Oeffentliche Volksversammlung!

Sonnabend, den 4. März, abends 8¼ Uhr, im Stürenburgschen Saale am Siel

Herr Rektor Fetz, Bremerhaven, spricht über das Thema:

Deutschland in Judennot!

Deutsche Frauen und deutsche Männer erscheint in Massen! :: Wegen der hohen Unkosten muß ein Eintrittsgeld von 2 Mark erhoben werde

Freie Aussprache! 2676 **Deutschvölk. Schutz- und Trutzbund. Ortsgruppe Norden.**

Deutschvölkischer Schutz- und Trutzbund

Ortsgruppe Norden.

Montag, den 5. Dezbr., abends 8 Uhr,

Mitgl.-Versammlung

im Krug zum weißen Seehund, Brückstraße.

Neben Aufnahme neuer Mitgl. Besprechung wicht. Maßnahmen.

14718 Der Vorstand.

Donnerstag, 1. Juni, abends 8¼ Uhr,

Mitglieder-versammlung

im Krug zum weißen Seehund (Everts).

7389 Der Vorstand.

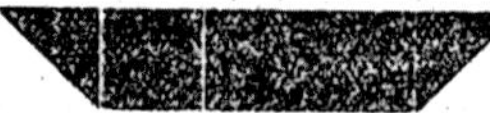

Schwarzbuntes

Mutterkalb

hat zu verkaufen 7356

Hinrich Uphoff, Großheide.

Verein deutsch denkender Arbeiter.

Zu einem am

Sonnabend, den 12. Mai 1923, abends 8 Uhr, im Saale des Hotel „Frisia"

stattfindenden

VORTRAG

über gewerkschaftlichen Zusammenschluß aller deutsch denkender Staatsbürger,

Referent Tischler Seiffert (Hannover)

ladet ergebenst ein d. Obg.

4849 Freie Aussprache.

Frühe Spuren der Nationalsozialisten in Norden Anfang der 1920er-Jahre: Öffentliche Versammlung und Mitgliederversammlung des Deutschvölkischen Schutz- und Trutzbundes (1921/22) – Das erste Hakenkreuz in einer Zeitungsanzeige (1922) – Vortragsveranstaltung der nationalsozialistischen Tarnorganisation „Verein deutsch denkender Arbeiter" (1923)

Norder Nationalsozialisten und Gesinnungsgenossen vor der Münchner Feldherrnhalle im März 1923.

Oeffentlicher Vortrag

am Sonnabend, den 20. September ds. Js., abends 8 Uhr, im Hotel „Deutsches Haus".

Redner:

Herr Professor

Dr. Erik Nölting

Frankfurt.

Thema:

Der Antisemitismus und die gegenwärtige Kulturkrise.

Freie Aussprache! **Eintritt frei!**

Centralverein

deutscher Staatsbürger jüdischen Glaubens.

Ortsgruppe Norden. 7374

Reaktion der jüdischen Norder Mitbürger auf die Aktivitäten der Nationalsozialisten; Vortragsabend im Deutschen Haus (1924).

NS-Kundgebung in Oldenburg mit
Adolf Hitler und Gauleiter Carl Röver (Zweiter von rechts), 1930.

Zeitungsanzeige 1932: Adolf Hitler spricht in Aurich.

tert – die Straßen. Nur ein ortsfremder Handwerksbursche wagte es, „Hitler verrecke!“ in die Menge zu rufen. Er wurde sofort festgenommen. Auf dem Marktplatz wies der NS-Ortsgruppenführer Wahnbaeck auf die Bedeutung des „Schicksalstages“ hin. Während einer anschließenden Kundgebung in der Börse erklärte Siebolts, inzwischen NS-Kreisleiter, „dass wir unter unserem Führer Adolf Hitler in Ordnung und Disziplin den neuen Staat formen werden“. Im Anschluss an die Rede sang man gemeinsam „Die Fahne hoch, die Reihen fest geschlossen!“ und hörte die von allen deutschen Rundfunksendern übertragenen Reportagen vom stundenlangen Fackelzug der SA in Berlin. Schon seit längerer Zeit war der alte Gasthof zur Börse am Markt das Parteilokal der NSDAP und erhielt nun einen entsprechend braunen Farbanstrich.

Anfang Februar 1933 wurden der Berliner Reichstag und in Preußen der Landtag sowie alle Kommunalparlamente, darunter auch das bisherige Bürgervorsteherkollegium in Norden, aufgelöst. Die letzten freien Wahlen unter Hitlers Herrschaft wurden auf den 5. März festgesetzt. Die NSDAP erhoffte sich davon eine nochmalige Stärkung ihrer Führungsposition. Die Kommunalwahlen folgten eine Woche darauf. Im Vorfeld der Wahlen entfalteten die Nationalsozialisten in Norden eine bis dahin beispiellose Propagandatätigkeit mit Straßenumzügen und scharfen Attacken gegen ihre politischen Kontrahenten. Der Brand des Reichstagsgebäudes in Berlin am 27. Februar, der sofort den Kommunisten angelastet wurde, war dafür ein willkommener Anlass. In kurzen Abständen kam es auch in Norden zu ersten Verfolgungen und Festnahmen von Kommunisten, zu Hausdurchsuchungen und Razzien, unter anderem in der Kirchstraße und in den Wohnungen der ehemaligen Westgaster Brauerei. Vorübergehend wurden SA- und SS-Männer als „Hilfspolizisten“ tätig. Die Zeitungen, der Rundfunk und der Film wurden – wie nach und nach alle öffentlichen Lebensbereiche – im nationalsozialistischen Sinne „gleichgeschaltet“. Der sozialdemokratische Volksbote erschien nicht mehr.

Aus der Reichstagswahl Anfang März 1933 ging die NSDAP in Norden mit einem Stimmenanteil von 45,3 Prozent hervor. Die SPD fiel auf 26,4 Prozent zurück. Die nationale Kampffront Schwarz-Weiß-Rot, ein Zusammenschluss aus Deutschnationalen, Stahlhelm und Landbund, musste sich mit 9,6 Prozent begnügen. Ähnlich sahen die Resultate der Preußischen Landtagswahl aus. Nach dem in Norden und auch im gesamten übrigen Reichsgebiet errungenen Wahlsieg der Hitler-Partei vollzogen die Nationalsozialisten symbolische Handlungen: Am Morgen nach der Wahl marschierten SA- und SS-Männer am Norder Rathaus auf und hissten die erste Hakenkreuzfahne an einem städtischen Gebäude. Für eine Stunde übernahm der SA-Sturmbannführer Hermann Schöttler die Polizeigewalt in der Stadt und übergab sie dann wieder an Bürgermeister Schöneberg, der an dieser von der neuen Reichsregierung angeordneten „Zeremonie" teilnehmen musste. Nach dem Absingen eines Kampfliedes zog die Kolonne zum Landratsamt am Fräuleinshof und vollzog auch dort das Ritual. An den folgenden Tagen waren das Finanzamt, wo es zunächst einige Differenzen mit dem Behördenleiter gab, sowie der Schlachthof, das Postamt, der Hauptbahnhof in Süderneuland und als besondere Provokation das sozialdemokratische Arbeiter-Jugendheim an der Klosterstraße an der Reihe. Das Heim wurde später für die Hitlerjugend beschlagnahmt.

Bei der Wahl zum neuen Norder Bürgervorsteherkollegium am 12. März 1933 errangen die Nationalsozialisten allein elf von 24 Sitzen und saßen damit im Rathaus fest im Sattel; eine breite Wählerschicht hatte es so gewollt. Die Kampffront Schwarz-Weiß-Rot kam auf drei, die SPD auf sechs sowie die KPD und der Mittelstand auf je zwei Mandate. Die konstituierende Sitzung fand drei Wochen danach unter Teilnahme von uniformierten SA-Leuten in den Zuhörerreihen und unter zwei Hakenkreuzfahnen statt. Wortführer des Kollegiums wurde der NS-Funktionär und Kreispropagandaleiter Rudolf Borchers, der unter anderem erklärte, dass „nun endlich Schluss gemacht" werden müsse „mit dem elenden jüdisch-liberalistischen Zeitgeist". Die Besetzung der zahlreichen Ausschüsse machten die Nationalsozialisten, die Kampffront und der Mittelstand unter sich aus. Die SPD erhielt jeweils nur einen Sitz in den Ausschüssen und konnte mit Hermann Slink auch im sechsköpfigen Magistrat nur einen einzigen Senator durchsetzen. Als Folge der laufenden Verhaftungswelle blieben die Plätze der beiden kommunistischen Volksvertreter leer. Der KPD-Mann Anton Casjens war untergetaucht, wurde aber kurz darauf bei einer „Razzia" in „Schutzhaft" genommen und gemeinsam mit anderen Parteimitgliedern vorübergehend in eines der ersten Konzentrationslager (KZ) abtransportiert. Die erste Sitzung des neu gewählten Reichstages in Berlin am 21. März 1933, offiziell als „Geburtsstunde des Dritten Reichs" proklamiert, war allenthalben wiederum ein Anlass für große Aufmärsche. Die Norder sahen einen pompösen Fackelzug durch das Stadtzentrum und danach ein Riesenfeuerwerk vor der Norddeicher Küste.

Als angebliche Reaktion auf die „Lügenhetze des internationalen Judentums gegen Deutschland" boykottierten SA-Trupps am 1. April 1933 überall im Reich einen Tag lang jüdische Geschäfte und hinderten Käufer am Betreten der Läden. In Norden hingegen begann die Aktion bereits am 28. März und dauerte mehrere Tage. Auf dem

Höhepunkt wurden die Schächtmesser jüdischer Mitbürger auf dem Marktplatz öffentlich verbrannt und die Fahnen der politischen Gegner gleich mit ins Feuer geworfen. SA- und SS-Männer marschierten triumphierend um den brennenden Haufen. Am 20. April („Führers Geburtstag") wurde die Osterstraße in Adolf-Hitler-Straße umbenannt; ab Ende 1939 hieß die Westerstraße „Straße der SA". Auch am 1. Mai 1933, dem „Tag der deutschen Arbeit", übernahmen die Nationalsozialisten nach Ausschaltung der bisherigen Arbeiterorganisationen total die Regie. Platzkonzerte, Schulfeiern und ein Feldgottesdienst auf dem Jahnplatz stimmten die Bevölkerung ein. Am Nachmittag bewegte sich ein Maiumzug mit Festwagen der Betriebe, Berufsstände und zahlreicher Organisationen durch die Innenstadt. Frauen durften an dem Aufmarsch nicht teilnehmen; sie hatten für die Ausschmückung der Straßen zu sorgen.

Am 3. Mai 1933 trieben NS-„Hilfspolizisten" 28 Kommunisten und Sozialdemokraten zusammen und brachten sie zur „Vernehmung" und „Schriftprobe" in die Börse. Der Anlass waren „Drohbriefe" an den SS-Sturmbannführer Heinrich Bier und einen SA-Mann. In den Räumen des Gasthofes wurden die wehrlosen Opfer misshandelt und gedemütigt. Um den nach draußen dringenden Lärm der Prügelszenen zu übertönen, stellte man ein Radio auf volle Lautstärke. Zwei Wochen danach schrieben der Norder Superintendent Ibo Kortmann sowie die Pastoren Lange, Schmädeke und Immer einen Brief an die Verantwortlichen und verlangten „restlose Klärung" und Sühne für die ihnen bekannt gewordenen Vorkommnisse. In einem Antwortschreiben, das die Tageszeitungen veröffentlichten, warf der NS-Funktionär Siebolts den Geistlichen vor, sich in den Jahren zuvor auch nicht um die Belange der Nationalsozialisten und Völkischen gekümmert zu haben. Doch gerade die SA und die SS hätten dafür gesorgt, „daß die Kirchen nicht dem Erdboden gleichgemacht und Sie Ihre Gottesdienste ungestört abhalten können". Die Pastoren erwiderten darauf eher kleinlaut, dass ausschließlich „seelsorgerische Gründe" für ihre Kritik ausschlaggebend gewesen seien.

Die Norder Bücherverbrennung

Nach dem „Vorbild" der Bücherverbrennung in Berlin organisierten die braunen Machthaber im Juni 1933 auch in Norden ein derartiges „Schauspiel". Die Bevölkerung wurde aufgefordert, den von Haus zu Haus ziehenden Hitlerjungen alle literarischen Werke „marxistisch-jüdischer, jesuitischer und freimaurerischer Tendenz" zu überlassen, damit sie während einer „Sonnenwendfeier der Jugend" auf einem Gelände zwischen Bargebur und Tidofeld öffentlich den Flammen übergeben werden könnten. Gemeint waren Bücher, deren Inhalt als „entartet“ und „undeutsch“ galt. Einer der fanatischen Wortführer war der noch junge Norder Schriftsteller Gustav G. Engelkes, aus dessen Feder auch einige Blut-und-Boden-Spiele für Freilichtaufführungen stammten. Engelkes wurde später, vor allem nach dem Zweiten Weltkrieg, als Verfasser von heimatkundlichen Beiträgen und Erzählungen bekannt.

In dem Aufruf zur Norder Bücherverbrennung unter dem Motto „Wider die geistige Pest!“ hieß es unter anderem: „Stoßtrupps gegen Kitsch, Schund und Volksvergiftung, gebildet aus Gruppen der Hitlerjugend, kommen in diesen Tagen in jedes Haus und fragen, ob die Bücherschränke von all dem Schrifttum gereinigt werden sollen, das dazu beiträgt, die deutsche Seele zu verderben. Fast in jedem Haus sind solche Schriften und Bücher vorhanden. In ihnen erhält sich der Ungeist und die Krankhaftigkeit einer schamlosen, charakterlosen Epoche ... Schwätzer von der Art eines Thomas Mann verekelten dem Volk das Schrifttum und führten eine Falschschaltung der Gehirne herbei, die den Maßstab für echtes Kunstempfinden zerbrach, sodaß das Volk schon zu glauben begann: die Kunst ist nichts für uns, das einfache, unverbildete Volk. Wir sagen dem Ungeist des liberalistischen Zeitabschnittes den Kampf an! Jeder neue Parteigenosse fahndet in seinem Bücherschrank und dem seiner Bekannten nach den Zeugen des Ungeistes und jeder alte Parteigenosse sucht ihn darin zu übertreffen.“ Am Ende des Aufrufs wurden als „Fingerzeige“ außer Thomas und dessen Bruder Heinrich Mann unter anderem die Namen der Schriftsteller Erich Maria Remarque, Carl Zuckmayer, Heinrich Heine, George Bernard Shaw, Carl Sternheim, Sigmund Freud und Arnold Zweig genannt. Außerdem sollten Musiknoten von jüdischen Komponisten sowie Schallplatten mit dem Sänger Richard Tauber und Melodien von Paul Abraham gleich mit abgeliefert werden. Besonders fündig wurden die Stoßtrupps in der Bibliothek des Arbeiter-Jugendheims. Weil jedoch offensichtlich nicht alle Norder Bürger die geforderten Bücher herausrückten und es intern vermutlich auch Kritik an der Aktion gab, erließ die Partei einen zweiten, noch schärferen Aufruf, in dem vor allem gebildeten Kreisen vorgeworfen wurde, Charakterschwäche zu zeigen und von der „jüdischen Gedankenpest“ befallen zu sein.

Am 24. Juni 1933, einem Sonnabend, versammelten sich die SA, die SS und die Hitlerjugend sowie die Jugendorganisationen der Marine, der Schützen, der Turner und der Kyffhäuser auf dem Jahnplatz und marschierten unter den Klängen eines Spielmannszuges und begleitet von einer großen Menschenmenge zur nächtlichen Sonnenwendfeier nach Tidofeld. Nachdem Sprechchöre das von Engelkes verfasste Spiel „Das brennende Hakenkreuz“ aufgeführt hatten, zündeten Hitlerjungen mit Fackeln einen riesigen Reisighaufen an. Ein Parteiredner aus Aurich erflehte den Segen Gottes und die Menge sang das Lied „Der Gott, der Eisen wachsen ließ“. Dann warfen ein NS-Funktionär und einige Helfershelfer aus Norden rund 1100 Bücher in die hoch auflodernden Flammen. Mit verbrannt wurden auch hier die Fahnen aus der Zeit der Weimarer Republik und der SPD. Die Aktion endete mit dem gemeinsam gesungenen Lied „Wir treten zum Beten“ und einem Kampflied der Partei. Zu später Stunde kehrte die Menge, angeführt von einem Fackelzug der Hitlerjugend, nach Norden zurück. Soweit bekannt, war die Norder Bücherverbrennung an diesem Abend weit und breit die größte ihrer Art. Kleinere Aktionen gab es in einigen ländlichen Gemeinden, darunter in Neßmersiel und Schoonorth. Eine in Aurich geplante Initiative kam nicht zustande, weil nicht ausreichend geeignetes Material gefunden wurde. Die dortigen Bücherfreunde hatten ihre Schätze wohl rechtzeitig in Sicherheit gebracht.

Das am 23. März 1933 von einer breiten Reichstagsmehrheit in Berlin beschlossene und nur von den noch anwesenden Sozialdemokraten abgelehnte „Ermächtigungsgesetz“ öffnete Tür und Tor für den Weg in die Diktatur. Nach der Jagd auf Kommunisten folgte am 22. Juni das Verbot der SPD wegen „hoch- und landesverräterischer Unternehmungen gegen Deutschland“. Wenige Tage darauf untersagte der Norder Landrat Schede auf Anweisung den gewählten Vertretern der Sozialdemokraten die weitere Mitwirkung im Norder Bürgervorsteherkollegium und im Magistrat. Zugleich fahndeten die Kreis- und Stadtverwaltung nach dem angeblich ins Ausland verschobenen Vermögen der SPD und appellierten an die Bevölkerung, die Ermittlungen zu unterstützen – eine offene Aufforderung zur Denunziation. Schon einen Monat vor dem Verbot hatte der Norder SPD-Politiker Johann Fischer eine Hausdurchsuchung über sich ergehen lassen müssen. Später wurde er von der Geheimen Staatspolizei (Gestapo) verhaftet und wegen seiner Zugehörigkeit zur illegalen Bremer Widerstandsgruppe der SPD zu zwei Jahren Zuchthaus verurteilt.

Ende Juli 1933 berichteten die ostfriesischen Zeitungen in Einzelheiten, aber in der Tendenz schönfärberisch über ein im Emsland eingerichtetes Konzentrationslager, in dem unter strenger Bewachung bis zu 4000 Häftlinge untergebracht und vor allem zur Moorkultivierung eingesetzt wurden. Im Zusammenhang mit Verhaftungen wiesen die Zeitungen mit jeweils voller Namensnennung auf die „Einweisung in ein Konzentrationslager“ hin und ermunterten von sich aus sogar die Behörden, Verdächtige „in ein

KZ einzuweisen". Das Leserpublikum wusste also schon zu diesem frühen Zeitpunkt um die Existenz der Lager, die nach und nach im gesamten Reichsgebiet und später im besetzten Ausland errichtet wurden.

Was im April 1933 mit dem Boykott der jüdischen Geschäfte begonnen hatte, setzte sich in der Folgezeit fort. So beschwerte sich am 24. Juli **1934** der Unterbannführer der Norder Hitlerjugend in einem Schreiben an die NSDAP-Ortsgruppe: „Wie Ihnen vielleicht bekannt sein wird, baden in der Badeanstalt in Norddeich noch immer Juden. Im Auftrage meiner Kameraden bitte ich Sie, hier Abhilfe zu schaffen. Sie kennen ja aus verschiedenen Fällen die judenfeindliche Gesinnung meiner Kameraden, und ich kann aus diesem Grunde nicht mehr für die öffentliche Sicherheit in der Badeanstalt garantieren." Im Sommer 1935 stellte die Ortsgruppe Süderneuland in einem Brief an den Norder Bürgermeister Schöneberg den Antrag, den jüdischen Viehhändlern auf dem Marktplatz „auf Wunsch vieler arischer Viehhändler und großer Teile der Landbevölkerung gesonderte Plätze anzuweisen". Der Bürgermeister lehnte das Gesuch mit dem Hinweis auf „technische Schwierigkeiten" ab und zog sich damit vorerst aus der Affäre. Ab Mitte September 1935 wurde den jüdischen Händlern dann aber doch ein „besonderer Platz" auf dem Markt zugewiesen.

1935: Prangermarsch durch Norden

Was die braunen Fanatiker unter „Volksschädlingen" verstanden und wie sie damit umgingen, hatten sie bereits Anfang August 1933 demonstriert: In einem Marsch durch die Innenstadt hatte ein SA-Trupp damals drei Arbeiter öffentlich vorgeführt, die beschuldigt worden waren, bei einem Bauern im Schulenburgerpolder angeblich einen Sack Gerste entwendet zu haben. Die Männer trugen Schilder mit der Aufschrift „Ich darf nicht stehlen!" um den Hals. Am 20. Juli 1935 veröffentlichte das Parteiorgan OTZ in einer erhöhten Auflage eine Sonderbeilage unter der Schlagzeile „Die Juden sind unser Unglück!" Der Inhalt bestand aus üblen antisemitischen Artikeln und Karikaturen sowie aus einer Liste mit den Namen aller jüdischen Geschäfte in der Region. Auf diese Weise sollte die Bevölkerung aufgehetzt werden. Zwei Tage danach erschienen die führenden Norder SA-Amtsträger Hermann Schöttler und Arthur Jäger am frühen Morgen in der Norder Polizeiwache und zeigten den Juden Julius Wolff und dessen „arische" Verlobte Christine Neemann wegen „Rassenschändung" an. Mittags teilten sie der Polizei telefonisch mit, dass das Paar am Nachmittag von SA-Leuten durch die

Stadt geführt werde. Daraufhin wurden die Verlobten gewaltsam aus ihren Wohnungen geholt. Dem Mann befestigten die Braunhemden ein großes Schild mit der Aufschrift „Ich bin ein Rasseschänder!“ um den Hals. Die Frau trug ein ebenso großes Plakat, auf dem stand: „Ich bin ein deutsches Mädchen und habe mich vom Juden schänden lassen!“ Nach dem von zahlreichen Zuschauern flankierten Prangermarsch durch die Straßen nahm die Polizei das Paar in „Schutzhaft“. Die Frau kam vorübergehend in das KZ Moringen; sie starb 1971 in Emden. Julius Wolff gelang die Flucht in die USA. Am späten Nachmittag dieses 22. Juli wurde die Norderin Elisa Extra, die mit dem zunächst nicht auffindbaren Juden Richard Cossen verlobt war, allein durch das Stadtzentrum getrieben und danach festgenommen. Sie fand später Zuflucht in Amsterdam. Cossen konnte nach Argentinien entkommen. Die während der demütigenden Szenen in Norden entstandenen Fotos sind heute in aller Welt in zahlreichen Publikationen, Museen, Gedenkstätten und Schulbüchern zu sehen.

1938: Der Norder Synagogenbrand

Zum nächsten Schlag gegen die jüdischen Mitbürger holten die braunen Machthaber drei Jahre später aus. Nachdem der 17-jährige Jude Herschel Grünspan den Legationssekretär Ernst vom Rath in Paris erschossen hatte, brannten in der Nacht vom 9. auf den 10. November 1938 überall in Deutschland die Synagogen. Mithilfe ihrer SA- und SS-Trupps organisierte die zu diesem Zeitpunkt in München versammelte Parteiprominenz, darunter Reichspropagandaminister Joseph Goebbels, im ganzen Reich vorgeblich spontane Aktionen des „Volkszorns“ gegen jüdische Einrichtungen und Geschäfte.

In Norden traf der Befehl zum Abbrennen der Synagoge nach Mitternacht bei dem NS-Kreisleiter Lenhard Everwien ein, der die Parteigenossen informierte. Die Feuerwehr bekam den Hinweis, nur die Nachbarhäuser der Synagoge in der engen Innenstadt zu schützen, aber rechtzeitig vor (!) der Brandstiftung die Schlauchleitungen zu legen. Gegen 4 Uhr früh zündete ein SA-Trupp das Gebäude zunächst mit reichlich Benzin und dann mit einem Ölgemisch an. Bis auf die Umfassungsmauern brannte es in kurzer Zeit völlig aus. In den ersten Morgenstunden des 10. November trieb die SA alle in Norden auffindbaren jüdischen Bewohner zusammen und führte sie zum Schlachthof, wo man sie in den Viehställen misshandelte. Am Vormittag kamen die in Dornum und Marienhafe verhafteten Juden hinzu. 17 Opfer der Gewaltaktion kamen ins Gerichtsgefängnis, andere mussten die Brandstätte aufräumen. Der jüdische Lehrer Isaac Klein wurde gezwungen, die bis dahin noch nicht verbrannten Kultgegenstände eigenhändig anzuzünden. Zugleich richteten einige SA-Männer in jüdischen Wohnungen bei der Suche nach Geld und Schmuck Verwüstungen an. Am 11. November wurden zahlreiche Männer vorübergehend in das KZ Sachsenhausen eingeliefert. 1940 wohnten in der Sielstraße und der Kleinen Neustraße noch elf Juden. Ab 1941, vor allem aber nach der berüchtigten Wannsee-Konferenz, auf der das Regime im Januar 1942 die „Endlösung" beschloss, endeten die meisten Spuren in Vernichtungslagern.

Das Doppelgesicht des Nationalsozialismus

Der schöne Schein als Maske und die radikal ausgeübte Machtherrschaft dahinter – das war das Doppelgesicht des Nationalsozialismus in den 1930er-Jahren. Die Masse des deutschen Volkes sah im Führer und Reichskanzler Adolf Hitler den angeblichen „Erlöser", der die „nationale Wiedergeburt" verkörperte und dem sie sich ergeben und fasziniert hingab. Die Tatsache, dass jegliche Opposition zerschlagen war, dass Andersdenkende und vor allem jüdische Mitbürger in der „Volksgemeinschaft" keinen Platz mehr hatten, wurde von der schweigenden Mehrheit hingenommen. Es gelte, so Propagandaminister Goebbels kurz nach der Machtübernahme 1933, den „Gleichklang" zwischen Regierung und Volk herzustellen und die noch nicht gewonnenen Menschen so lange zu bearbeiten, „bis sie uns verfallen sind". Der allgemeine Aufschwung und die allmähliche Erholung der deutschen Wirtschaft nach 1933 kamen dem NS-Regime entgegen. Ein gigantisches Arbeitsbeschaffungsprogramm holte die Erwerbslosen bei niedrigen Löhnen von der Straße. Die ständigen Appelle an die unentgeltlich zu leistende „Opferbereitschaft aller Volksgenossen" taten ein Übriges. Die zunächst getarnte militärische Aufrüstung ließ die Arbeitslosenzahlen weiter sinken. 1936 erklärte Hitler, dass die neue Wehrmacht in vier Jahren einsatzfähig und die Wirtschaft bis dahin kriegsfähig sein müsse. Aber der Preis dafür war hoch: Das Deutsche Reich verschuldete sich in einem bis dahin nicht gekannten und beispiellosen Ausmaß.

Der schöne Schein und die nach außen hin vermeintliche „Normalität" dieser Jahre prägten auch in und um Norden das Alltagsleben. Die pompösen Aufmärsche, Feiern und Kundgebungen der Partei und ihrer Gliederungen sowie die vielen kulturellen und sportlichen Aktivitäten – im angepassten Geist des Regimes oder harmlos-unpolitisch – zogen offensichtlich die Menschen in ihren Bann. Mit jeweils großem Aufwand unter einem Meer von Hakenkreuzfahnen feierte der NS-Staat nach jedem abgeschlossenen Großprojekt sich selbst – so zum Beispiel im Sommer 1934 die Einweihung der ersten Siedlerstellen auf einer Landgewinnungsfläche in Neuwesteel, den Ausbau des Norder Sportplatzes (Jahnplatz) im August 1938 oder ein Jahr danach den Bauabschluss der städtischen Wasserleitung. Das machte Eindruck. In Wirklichkeit waren die Voraussetzungen für diese Projekte bereits weit vor 1933 geschaffen, aber aus finanziellen Gründen nicht verwirklicht worden.

Die Hitlerjugend

Zügig vollzog die Partei auch in Norden den weiteren Aufbau der „braunen Bataillone" als Basis ihres Herrschaftssystems. Aus der Vielzahl der NS-Organisationen ragte vor allem die Hitlerjugend heraus. Sie wurde 1939 per Gesetz von der Partei- zur Staatsjugend erklärt. Das heißt: Der bis dahin freiwillige HJ-Dienst wurde als „Ehrendienst am deutschen Volke" für alle Jugendlichen vom zehnten bis zum vollendeten 18. Lebensjahr obligatorisch. Wer seinen Sohn oder seine Tochter nicht zum HJ-Dienst anmeldete, dem drohten Geld- oder Haftstrafen. Außerhalb von Schule und Elternhaus sollten die jungen Menschen in der Hitlerjugend „geistig, körperlich und sittlich im Geiste des Nationalsozialismus zum Dienst am Volk und zur Volksgemeinschaft" erzogen werden und keinen freien Willen mehr haben. Erlebnisfahrten durch Deutschland, Wanderungen und Fahrradtouren, Sommerlager und Zeltromantik mit Lagerfeuer, sportliche Aktivitäten und Kampfspiele, aber auch öffentliche Umzüge, Straßensammlungen für das Winterhilfswerk und Ernteeinsätze dienten der Motivation und dem Gemeinschaftsgeist. Die Hitlerjugend bestand aus dem Deutschen Jungvolk (Pimpfe, Jungen von zehn bis 14 Jahren), der Stamm-HJ (Jungen von 14 bis 18 Jahren), den Jungmädeln (Mädchen von zehn bis 14 Jahren) und dem Bund Deutscher Mädel (BDM, Mädchen und junge Frauen von 14 bis 21 Jahren).

Anfang Dezember 1938 erklärte Hitler in einer Rede im schlesischen Reichenberg: „Diese Jugend lernt ja nichts anderes als deutsch denken, deutsch handeln, und wenn diese Knaben mit zehn Jahren in unsere Organisation hineinkommen und dort zum ersten Mal überhaupt frische Luft bekommen und fühlen, dann kommen sie vier Jahre später vom Jungvolk in die Hitlerjugend und dort behalten wir sie wieder vier Jahre. Und dann geben wir sie erst recht nicht zurück in die Hände unserer alten Klassen- und Standeserzeuger, sondern dann nehmen wir sie sofort in die Partei, in die Arbeitsfront, in die SA oder in die SS ... Und wenn sie dort zwei Jahre oder eineinhalb Jahre sind und noch nicht ganze Nationalsozialisten geworden sein sollten, dann kommen sie in den Arbeitsdienst und werden dort wieder sechs und sieben Monate geschliffen, alles mit einem Symbol, dem deutschen Spaten. Und was dann nach sechs oder sieben Monaten noch an Klassenbewußtsein oder Standesdünkel da und da noch vorhanden sein sollte, das übernimmt dann die Wehrmacht zur weiteren Behandlung auf zwei Jahre, und wenn sie nach zwei, drei oder vier Jahren zurückkehren, dann nehmen wir sie, damit sie auf keinen Fall rückfällig werden, sofort wieder in die SA, SS usw., und sie werden nicht wieder frei ihr ganzes Leben!"

Organisation und Überwachung

Weitere Gliederungen in Stadt und Kreis Norden – wie überall im Reichsgebiet – waren die Deutsche Arbeitsfront, das Kreisgericht der NSDAP, das Kreisrechtsamt, die NS-Frauenschaft, die NS-Ärzteschaft, der Sturmbann und der Marinesturmbann der SA, der SS-Sturm sowie die Ämter für Volkswohlfahrt, Beamte, Erzieher, Technik und Kriegsopfer. Im Parteigau Weser-Ems, zu dem der ostfriesische Regierungsbezirk Aurich gehörte, waren zunächst Carl Röver und später Paul Wegener Gauleiter. Beide traten häufig in Norden auf. Auf der mittleren Ebene amtierten – neben dem Regierungspräsidenten, den Landräten und Bürgermeistern – die Kreisleiter in ihrer Funktion als oberste Parteiführer. Im damaligen Landkreis Norden, seit 1932 um die Krummhörn vergrößert, besetzte die Partei diese einflussreiche Machtposition zunächst vorübergehend mit Siebold Siebolts und bis Anfang 1935 mit Menso Folkerts und dann mit Lenhard Everwien aus Woltzeten. Die untere Ebene war das Tätigkeitsfeld der Ortsgruppen, die sich in Zellen und Blocks gliederten. 1938 gab es im Kreisgebiet 29 Ortsgruppen, 95 Zellen und 427 Blocks. Bis 1938 bestand in der 12 000 Einwohner zählenden Kreisstadt Norden nur eine Ortsgruppe, danach wurde sie in drei Ortsbezirke aufgeteilt: Markt, Westgaste und Ekel. Weil sich die Befugnisse der Partei und der kommunalen Verwaltung durchaus überschnitten, kam es gelegentlich zu Kompetenzschwierigkeiten. Bezeichnend ist allerdings, dass während der NS-Zeit im alljährlich veröffentlichten Verzeichnisteil des Ostfreesland-Kalenders die Dienststellen der NSDAP vor (!) den öffentlichen Einrichtungen der staatlichen und städtischen Behörden rangierten. Diese Rangordnung vermittelte den gewollten Eindruck, dass die Partei die eigentliche Entscheidungsinstanz war und das Sagen hatte.

Als die Nationalsozialisten im Januar 1935 die neue Deutsche Gemeindeordnung in Kraft setzten, gehörte das frühere, vom Volk gewählte, aber zuletzt von NS-Mitgliedern beherrschte Bürgervorsteherkollegium in Norden endgültig der Vergangenheit an. Nun wurden 15 linientreue Parteimitglieder als Ratsherren auf sechs Jahre berufen, zum Schein „im Einvernehmen“ mit dem Bürgermeister. NS-Kreisleiter Everwien und Bürgermeister Schöneberg nahmen im November 1935 die Amtseinführung im Rathaus vor. Schöneberg war um diese Zeit der einzige noch amtierende ostfriesische Stadtbürgermeister aus der demokratischen Ära vor 1933. Er hatte einst der Deutschen Volkspartei und den Freimaurern angehört. In den Augen der örtlichen und überregionalen NS-Funktionäre galt er deshalb als „liberalistisch“ und „aus politischen Gründen“ für das Amt ungeeignet. Ihre mehrfachen Versuche, ihn zu verdrängen, scheiterten jedoch an Einsprüchen des Auricher Regierungspräsidenten Heinrich Refardt. Ohne Begründung wurde Schöneberg schließlich mit einem vom 7. August 1937 datierten Schreiben des Reichsinnenministers in den vorzeitigen Ruhestand versetzt. Seine Nachfolger waren die Nationalsozialisten Dr. Kurt Eifrig (bis 1942) und danach bis zum Kriegsende Wilhelm Meyer-Degering.

Zu personellen Veränderungen kam es auch in der Kreisverwaltung. Auf den im Februar 1941 verstorbenen langjährigen Landrat Schede folgte Ulrich Hühn, der jedoch nach kurzer Zeit an die Ostfront abberufen wurde und dort – wie es in einem Nachruf hieß – den „Heldentod“ starb. Im Oktober 1942 übernahm der aus Wilhelmshaven gebürtige Oberregierungsrat Henry Picker zunächst kommissarisch das Amt, bis er im Juli 1943 offiziell zum Norder Landrat ernannt, zugleich jedoch zum Kriegsdienst eingezogen und zuletzt als Fähnrich auf Borkum eingesetzt wurde. Wegen seiner Ortsabwesenheit führten seine Vertreter Hans Windels aus Leer und ab Februar/März 1945 Admiral a. D. Friedrich Wilhelm Fleischer praktisch die Amtsgeschäfte in Norden. Pickers Biografie weist Lücken, Ungereimtheiten und Beschönigungen auf. Fest steht, dass er 1942 einige Monate im Führerhauptquartier tätig war und von Hitlers Tischgesprächen Aufzeichnungen anfertigte, die er einige Jahre nach Kriegsende veröffentlichte. Pickers Vater hatte aus der Zeit vor 1933 gute Kontakte zu Hitler, der bei Aufenthalten in Wilhelmshaven sein Gast war.

Ihre bis ins Detail verästelte Organisationsstruktur ermöglichte der NSDAP die intensive Beeinflussung und Überwachung der Volksgenossen sowie die Durchdringung der öffentlichen und privaten Sphäre. Wie das vor sich ging, zeigt ein Beispiel aus dem Norder Vereinsleben. Am 28. August 1935 erschien der stets und überall präsente NS-Funktionär Borchers in einer außerordentlichen Mitgliederversammlung des Schützenbundes und verlangte unverhohlen die Wahl eines neuen Vorsitzenden, dem auch die Partei zustimmen könne. Die Partei, von der die Grünröcke nur unter dieser Voraussetzung Schützenhilfe erwarten könnten, bestimme nun einmal den Kurs, so Borchers. Der langjährige Vereinschef Johann Heinrich Meyer wehrte sich vergebens. Bei der Neuwahl entfielen bei 13 Enthaltungen 44 Stimmen auf den Nachfolger Anton Hasbargen und lediglich fünf auf Meyer.

Die Kirchen im NS-Staat

Wie überall ordneten sich auch in Norden die Kirchen weitgehend in den NS-Staat ein; sie mussten sich fügen. Hitlers Absicht war, jegliche Opposition von dieser Seite zu unterbinden. Deshalb ging vom Staat und der Partei eine ständige Bedrohung aus. Am Abend des 30. Januar 1934, dem ersten Jahrestag nach Hitlers Machtübernahme, veranstaltete die evangelisch-lutherische Gemeinde Norden – noch voller Vertrauen in den neuen Staat – in der Ludgerikirche einen Dankgottesdienst. Sie ließ es auch zu, dass bei besonderen Anlässen und Aufmärschen am Südgiebel des Gotteshauses die Hakenkreuzfahne aufgezogen wurde. Andererseits kam es in Ostfriesland auf lutherischer Seite im Laufe der Zeit zu einem teils dramatisch verlaufenen inneren Kirchenkampf. Die nationalsozialistischen Deutschen Christen (DC) um ihren Wortführer Pastor Heinrich Meyer aus Aurich verfolgten das Ziel, die Macht in der lutherischen und reformierten Kirche an sich zu bringen und sie dem NS-Staat in „Gefolgschaftstreue" zuzuführen. Dagegen wehrten sich Teile der evangelischen Kirchen und vereinten sich in einer „Bekenntnisgemeinschaft", in der in Norden ab 1934 Lutheraner und Reformierte gegen die nationalsozialistische Unterwanderung zusammenarbeiteten. Der lutherische Kirchenvorstand lehnte es wiederholt ab, den Deutschen Christen die Ludgerikirche für Gottesdienste zu überlassen. Erst ab Juli 1942 musste er sich einer Anordnung aus dem eigenen Landeskirchenamt beugen.

Allgemein jedoch brachte die evangelische Kirche mit ihren unterschiedlichen Positionen zum NS-Staat nicht die Kraft auf, gegen den Mord an Behinderten, politisch Missliebigen, Juden und Menschen, die sich nicht anpassten, entschieden Widerstand zu leisten. Auf katholischer Seite sicherte das schon im Juli 1933 zwischen dem Vatikan und dem Deutschen Reich abgeschlossene Konkordat zwar einerseits den Bestand und die Tätigkeit der katholischen Organisationen, verbot aber andererseits den Priestern jede parteipolitische Betätigung. In der katholischen Gemeinde Nordens lief das religiöse Leben somit weiter, wurde aber durch Bespitzelungen belastet. Ab Ostern 1938 musste die katholische Schule in Norden schließen. In der Baptistenkirche an der Osterstraße fand im März 1934 erstmals eine „Trauung im Braunhemd" statt; eine SA-Abordnung nahm daran teil und überreichte dem Bräutigam, einem alten Parteigenossen, ein Geschenk. Im Verlauf des Krieges mussten die lutherische und die katholische Gemeinde auf Anordnung ihre Kirchenglocken für Rüstungszwecke abliefern.

Die Macht der Gestapo (Geheime Staatspolizei)

Am **19. September 1939** erhielt Landrat Schede ein als „Geheim" bezeichnetes Schreiben der von Reinhard Heydrich geleiteten Sicherheitspolizei aus Berlin. Es enthielt „bindende Grundsätze der inneren Staatssicherung" während des Krieges. Zitat: „Jeder Versuch, die Geschlossenheit und den Kampfwillen des deutschen Volkes zu zersetzen, ist rücksichtslos zu unterdrücken. Insbesondere ist gegen jede Person sofort durch Festnahme einzuschreiten, die in ihren Äußerungen am Sieg des deutschen Volkes zweifelt oder das Recht des Krieges in Frage stellt. Dagegen sind mit psychologischem Verständnis und mit erzieherisch bestärkendem Bemühen diejenigen Volksgenossen zu behandeln, die aus äußerer oder innerer Not oder in Augenblicken der Schwäche sich Entgleisungen irgendwelcher Art zuschulden kommen lassen." Ein besonderes Augenmerk sei auf Gastwirtschaften, öffentliche Verkehrsmittel und Zirkelbildungen zu richten. Bei den Ermittlungen und weiteren Maßnahmen seien die Gestapo und die Parteidienststellen einzubinden. Über die Behandlung von festgenommenen Personen entscheide der Chef der Sicherheitspolizei, gegebenenfalls werde „auf höhere Weisung" die „brutale Liquidierung solcher Elemente" erfolgen.

Angesichts „wildester Gerüchte" erkundigte sich der Landrat 1939 nach der Todesursache von fünf Kreisbewohnern, die wenige Monate zuvor im Rahmen einer „Aktion gegen Arbeitsscheue und Asoziale" in das Konzentrationslager Buchenwald eingeliefert und dort plötzlich verstorben waren. Der Lagerarzt bescheinigte dem Behördenchef lediglich eine jeweils „natürliche" Todesursache wie Bronchitis und Blutvergiftung. Damit war die Angelegenheit erledigt. In einigen, wenn auch wenigen anderen Fällen bemühte sich der Landrat nach „Befürwortung" durch den NS-Kreisleiter Everwien, inhaftierte Bürger, darunter zwei Norder, aus den Fängen der allmächtigen Gestapo freizubekommen. Er erhielt zumeist abschlägige Antworten. Im Gegensatz dazu steht jedoch ein Schreiben des Landrates vom 8. April 1940, in dem er die Kriminalpolizei bat, einen Handwerker aus Lütetsburg als „Asozialen zu behandeln" und sich für dessen Überführung in ein KZ einzusetzen. Am 5. November 1939 ging beim Auricher Regierungspräsidenten ein Brief aus dem Landratsamt ein, in dem es hieß, dass sich ein Teil der noch in Norden und Umgebung lebenden Juden „in der Nähe militärischer Anlagen herumtreibt und somit die größte Möglichkeit für Spionage" habe. Da der Kreis Grenzgebiet sei, sollten „die hier vorhandenen Juden restlos in andere Gebiete des Großdeutschen Reiches" umgesiedelt werden, nämlich nach Warschau.

Bereits in der Anfangsphase des Krieges kamen in einigen Norder Firmen sowie in der Eisenhütte an der Osterstraße und der Molkerei Kriegsgefangene und Zwangsarbeiter zum Einsatz. Sie waren dort und im übrigen Stadtgebiet in eigens eingerichteten Lagern untergebracht. Zehn Franzosen, die Anfang 1943 aus dem Lager Eisenhütte entwichen, wurden nach einer Großfahndung im Kreisgebiet wieder festgenommen.

Radiosender als Kriegsstrategie

Im Zuge der schon sehr früh von Hitler angeordneten Kriegsvorbereitungen erwarb die Deutsche Reichspost 1937 in Osterloog bei Norden ein 23 Hektar großes Gelände hinter dem Nordseedeich für den Aufbau eines 100-Kilowatt-Senders mit einer auf England ausgerichteten Antennenanlage. Im Sommer 1939 konnten die Bauarbeiten für den Gebäudekomplex (heute Waloseum) abgeschlossen werden. Anfang Oktober 1939 übernahm die Oberpostdirektion Oldenburg die inzwischen fertigen Einrichtungen und unterstellte sie formell der einige Kilometer entfernten Küstenfunkstelle Norddeich Radio. Doch für den Küstenfunk war der „Großrundfunksender" zu diesem Zeitpunkt nicht vorgesehen. Er erhielt auch nicht den Namen seines Standortes Osterloog geschweige denn „Norden", sondern die Tarnbezeichnung „Bremen", später „Deutscher Europasender". Die militärisch bewachte Station strahlte ab 24. November 1939 auf Mittelwelle das Programm des Reichssenders Hamburg mit vorwiegend leichter Unterhaltung und Berichten zum aktuellen Geschehen und ab 1940 das kriegsbedingte Einheitsprogramm aller deutschen Reichssender aus – allerdings immer wieder unterbrochen von englischsprachigen, in Berlin produzierten Beiträgen an die Adresse des Gegners. Die Ansage „Germany calling, Germany calling" blieb vielen Ostfriesen noch lange im Ohr. In England war der Empfang ausgezeichnet, aber im engeren ostfriesischen Umfeld erreichte der Sender eine Überlautstärke, die den Fernempfang anderer Stationen überlagerte. Häufig wurde Osterloog auch als Störsender gegen die

Londoner British Broadcasting Corporation (BBC) mit ihren deutschsprachigen Sendungen eingesetzt. Nach Einbruch der Dunkelheit diente ein eingeblendetes Signal den von Bombenangriffen gegen England zurückkehrenden deutschen Flugzeugen als Orientierungshilfe.

1940 wurde Osterloog um einen zweiten Sender, genannt „Bremen 2", erweitert, um die Station aufgrund ihrer günstigen geografischen Lage noch effektiver und variabler im „Ätherkrieg" einzusetzen. Erst später wurde bekannt, dass das von Osterloog ausgestrahlte Programm zu den wirkungsvollsten deutschen Propagandawaffen zählte. Einer der bekanntesten Sprecher war William Joyce, ein gebürtiger Amerikaner, der in England aufgewachsen und der dortigen Faschistenpartei beigetreten war. Seine Stimme und sein näselndes Englisch waren unverwechselbar, seine Beiträge kamen sogar häufig im britischen Parlament zur Sprache. Umgekehrt gelang es allerdings auch der Londoner BBC, von England aus zahlreiche Hörer in Deutschland zu erreichen. Mitten im Krieg, am 21. August 1943, verstarb mit Siebold Siebolts einer der „Vorkämpfer" und Wegbereiter des Nationalsozialismus in Norden; die Partei widmete ihm keine Todesanzeige.

Die folgenschwere deutsche Niederlage bei Stalingrad im Winter **1942/43** leitete die Wende des Krieges ein. Im Juni 1944 landeten alliierte Streitkräfte in Nordwestfrankreich und rückten von da an unaufhaltsam gegen die westliche Reichsgrenze vor. Von Osten her näherte sich die sowjetische Rote Armee. Die Zivilbevölkerung im Reich war den zunehmenden Luftangriffen wehrlos ausgesetzt. Auch in Norden waren nach vereinzelten Bombenabwürfen und Tieffliegerangriffen während der sechs Kriegsjahre Todesopfer und Gebäudeschäden zu beklagen, aber im Vergleich zu Emden, Wilhelmshaven oder Esens kam die Küstenstadt davon.

1944: Die letzten Reserven

Ab 1944 mobilisierten die deutschen Machthaber im Zeichen des „totalen Krieges" alle noch verfügbaren menschlichen und materiellen Reserven. Auch in Norden wirkten die NS-Funktionäre kräftig und lautstark daran mit („Jedes Haus, das die weiße Fahne zeigt, wird niedergebrannt!"). Sie wollten die Realität und die Zeichen der Zeit nicht sehen, als im September 1944 nach dem bis dahin verheerendsten Luftangriff auf Emden zahlreiche Bombenopfer (genannt „Umquartierte") und dann die ersten Flüchtlingstransporte (genannt „Rückgeführte") aus den von den Sowjets eroberten deutschen Ostgebieten hier eintrafen.

Noch am **25. März 1945,** wenige Wochen vor dem totalen Zusammenbruch des Hitler-Regimes, versammelte die Partei im Deutschen Haus 90 Pimpfe und 120 Jungmädel, um sie in die männliche Stamm-HJ und den BDM und damit in den Kriegseinsatz zu übernehmen. Am 20. April 1945, Hitlers Geburtstag, beschwor NS-Kreisleiter Everwien im Deutschen Haus die „unwandelbare Treue zum Führer". Gleichwohl ließ die Partei in jenen Tagen belastendes Aktenmaterial, das dem Feind nicht in die Hände fallen sollte, in den Öfen der Molkerei an der Westerstraße verbrennen. Elfriede Lottmann, damals zwölf Jahre alt, erinnerte sich später: „Aus dem hohen Schornstein stiegen schwarze Wolken. Die verbrannten Papierfetzen, die zum Teil noch lesbar waren, flogen weit umher und landeten auch bei uns im Garten. Einmal musste meine Mutter ihre Wäsche, die an der Leine hing, noch einmal waschen, weil alles durch die schwarzen Flocken wieder schmutzig geworden war."

Um diese Zeit hatten alliierte Truppen, vom Emsland vorrückend, im Kreis Leer bereits ostfriesischen Boden erreicht. Am Abend des 2. Mai 1945 versammelten sich die Norder NS-Funktionäre im Parteihaus am Markt (später Polizei) ein letztes Mal um Kreisleiter Everwien. Sie zelebrierten eine Gedenkstunde für den seit drei Tagen toten Führer und Reichskanzler. „In ehrfürchtigem Schweigen", so der Ostfriesische Kurier, standen sie unter dem Eindruck der amtlich und propagandistisch verbreiteten Nachricht, dass das Staatsoberhaupt „bis zum letzten Atemzuge gegen den Bolschewismus kämpfend für Deutschland gefallen" sei. In Wirklichkeit hatte der Diktator nicht den „Heldentod" gefunden, sondern in seinem Bunker unter der Berliner Reichskanzlei gemeinsam mit seiner kurz zuvor geheirateten Frau Eva Braun Selbstmord begangen und sich der Verantwortung entzogen. In einer Ansprache erklärte Everwien, dass „der Führer als leuchtendes Vorbild in den Herzen aller lebendig" bleibe. Nach seinem „Vorbild" seien nun erst recht „Pflichterfüllung und unbedingter Einsatz" oberstes Gebot. Nach einem letzten „Sieg-Heil" und dem Absingen von Kampfliedern gingen die Teilnehmer auseinander.

Dramatische Situation kurz vor Kriegsende

Zum Zeitpunkt der Gedenkstunde befanden sich kanadische Streitkräfte bereits mitten in Ostfriesland und bewegten sich in Richtung Küste. Das Ende des Zweiten Weltkriegs und die bedingungslose deutsche Kapitulation standen unmittelbar bevor. Dennoch sollten in dieser ausweglosen Lage die Städte Emden, Aurich und Nor-

März 1933: Das abends angestrahlte Norder Rathaus im Hakenkreuz- und Fahnenschmuck der Nationalsozialisten.

Adolf Hitler begrüßt den Norder Tierzuchtdirektor Adolf Köppe am Rande einer landwirtschaftlichen Ausstellung in Berlin.

Diese (leicht verwackelten) Privataufnahmen zeigen einen SA-Trupp, der Anfang April 1933 an der Südseite des Norder Marktplatzes Schächtgeräte der jüdischen Mitbürger und die Fahnen politischer Gegner auf einem Scheiterhaufen öffentlich verbrennt.

„Tag der Arbeit" 1933: Umzug der Nationalsozialisten sowie zahlreicher Organisationen und Betriebe am 1. Mai durch den Neuen Weg in Norden.

Prangermarsch am 22. Juli 1935: Eine SA-Kolonne treibt Elisa Extra durch die Norder Innenstadt, flankiert von vielen Zuschauern. Die Norderin trägt ein Schild um den Hals mit der Aufschrift: „Ich bin ein deutsches Mädchen und habe mich vom Juden schänden lassen."

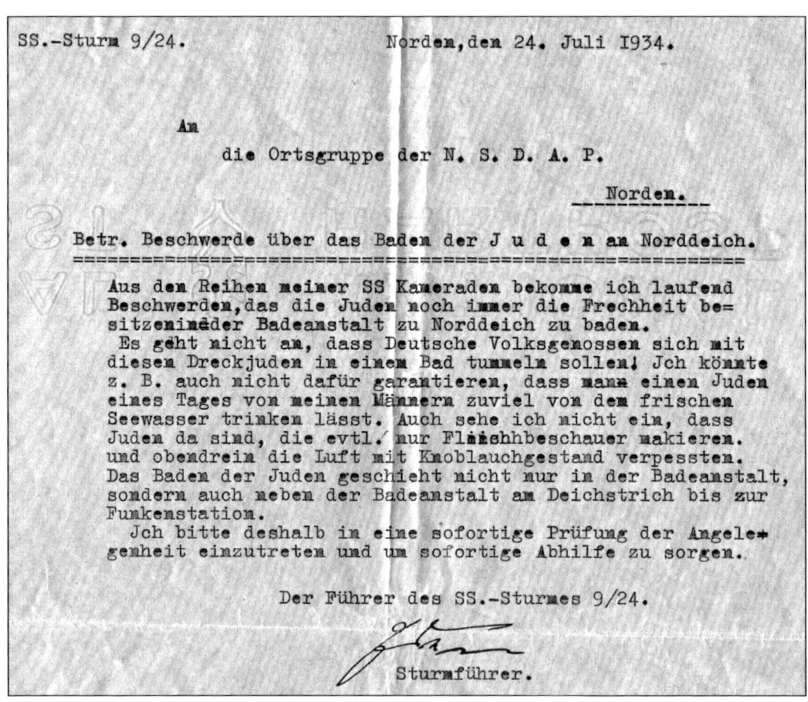

SS.-Sturm 9/24. Norden, den 24. Juli 1934.

An

die Ortsgruppe der N. S. D. A. P.

Norden.

Betr. Beschwerde über das Baden der J u d e n an Norddeich.

Aus den Reihen meiner SS Kameraden bekomme ich laufend Beschwerden, das die Juden noch immer die Frechheit be= sitzen in der Badeanstalt zu Norddeich zu baden.

Es geht nicht an, dass Deutsche Volksgenossen sich mit diesen Dreckjuden in einem Bad tummeln sollen! Jch könnte z. B. auch nicht dafür garantieren, dass mann einen Juden eines Tages von meinen Männern zuviel von dem frischen Seewasser trinken lässt. Auch sehe ich nicht ein, dass Juden da sind, die evtl. nur Fleischhbeschauer makieren. und obendrein die Luft mit Knoblauchgestand verpessten. Das Baden der Juden geschieht nicht nur in der Badeanstalt, sondern auch neben der Badeanstalt am Deichstrich bis zur Funkenstation.

Jch bitte deshalb in eine sofortige Prüfung der Angele- genheit einzutreten und um sofortige Abhilfe zu sorgen.

Der Führer des SS.-Sturmes 9/24.

Sturmführer.

Mit vielen Deutschfehlern: Schreiben der Norder SS vom 24. Juli 1934: Juden soll der Besuch der Seebadeanstalt in Norddeich untersagt werden.

Ausstellung von Norder Kriegsspenden für die Rüstungsindustrie.

Für die Verarbeitung in der Rüstungsindustrie müssen Anfang 1942 überall im Deutschen Reich auch die Kirchenglocken abgeliefert werden. Im Turm der Norder Ludgerikirche werden der größte Teil des Geläuts und das damalige Glockenspiel abgenommen.

Am 6. November 1942 wirft ein britisches Flugzeug über der Alleestraße in Norden-Westgaste mehrere Sprengbomben ab. Der Angriff fordert fünf Todesopfer und mehrere Schwerverletzte.

Am 11. Juni 1943, einen Tag vor Pfingsten, wird der Dorfkern von Lütetsburg das Ziel eines Luftangriffs. Die Vorburg und die Nebengebäude des Schlosses werden schwer getroffen. Zwei Gärtnerlehrlinge sterben unter den Trümmern.

Im November 1944 bietet die sogenannte „Heimatfront“ ihre letzten Reserven auf. Das Foto zeigt Volkssturm-Männer mit geschulterten Panzerfäusten auf dem Norder Torfmarkt.

Aufruf an die Norder Bevölkerung!

Norder! Tatkräftig zupacken bei der Landarbeit!

Nach der Einstellung der Feindseligkeiten steht das gesamte deutsche Volk am Beginn der schwersten Zeit seiner Geschichte.

Uns in Norden und den Bauern Ostfrieslands ist bis auf geringe Ausnahmen ein Geschenk in den Schoß gelegt, das wir würdig und dankbar zu verwalten haben:

„Unsere Heimat ist im großen und ganzen von den furchtbaren Zerstörungen des Krieges verschont geblieben, wir haben ein Dach über dem Kopf und haben eine Landwirtschaft, die noch in der Lage ist, Früchte und andere landwirtschaftliche Erzeugnisse hervorzubringen.

Ueberlegt Euch, wie es im übrigen Reich aussieht! Verwüstete Städte, zerstörte Häuser, vernichtete Felder, Bauernhöfe, die dem Boden gleich gemacht sind, Menschen, die in Höhlen und Kellerlöchern wohnen, die hungern und frieren.

Es ist unsere Pflicht, diesen Menschen zu helfen und alles daran zu setzen, das große Elend und die Not der Deutschen im Reich zu lindern und ihr entgegenzuarbeiten. Das Schicksal der meisten Menschen im Reich ist um ein Vielfaches schwerer, härter und grausamer als das unsere.

Ich wende mich daher mit der dringenden Mahnung und ernsten Bitte um sofortige, schnelle Hilfe an Euch, Kreiseingesessene!

Der Abzug der fremdländischen Arbeitskräfte erfordert den sofortigen Einsatz aller klardenkenden und einsatzbereiten Menschen, denn noch steht eine große Zahl von Gemüsepflanzen zur Verfügung, die schnellstens in die Erde gebracht werden muß, noch ist es Zeit, den Segen unserer ostfriesischen Erde durch Hacken und Unkrautjäten zu erarbeiten, die weiten Erbsen-, Bohnen- und Spinatfelder zu säubern und Vorrat zu schaffen, nicht nur für uns, sondern für die hungernden Deutschen im Reich.

Jede Pflanze, die Ihr jetzt in die Erde bringt, jedes Unkraut, das Ihr jätet, jeder Handschlag, den Ihr auf dem Lande tut, schafft unendlichen Segen und lindert schwere Not.

Denkt nicht daran, daß Ihr selbst genug zu essen habt, daß Ihr Euch auch aus Euren Gärten genug zu essen schaffen könnt, denkt daran, daß Millionen Menschen im Reich im Elend sitzen und ohne Eure Hilfe immer tiefer ins Elend geraten.

Zeigt Euch würdig des großen Gnadengeschenks, daß wir eine fast unzerstörte Heimat haben, und helft, wo Ihr helfen könnt!

Jeder Mann, jede Frau, jedes Schulkind muß eine Ehre darin sehen, jetzt schnellstens zu helfen und sich unmittelbar nach Erlaß dieses Aufrufs bei der

Kreisbauernschaft des Kreises Norden, Am Markt,

oder in der Gemeinde selbst für den sofortigen, d. h. vorübergehenden Arbeitseinsatz in der Landwirtschaft zu melden.

Die Kreisbauernschaft wird in Norden die Verteilung der Arbeitskräfte vornehmen. Die nahe gelegenen Höfe werden so versorgt, daß die Hilfskräfte in Norden wohnen können, während auf den ferner gelegenen Höfen für Unterbringung gesorgt wird.

Zum Grübeln und Abwarten haben wir keine Zeit mehr, jetzt heißt es

tatkräftig zupacken,

denn die weitere Heimat rechnet mit unserer Hilfe und sie soll nicht umsonst auf uns gewartet haben.

Norden, den 24. Mai 1945.

Der Landrat.

Druck von Heinrich Soltau in Norden.

Im Format eines Flugblatts erscheint am 25. Mai 1945 der letzte Ostfriesische Kurier nach dem Ende des Zweiten Weltkriegs. Er enthält einen Aufruf des Norder Landrats Meint Janssen.

den noch in das Kampfgeschehen einbezogen und verteidigt werden. Bereits fertige Panzersperren an den Stadteingängen und im Zentrum von Norden sowie Sprengladungen unter den Brücken sollten den Feind aufhalten. Noch am Vormittag des 4. Mai 1945 berief sich der seit November 1944 in Tidofeld stationierte Seekommandant Ostfriesland, Konteradmiral und Ritterkreuzträger Kurt Weyher (in einigen Quellen auch Weyer), in einem Fernschreiben an übergeordnete militärische Dienststellen auf einen „bindenden Kampfauftrag" und lehnte alle Ersuchen von ziviler Seite, die Städte nicht mehr zu verteidigen, rundweg ab. Im Gegenteil: Er bat dringend darum, mit Durchhalteparolen auf die Bevölkerung einzuwirken, „um den Widerstand auf deutscher Seite nicht zu gefährden".

In dieser dramatischen Situation versammelte sich ab Mittag eine große Menschenmenge auf dem Norder Marktplatz. Im Rathaus verhandelten einige Bürger mit der Stadt- und Kreisspitze, die schließlich mit dem Seekommandanten Weyher in Tidofeld Kontakt aufnahm. Endlich erschien der seit Februar amtierende Landrat Admiral a. D. Fleischer vor dem Rathaus und verkündete der besorgten Bevölkerung, dass die Küstenstadt nicht mehr verteidigt werde. Der in Flensburg amtierende Marine-Großadmiral Karl Dönitz und der alliierte Oberbefehlshaber Dwight D. Eisenhower hätten Verhandlungen aufgenommen mit dem Ziel, „den Krieg in Ostfriesland zu beenden". Tatsächlich unterzeichnete der deutsche Großadmiral von Friedeburg an diesem Tag im Hauptquartier des britischen Feldmarschalls Montgomery die Teilkapitulation der Streitkräfte in Nordwestdeutschland, Dänemark und den Niederlanden.

Als sich die Menge nach der kurzen Ansprache des Landrats langsam auflöste, ließen sich auf dem Torfmarkt uniformierte NS-Funktionäre blicken. Sie wurden spontan von Demonstranten bedroht, auch tätlich angegriffen und suchten ihr Heil in der Flucht. Im Stadtgebiet zertrümmerten aufgebrachte Bürger die Aushangkästen und Schaufenster von NS-Dienststellen und des NS-Blattes Ostfriesische Tageszeitung. Das war nach zwölf Jahren das Ende der nationalsozialistischen Machtherrschaft in Norden.

Die „braune Vergangenheit"

Am 6. Mai 1945, einem Sonntag unter strahlend blauem Himmel, besetzten kanadische Einheiten Norden und beschlagnahmten einige Häuser am Markt und in der Gartenstraße sowie das HJ-Heim auf dem Sportplatz für sich und die bald nachrückende britische Militärregierung. Nun übten britische Besatzungsoffiziere für längere Zeit die Macht aus, allerdings mihilfe der ihr unterstellten und von ihr überwachten deutschen Behörden und der von ihr berufenen Magistrats- und Ratsmitglieder.

Die Bewältigung der „braunen Vergangenheit" vollzog sich in unterschiedlichen Formen. Dazu gehörten die „Umerziehung" der Deutschen zur Demokratie, der Personalwechsel in leitenden Positionen und das Fragebogensystem der Entnazifizierung, die jedoch letztlich Stückwerk blieb. Weder der Nürnberger Prozess gegen die Hauptkriegsverbrecher noch die zahlreichen Spruchkammerverfahren konnten den Einfluss ehemaliger Nationalsozialisten im öffentlichen Leben der Nachkriegszeit völlig ausschalten. Von Anfang bis Mitte Januar 1948 verhandelte das Landgericht Aurich gegen 22 frühere Angehörige der Norder SS und SA, die sich im Mai 1933 in der Börse an den Misshandlungen politischer Gegner beteiligt hatten. Die Urteile: je zwei Jahre Zuchthaus für drei und mehrmonatige Gefängnisstrafen für acht Angeklagte; die übrigen kamen mit einem Freispruch davon. Der spektakuläre Norder „Prangermarsch" vom Juli 1935 kam im Sommer 1949 vor dem Schwurgericht in Aurich zur Sprache. Von neun Angeklagten erhielten sechs eine Gefängnisstrafe zwischen sieben und drei Monaten. Gegen einen weiteren Beschuldigten wurde das Verfahren wegen Verhandlungsunfähigkeit eingestellt. Ein Polizeibeamter sowie der ehemalige SA-Führer Jäger, der gemeinsam mit dem SA-Führer Schöttler den „Umzug" initiiert hatte, wurden aus Mangel an Beweisen freigesprochen. In der Urteilsbegründung wurden allen Verurteilten im Hinblick darauf, dass sie seinerzeit „auf Befehl" gehandelt hätten, trotz der „schweren und gemeinen Tat" mildernde Umstände zugebilligt.

Im Dezember 1948 und im Februar/März 1951 rollte das Auricher Schwurgericht die Vorgänge um den Norder Synagogenbrand und die menschenunwürdige Behandlung jüdischer Mitbürger in der Nacht vom 9. auf den 10. November 1938 auf. Im ersten Prozess 1948 wurde der ehemalige NS-Kreisleiter Everwien unter Anrechnung einer elfmonatigen Untersuchungshaft zu vier Jahren Zuchthaus und vier Jahren Ehrenrechtsverlust, der frühere SA-Führer Jäger zu zwei Jahren Zuchthaus und drei Jahren Ehrenrechtsverlust sowie der einstige Parteifunktionär à Tellinghusen zu einem Jahr und sechs Monaten Zuchthaus verurteilt. Weitere vier Angeklagte wurden freigesprochen. In der Berichterstattung der Nordwest-Zeitung hieß es, dass Everwien vor Gericht den Synagogenbrand als „großen Fehler" bezeichnet habe, aber als Nationalsozialist habe er sich an Befehle gebunden gefühlt und dementsprechend gehandelt. Everwien starb am 25. Oktober 1971 im Alter von 74 Jahren. Beim Überqueren des Bahnübergangs Barenbuscher Weg wurde er von einer Lokomotive erfasst. Im zweiten Prozess 1951, der im Deutschen Haus in Norden stattfand, saßen weitere 19 Beteiligte am Synagogenbrand auf der Anklagebank. Ein Angeklagter aus Norden erhielt 18 Monate Gefängnis, die jedoch durch die Internierungshaft verbüßt waren. Ein weiterer Norder und ein Osteeler wurden zu je zwölf Monaten Gefängnis verurteilt. Drei Beschuldigte mussten aus Mangel an Beweisen freigesprochen werden, gegen die übrigen 13 wurde das Verfahren eingestellt. Gerichtspräsident Dr. Seydel ging auf die in der Öffentlichkeit und auch in Presseberichten mehrfach geäußerte Feststellung ein, dass die Bevölkerung „gefühlsmäßig kein Verständnis“ für den Prozess habe. Das Gericht jedoch, so Seydel, habe allein nach geltendem Recht zu handeln. Offenbar sei das Ausmaß der an wehrlosen Norder Juden verübten „Scheußlichkeiten und Terrormaßnahmen“ einer breiten, teilweise immer noch uneinsichtigen Öffentlichkeit nicht bekannt geworden. In einem Revisionsprozess vor dem Auricher Landgericht Anfang März 1956 blieb es bei den Gefängnisstrafen.

Der „Henker vom Emsland“

Am 3. Mai 1945, wenige Tage vor Kriegsende, stand der 19-jährige Willi Herold, später bekannt als „Henker vom Emsland“, vor dem in Norden tagenden Marinekriegsgericht. Seit Mitte April hatten der Gefreite in der gefundenen Uniform eines Hauptmanns und mehrere bewaffnete Soldaten, die er um sich scharte, zwischen 150 und 200 Landsleute und Ausländer barbarisch getötet. In der Rolle eines „Vollstreckers“ fühlte Herold sich berufen, „im Namen des Führers“ in den noch nicht von den Alliierten besetzten Gebieten für „Recht und Ordnung“ zu sorgen. Mit der Verhaftung der Gruppe in Aurich fand die blutige Köpenickiade am 28. April ein Ende. Herold wurde nach Tidofeld an den Sitz des Seekommandanten Ostfriesland, Konteradmiral Weyher, überstellt, der als zuständiger Gerichtsherr das Marinekriegsgericht einberief. Zu einem Urteil kam es nicht, weil Weyher und sein Rechtsberater Horst Franke dem Drängen eines nach Norden gereisten SS-Funktionärs nachgaben und von sich aus das Verfahren aussetzten. Ohne das Kriegsgericht zu verständigen, gaben sie den Angeklagten zur „Frontbewährung“ frei. In den Wirren der letzten Kriegstage konnte Herold nach Wilhelmshaven entkommen, wo ihn die britischen Besatzer am 23. Mai festnahmen. Im August 1946 verurteilte ein britisches Militärgericht den „Henker vom Emsland“ und fünf Mitangeklagte zum Tode. Weyher und Franke hingegen, die Herold in Norden auf freien Fuß gesetzt hatten, wurden 1947 vom Oberverwaltungsgericht Oldenburg freigesprochen.

Angespannte Versorgungslage

Wie es in einem 1947 verfassten Bericht der Norder Kreisverwaltung unter anderem heißt, herrschte um diese Zeit in allen Handwerkszweigen ein akuter Rohstoffmangel. Auffallend sei jedoch das Streben der schulentlassenen Jugend, ein Handwerk zu erlernen. Der Mangel an Brennstoff führte auf dem Norder Hauptbahnhof in Süderneuland zu nächtlichen Diebstählen von Kohle und Koks aus abgestellten Waggons. Geradezu lebensnotwendig war die Torfgewinnung aus den ostfriesischen Mooren. Viele Norder fuhren in jener Zeit mit Sammeltransporten in die Moorgebiete, beteiligten sich in mühsamer Handarbeit am Torfabbau und erwarben so ein Anrecht auf die je nach Leistung festgelegte Brennstoffmenge. Immer wieder musste in den Herbst- und Wintermonaten der Strom abgeschaltet werden, um die Energieversorgung auf Dauer nicht ganz zu gefährden.

Der Kraftfahrzeugverkehr war in den ersten Nachkriegsjahren stark eingeschränkt. Weil es nicht genügend Omnibusse gab, mussten beim Personentransport anfangs auch Lastwagen eingesetzt werden. Reifen, Benzin, Dieselkraftstoff, Batterien und Ersatzteile waren knapp und standen nur sehr begrenzt oder rationiert zur Verfügung. Die wenigen noch vorhandenen deutschen Privatautos stammten zumeist aus der Vorkriegszeit und waren stets reparaturanfällig. Der Kraftwagenverkehr war bis Mitte 1948 nur an Werktagen und nur bis zu einer Entfernung von 80 Kilometern erlaubt. Für Ausnahmegenehmigungen galten strenge Maßstäbe. Laut Anordnung der Militärregierung hatten im Winter 1946/47 Lebensmittel-, Arznei- und Brennstofftransporte Vorrang. Die örtlichen und überregionalen Straßen befanden sich streckenweise in einem schlechten Zustand. Auch der Eisenbahnverkehr in Ostfriesland war nur eingeschränkt möglich. Anfangs verkehrte in Nord-Süd-Richtung nur ein Personenzug bis Hamm. Als Fortschritt galt im Sommer 1946 ein D-Zug-Paar zwischen Norddeich und Oldenburg mit Anschlüssen nach Bremen und Hamburg sowie ein D-Zug-Paar Norddeich-Köln.

Nach der deutschen Kapitulation beschlagnahmten die Alliierten – wie überall – auch die Schiffe der AG Reederei Norden-Frisia, deren Flotte im Krieg erhebliche Verluste und Schäden erlitten hatte. Von Mitte Mai bis Ende August 1945 wurde die auf das Notwendigste beschränkte Verbindung vom Festland zu den Inseln von der Besatzungsmacht betrieben, für Norderney mit dem Frachtschiff Frisia XIV und für Juist mit der kleinen Frisia VI. Als im Spätsommer das mit der Kapitulation verhängte Reiseverbot für die deutsche Zivilbevölkerung aufgehoben und die Inseln für den Reiseverkehr wieder freigegeben wurden, erhielt die Reederei ihre Schiffe für diesen Zweck wieder zurück, obwohl sie vorerst beschlagnahmt blieben. Der in Emden ansässige Port-Controller legte die Fahrpläne fest und teilte dem Unternehmen Dieselöl, Kohle und alle übrigen Betriebsstoffe zu. Weil die britische Rheinarmee in dieser Zeit Norderney zu ihrem „Leave Center" (Urlaubs- und Erholungscenter) erkor, musste die Reederei ausschließlich dafür ihre große Frisia I zur Verfügung stellen. Erhebliche Schwierigkeiten bereiteten die Kohlentransporte, die bis Norddeich-Mole mit der Bahn liefen. Von dort musste der Brennstoff zeitraubend im Handbetrieb mit Schaufeln auf die Schiffe verladen werden. Dadurch verzögerte sich der Umschlag. Die offenbar über Nacht unbeaufsichtigten Rückstände auf noch nicht entladenen Waggons waren den Norddeichern höchst willkommen.

Nachdem der Direktor des Norder Spirituosenherstellers Doornkaat, Walter Schwöbbemeier, im letzten Kriegsmonat April 1945 der deutschen Wehrmacht die Beschlagnahme des im Keller lagernden reinen Alkohols verweigert hatte, erschien einen Monat nach Kriegsende in der Firma ein kanadischer Offizier in Begleitung eines Trupps und verlangte kategorisch ebenfalls die sofortige Aushändigung der Alkohol-Reserven. Schwöbbemeier stellte sich der Gruppe energisch in den Weg und drohte, den gesamten Vorrat in das nahe Galgentief zu schütten. Der Kanadier, der offensichtlich ohne rechtliche Handhabe agierte, gab sein Vorhaben auf. Mitte August 1945 konnte Doornkaat den Betrieb wieder aufnehmen, da die Militärregierung inzwischen ausreichend Kohle zur Verfügung gestellt hatte. Zitat aus einem Vorstandsbericht: „Wir arbeiten unter Aufsicht der Militärregierung und zur Zeit nur für diese."

Die Norder Eisenhütte an der östlichen Osterstraße, die während des Krieges neben Eisenwaren auch Gusseisenteile für Unterseeboote hergestellt hatte, hielt nach der Kapitulation den Betrieb mühsam aufrecht und produzierte 1946 neben anderen Erzeugnissen vor allem die sogenannten „Kanonenöfen". Aus wirtschaftlichen und finanziellen Gründen konnten jedoch erst 1950 neue Maschinen und Geräte für den Produktionsbereich und für den Beginn einer Aufstiegsphase angeschafft werden. In der Zwischenzeit war die Fabrikanlage in einen ruinösen Zustand geraten. Was zum Schrottpreis verwertet oder als Brennmaterial benutzt werden konnte, hatten diebische Hände mitgenommen und dabei mutwillig viel zerstört. In einigen Räumen war durch die demolierten Dächer der Himmel zu sehen. In der zweiten Hälfte der 1960er-Jahre versetzten die damalige gesamtwirtschaftliche Rezession sowie Auftragsrückgänge dem einst angesehenen Unternehmen den Todesstoß. Der Betrieb musste stillgelegt werden. Der Gebäudekomplex verschwand aus dem Stadtbild und machte einem Supermarkt Platz.

Im vollen Gange war im Winter 1947/48 eine von der Norder Molkereigenossenschaft betriebene Sirupfabrik, die als neuartiges Produkt eingedickten Zuckersaft aus Zuckerrüben herstellte. Für die Nährmittelindustrie produzierte die Molkerei 1947 sogenannte Trockenmilch. Die aus dem nördlichen Ostfriesland angelieferte Magermilch wurde eingedickt und auf eine erhitzte Walze aufgetragen, wo sie trocknete und sich in einen hauchdünnen Film verwandelte, der zu Pulver zerrieben werden konnte.

Der Ostfriesische Kurier veröffentlichte nach der Besetzung Verlautbarungen der Militärregierung in deutscher und englischer Sprache sowie Bekanntmachungen des Landrates, verschwand dann aber – wie alle ostfriesischen Heimatzeitungen – aus dem Blätterwald und kam erst im Oktober 1949 wieder auf den Markt, zunächst knapp ein Jahr als Norder Kurier und ab September 1950 auf Wunsch eines breiten Leserpublikums in gewohnter Form als Ostfriesischer Kurier. Nach Kriegsende erschien die offensichtlich letzte Ausgabe am 25. Mai 1945 unter der laufenden Nummer 112 im 79. Jahrgang. Sie bestand aus einem auf schlechtem Papier gedruckten zweiseitigen Blatt im Handzettelformat. Als wichtigste Information für die Zivilbevölkerung verkündete sie die von der Militärregierung angeordnete Ausgangsbeschränkung zwischen 22.15 Uhr abends und 5.30 Uhr morgens und die Nachricht, dass das Militärgericht am 19. Mai zwei Norder Einwohner wegen Verstoßes gegen die Ausgangssperre zu 21 Tagen Gefängnis verurteilt hatte. Der von den Briten vom 13. Mai bis zum 12. November 1945 kommissarisch eingesetzte Landrat und erfahrene Verwaltungsfachmann Meint Janssen gab zudem bekannt, dass die Bürgermeister in Stadt und Land „sofort Anschlagstellen für die Anordnungen der Militärregierung errichten", dass die Einwohner an den Haustüren „sofort Namenslisten mit den Vor- und Zunamen und das Geburtsdatum von jedem einzelnen Hausinsassen anbringen", dass bis zum 30. Mai alle Fotoapparate mit Filmen „bei dem zuständigen Bürgermeister anzumelden sind" und dass „der widerrechtliche Holzeinschlag an den Straßen und in den Forsten strengstens untersagt ist".

Auf der Rückseite des Blattes richtete der Landrat unter der Überschrift „Tatkräftig zupacken bei der Landarbeit!" einen Aufruf an die Norder Bevölkerung, in dem es unter anderem hieß: „Nach der Einstellung der Feindseligkeiten steht das gesamte deutsche Volk am Beginn der schwersten Zeit seiner Geschichte. Uns in Norden und den Bauern Ostfrieslands ist bis auf wenige Ausnahmen ein Geschenk in den Schoß gelegt, das wir würdig und dankbar zu verwalten haben. Unsere Heimat ist im großen und ganzen von den furchtbaren Zerstörungen des Krieges verschont geblieben, wir haben ein Dach über dem Kopf und haben eine Landwirtschaft, die noch in der Lage ist, Früchte und andere landwirtschaftliche Erzeugnisse hervorzubringen ... Das Schicksal der meisten Menschen im Reich ist um ein Vielfaches schwerer, härter und grausamer als das unsere ... Noch steht eine große Zahl von Gemüsepflanzen zur Verfügung, die schnellstens in die Erde gebracht werden muß, noch ist es Zeit, den Segen unserer ostfriesischen Erde durch Hacken und Unkrautjäten zu erarbeiten, die weiten Erbsen-, Bohnen- und Spinatfelder zu säubern und Vorrat zu schaffen, nicht nur für uns, sondern für die hungernden Deutschen im Reich. Jede Pflanze, die Ihr jetzt in die Erde bringt, jedes Unkraut, das Ihr jätet, jeder Handschlag, den Ihr auf dem Lande tut, schafft unendlichen Segen und lindert schwere Not. Jeder Mann, jede Frau, jedes Schulkind muß eine Ehre darin sehen, jetzt schnellstens zu helfen und sich unmittelbar nach Erlaß dieses Aufrufs bei der Kreisbauernschaft des Kreises Norden, Am Markt, oder in der Gemeinde selbst für den sofortigen, d. h. vorübergehenden Arbeitseinsatz in der Landwirtschaft zu melden."

Ab Mitte Oktober 1945 durften die Kreisverwaltungen in Ostfriesland in unregelmäßigen Abständen amtliche Mitteilungsblätter mit Bekanntmachungen und Anordnungen, bald auch mit Kleinanzeigen herausgeben. Die erste Ausgabe für den Kreis Norden erschien am 12. Oktober. Sie enthielt unter anderem behördliche Anweisungen zur Strom-Einsparung, einen Aufruf für eine Kleider- und Wäschesammlung in Norden, Angaben über die Lebensmittelrationen im Oktober/November sowie Fahrpläne der Kraftpost im Kreisgebiet und der Reichsbahn. Für Männer ab 18 kündigten die Behörden „Bezugskarten für je 1 Stück Rasierseife" an.

Allen Schwierigkeiten zum Trotz entfaltete sich in Norden bereits in den ersten Monaten nach Kriegsende ein vielseitiges kulturelles Leben mit Theateraufführungen, Konzerten, Kleinkunst und Ausstellungen. Das auf Anordnung der Militärregierung im Herbst 1945 gegründete und 1946 eröffnete Volksbildungswerk veranstaltete Vorträge und Sprachkurse. Der Nachholbedarf war groß. Ende 1945 brachten britische Militärfahrzeuge die während des Krieges in das Kloster Möllenbeck bei Rinteln ausgelagerte Arp-Schnitger-Orgel in die Ludgerikirche zurück. Für Abwechslung im grauen Nachkriegsalltag sorgten vor allem die Filmvorführungen der Norder Lichtspiele im Reichshof am Neuen Weg und beliebte Tanzgaststätten wie Stürenburg am Alten Hafen. Schon im August 1945 gründeten einige Fußballer mit stillschweigender Duldung der Militärregierung den FC Norden. 1946 feierten die Norder ihren ersten, von einigen Budenbesitzern und Fahrgeschäften beschickten Pfingstmarkt nach dem Krieg.

Die Norder und die Besatzung

Am 10. Mai 1945 richtete die britische Besatzungsmacht im damaligen ostfriesischen Regierungsbezirk eine zentrale Militärregierung mit Sitz in Aurich ein, der zunächst 13 Offiziere angehörten. In den nächsten Wochen kamen weitere hinzu. Neben der Militärverwaltung etablierte sich der britische Geheimdienst (Secret Service), der die deutschen Behörden überwachte. Bis Ende Juni wurde für jeden Landkreis ein Kommandeur bestellt. Für den Norder Bereich war dies der Oberstleutnant W. G. Mackay, der bis Juni 1947 in der Kreisstadt amtierte. Zu diesem Zeitpunkt – vor allem nach der Bildung des neuen Landes Niedersachsen im November 1946 – hatten sich die Briten mit direkten Anweisungsbefugnissen vor Ort bereits zunehmend aus der kommunalen Ebene zurückgezogen und ihre zentrale Kontrollinstanz von Aurich nach Oldenburg verlagert. Die örtlichen Kommandeure wurden durch Kreis-Resident-Officers, ab 1949 durch British Residents, abgelöst, die nur noch eingeschränkte Kompetenzen hatten. An der Spitze der deutschen Kommunen führten die Briten in ihrer Besatzungszone ab 1946 nach und nach die „Zweigleisigkeit“ mit Bürgermeistern und Landräten als politische Repräsentanten sowie Stadt-, Gemeinde- und Oberkreisdirektoren als Führungskräfte der Verwaltung ein. Die deutsche Seite bekam immer mehr Freiraum, obwohl sich diese Entwicklung bis in die Mitte der 1950er-Jahre hinzog.

Nachdem die Briten in Norden Anfang Juni 1945 den acht Jahre zuvor von den Nationalsozialisten entlassenen Dr. Albert Schöneberg und ab März 1946 den SPD-Politiker Johann Fischer als Bürgermeister sowie einige Senatoren und im Winter 1945 eine Gemeindevertretung mit Personen ihres Vertrauens eingesetzt hatten, konnte die wahlberechtigte Norder Bevölkerung Mitte September 1946 zum ersten Mal nach Kriegsende frei und nach demokratischen Spielregeln über ihr Kommunalparlament selbst abstimmen. Fischer behielt den Bürgermeisterposten, musste ihn aber nach den nächsten Wahlen im November 1948 aufgrund veränderter Mehrheitsverhältnisse wieder an Schöneberg abgeben, der bis 1956 amtierte. Nordens erste Stadtdirektoren waren 1946/47 Georg Schubach, der sich jedoch als Hochstapler entpuppte und später zu einer Gefängnisstrafe verurteilt wurde, und danach bis 1961 Walter Klein.

Auf Kreisebene war in den ersten Nachkriegsjahren der im Oktober 1946 gewählte Landrat und spätere Bundestagsabgeordnete Georg Peters (SPD) die prägende politische Führungskraft. Ihm zur Seite stand ab August 1947 Meint Janssen als Oberkreisdirektor. Die Zusammenarbeit mit den britischen Offizieren verlief reibungslos und vertrauensvoll. Wie sich Zeitzeugen später erinnerten, hinterließen die Besatzungssoldaten auch in der Norder Zivilbevölkerung einen durchweg positiven Eindruck, der die anfängliche Ablehnung, das Misstrauen, die Zweifel und die Skepsis vergessen ließ. Die häufig getroffene Feststellung, dass die Engländer oft höflicher und hilfsbereiter gewesen seien als mancher Deutsche, spricht für sich.

Als der Norder Sozialdemokrat Johann Fischer bei der Wahl zum ersten Niedersächsischen Landtag am 20. April 1947 im Wahlkreis Norden-Emden das Direktmandat errang, stellte der britische Kommandeur Mackay in einem betont herzlichen Glückwunschschreiben unter anderem fest: „Sie haben in allen Geschäftsangelegenheiten mit der Militärregierung engstens zusammengearbeitet und wir setzten großes Vertrauen in Ihre Meinungen und Ratschläge ... Ich erachte den Kreis Norden als sehr glücklich, einen so ehrenhaften Politiker als Repräsentanten zu haben." Fischer bedankte sich und schrieb zurück: „Mit diesem Dank verbinde ich gleichzeitig den Ausdruck meiner aufrichtigen Genugtuung über das neutrale Verhalten der Militärregierung seit der Besetzung Deutschlands. Ich weiß, dass gerade Sie mit Ihren reichen Erfahrungen bisher mit dazu beigetragen haben, ein angenehmes Verhältnis zwischen den Vertretern der Militärregierung und denen der Bevölkerung in meiner engeren Heimat zu schaffen."

Als Oberstleutnant Mackay im Juni 1947 Norden verließ und einem Kreis-Resident-Officer Platz machte, schrieb er an Oberkreisdirektor Janssen die folgenden Abschiedszeilen: „Ich bin sehr traurig, daß ich fortgehe. Am Montag fahre ich nach England auf dem Wege zu meiner Besitzung in Kenia. Bevor ich gehe, möchte ich Ihnen für Ihre wertvolle Hilfe und wundervolle Mitarbeit während dieser zwei harten Jahre danken. Man kann nicht sagen, daß es heitere Jahre waren, niemand kann heiter sein inmitten all der Nachkriegswirren mit ihrem Unglück und ihrer Hungersnot. Ich werde mich immer Ihrer ausgezeichneten Eigenschaften, Ihrer bewundernswerten Kenntnis der örtlichen Verhältnisse, Ihrer absoluten Ehrenhaftigkeit und Ihrer Überenergie erinnern. Gäbe es nur einige mehr solcher tüchtigen deutschen Beamten, so würde Deutschland glücklich sein."

Nachdem der vom Norder Kreistag auf Lebenszeit gewählte Oberkreisdirektor Meint Janssen 1960 aus gesundheitlichen Gründen vorzeitig in den Ruhestand getreten war, heiratete er seine langjährige Chefsekretärin Frieda van Ende, jene Frau, die im Mai 1945 einen wesentlichen Anteil daran hatte, als Dolmetscherin die ersten Verständigungsschwierigkeiten zwischen den Besatzungssoldaten und den deutschen Behörden in Norden zu überbrücken.

Oktober 1951: Die Glocke für die Barackenkirche wird vom Norder Hauptbahnhof nach Tidofeld gefahren.

4. Kapitel
Vom Flüchtlingslager zur Dokumentationsstätte Gnadenkirche Tidofeld

Nach dem Ende des Zweiten Weltkriegs entstand ab 1946 in Tidofeld zwischen Norden und Lütetsburg eines der größten norddeutschen Flüchtlings- und Vertriebenenlager, in dem viele Menschen Zuflucht und eine neue Heimat fanden. Das vierte und abschließende Kapitel des hier vorliegenden Buches, das unter dem Leitmotiv „Gegen das Vergessen" steht, schildert die Geschichte des Lagers und ihrer Bewohner und gibt einen Einblick in die 2013 eröffnete Dokumentationsstätte Gnadenkirche Tidofeld. Eindrucksvoll präsentiert die mithilfe modernster Medientechnik gestaltete Ausstellung zahlreiche Themenbereiche, die sich mit Flucht, Vertreibung und Integration vor dem Hintergrund der deutschen und europäischen Geschichte befassen.

Schon im Zweiten Weltkrieg, vor allem aber in den ersten Jahren danach, wurden Norden und die angrenzenden Umlandgemeinden zum Zufluchtsort für viele Menschen, die ein Dach über dem Kopf brauchten und versorgt werden mussten. Es waren Evakuierte aus der Trümmerlandschaft der zerbombten Nachbarstadt Emden und anderen Orten, Wehrmachtssoldaten der geschlagenen deutschen Hollandarmee, weitaus in der Mehrzahl jedoch Flüchtlinge und Vertriebene aus den von der sowjetischen Roten Armee eroberten deutschen Ostgebieten. Ihre Unterbringung bereitete erhebliche Schwierigkeiten.

Als im Verlauf des Krieges die Luftangriffe auf Emden immer mehr zunahmen, fanden einzelne Familien vorübergehend Unterkünfte bei Verwandten und Bekannten oder in freiwillig zur Verfügung gestellten Privathäusern in Norden. Für die meisten Evakuierten entstanden jedoch ab 1942 in Neermoor bei Leer und Osterupgant bei Marienhafe einigermaßen wohnliche „Ausweichlager" in Barackensiedlungen. Die Lage änderte sich, als alliierte Bomber am 6. September 1944 den Emder Stadtkern in Schutt und Asche legten. In den Tagen nach dem Feuersturm mussten die Obdachlosen und Bombengeschädigten im übrigen Ostfriesland, vor allem in Norden, eine Bleibe finden. In der Küstenstadt richteten die Behörden in der für den Unterricht geschlossenen Marktschule eine Auffang- und Beratungsstelle ein. Von dort aus organisierten sie auch die Unterbringung im Stadtgebiet und in den ländlichen Gemeinden sowie die Ausgabe der Lebensmittel- und Teekarten.

Gleich nach dem Ende des Krieges im **Mai 1945** erklärte die britische Militärregierung den nördlichen, von Kampfhandlungen verschonten Teil Ostfrieslands zum Internierungsgebiet für rund 100 000 deutsche Soldaten der ehemaligen Hollandarmee und andere Wehrmachtsangehörige, die westlich der Weser noch nicht in Gefangenschaft geraten waren und hier bis zum Herbst, teilweise auch bis in den Winter hinein auf die Entlassung in ihre Heimatorte warten mussten. Die Grenzlinie war der Ems-Jade-Kanal, der nicht überschritten werden durfte. Die Soldaten konnten sich relativ frei bewegen, unterstanden weiterhin ihren bisherigen Vorgesetzten und waren als Aushilfskräfte in der Landwirtschaft sowie bei der Torfgewinnung durchaus willkommen. Sie erhielten pro Arbeitstag 1,40 Reichsmark, mussten aber für die Unterkunft täglich eine Reichsmark bezahlen. Deutscher militärischer Befehlshaber im ostfriesischen Internierungsgebiet war Generalmajor Reichelt, der seinen Amtssitz in Norden hatte. Ihm zur Seite stand der alliierte Kontrolloffizier Mennel.

Die Internierten sollten die ausländischen Kriegsgefangenen und Zwangsarbeiter ersetzen, von denen sich bei Kriegsende noch rund 16 000 in Ostfriesland befanden. Diese Menschen waren zwar jetzt in Freiheit, lebten aber nunmehr als „Displaced Persons" (vor allem polnischer und russischer Herkunft) weiterhin und abgeschirmt von der Zivilbevölkerung in Lagern und sahen ebenfalls der baldigen Rückführung in die Heimatländer entgegen. Auch sie mussten versorgt werden.

Für das der Stadt Norden zugewiesene Kontingent an deutschen Soldaten beschlagnahmten die Besatzungsmacht und die deutschen Behörden vor allem einige Hotels, Schulen und andere öffentliche Gebäude, gerieten damit aber rasch an die Grenze der Möglichkeiten. Als Ausweichlösung boten sich auf dem Gebiet der Nachbargemeinde Lütetsburg die Holzbaracken und einige feste Häuser des weiträumigen Lagers Tidofeld an. Im Zuge der deutschen Kriegsvorbereitungen war das Lager Ende der 1930er-Jahre unter unklaren Rechtsverhältnissen auf dem Gelände des Lütetsburger Schlossherrn Wilhelm Edzard Fürst zu Inn- und Knyphausen für die Marine errichtet worden. Hier wurden nun vorübergehend weitere Wehrmachtssoldaten untergebracht, deren Entlassung im Januar/Februar 1946 abgeschlossen war.

Am 9. Mai 1945 explodierten auf dem Areal größere Mengen Munition, die ursprünglich bei der Küstenfunkstelle Norddeich Radio und beim Sender Osterloog gelagert und kurz vor Kriegsende nach Tidofeld transportiert worden waren. Die Detonationen, die vermutlich von unvorsichtig hantierenden kanadischen Soldaten ausgelöst wurden, verursachten bis weit in das Norder Stadtgebiet hinein teils erhebliche Schäden. Über die niedrigen Baracken des Lagers ging die Druckwelle hinweg.

Die ersten Flüchtlinge aus den deutschen Ostgebieten trafen bereits gegen Ende 1944 in Niedersachsen ein. Ab März 1945, wenige Wochen vor der deutschen Kapitulation, erreichten sie in Trecks und Bahntransporten auch Ostfriesland, anfangs in kleinen und dann in immer größeren Schüben. In aller Eile musste die noch im nationalsozialistischen Sinne amtierende Norder Stadtverwaltung die Unterbringung organisieren, und zwar zunächst in Privatquartieren. In einem von Vize-Bürgermeister Max Janßen unterzeichneten Schreiben an die von den Einweisungen betroffenen Wohnungsinhaber hieß es unmissverständlich: „Durch die zeitigen Verhältnisse im Osten bedingt, wird nach einem Erlaß des Reichsministers des Innern auch der Gau Weser-Ems in verstärktem Maße zur Unterbringung von Familien, die ihre Wohnung in den feindbedrohten Ostgebieten verlassen mußten, herangezogen. Der Stadt Norden ist heute bereits eine große Anzahl dieser Familien zur Unterbringung zugewiesen worden. Es ist nach einer mir (bekannt) gewordenen Mitteilung damit zu rechnen, daß alle im Stadtgebiet Norden nur irgendwie verfügbaren Räume in Anspruch genommen werden müssen. Auf Anordnung des Reichsverteidigungskommissars Weser-Ems hat daher eine Belegung auf engstem (!) Raum zu erfolgen. Ich muß Ihnen daher die Familie ... (Name), bestehend aus ... (Anzahl) zur Unterbringung in Ihren Räumen mit Küchenbenutzung zuweisen. Eine förmliche Beschlagnahme erfolgt nicht. Die Ihnen zugewiesenen Personen müssen Sie unter allen Umständen aufnehmen. Zurückweisungen können auf keinen Fall zugelassen werden. Beschwerden sind vollkommen zwecklos. In Vertretung: Janßen."

Zwischen 1946 und 1948 trafen immer mehr Flüchtlinge und Vertriebene in Norden ein, allein im März 1946 zwei größere Transporte mit insgesamt 755 Personen. Die Einwohnerzahl stieg sprunghaft an und die Bevölkerungsstruktur veränderte sich. Im Herbst 1948 stellten 93 250 Flüchtlinge und Vertriebene, davon rund 25 800 allein im Landkreis Norden, ein Viertel der Gesamtbevölkerung in Ostfriesland. Während die Stadt Norden 1939 rund 12 300 Einwohner registrierte, waren es Ende 1947 rund 17 000 und 1950 rund 18 000. Dabei zeigte sich anfangs, dass das Zusammenleben von Einheimischen und Neubürgern – vor allem auf engem Raum in Privatquartieren – nicht immer unproblematisch war. Es gab manche Ostfriesen, die für das Schicksal der „Fremden" wenig Verständnis aufbrachten oder sich misstrauisch-distanziert verhielten und die Neubürger als Belastung ansahen, aber es gab auch viele Landesbewohner, die überaus hilfsbereit waren und keine Unterschiede kannten.

Um die Aufnahme und Verteilung der Flüchtlinge in Ostfriesland wenigstens einigermaßen zu lenken, entstand laut Anweisung der britischen Militärregierung auf dem Ellernfeld in Aurich ein aus Baracken bestehendes Durchgangslager, in dem in einem umständlichen bürokratischen Verfahren die nötigen Formalitäten erledigt und ärztliche Untersuchungen vorgenommen wurden. Es gab zwar eine „Kinderbewahranstalt", aber keine Schlafmöglichkeiten. Auch die Verpflegung war streng geregelt. Zitat aus einer Anordnung der Militärregierung: „Jedem Flüchtling wird ungefähr ein halber Liter Kohlsuppe mit einer Scheibe Brot gewährt. Die Kohlsuppe wird auf einem Teller o. ä. gereicht und Löffel werden vorhanden sein. Die Verpflegung wird durch zwei Schalter gereicht. Jeder Schalter wird mit zwei Dienern besetzt, die sich zu vergewissern haben, daß unter keinen Umständen einer Person mehr als eine Ration gereicht wird." Der Weitertransport in Gruppen von je 20 Personen erfolgte auf Lastwagen. Die Aufnahmegemeinden wurden zuvor – anfangs oft sehr kurzfristig – benachrichtigt.

Norden blickt nach Tidofeld

Angesichts der zu erwartenden Flüchtlingsströme und der absehbar begrenzten Unterbringungsmöglichkeiten blickte man im Norder Rathaus sorgenvoll in die Zukunft. Die zumeist kleinen Häuser der engen Altstadt kamen für Einquartierungen beispielsweise kaum infrage. So warf denn die Stadtverwaltung bereits im Oktober 1945 vorsorglich ein Auge auf das Lager Tidofeld, obwohl es um diese Zeit noch von internierten deutschen Soldaten belegt war. Als die letzten entlassenen Soldaten aus Tidofeld verschwanden, empfahl der kommunistische Norder Senator Anton Casjens Ende Februar 1946, einen Teil der Baracken „einfach wegzuholen" und im Stadtgebiet wieder aufzubauen, da die Gefahr bestehe, dass die leer stehenden Unterkünfte von Unberufenen abgebrochen und als Brennholz verheizt würden. Doch dazu kam es nicht. Wie aus überlieferten Ratsprotokollen hervorgeht, übernahm die Stadt im März 1946 – offensichtlich mit Zustimmung des Landkreises – zunächst elf Unterkunfts- und drei Gerätebaracken, zwei Speisesäle, eine Küche, zwei Arrest- und vier Waschbaracken, einen Schuppen, vier Abortanlagen und verschiedenes Inventar. Darüber hinaus wollte sie in Tidofeld etwa 1000 Betten und eine größere Anzahl Schränke sowie schließlich alle Holzbaracken, vor allem aber die vorhandenen Steinbauten der früheren Standortverwaltung übernehmen.

Diese Absichtserklärung führte zu Differenzen mit dem Landkreis, der die Stadt aufforderte, dann auch „alle mit der Belegung verbundenen öffentlich-rechtlichen Lasten zu tragen". Die Stadt verlangte daraufhin vom Landkreis die Zusicherung, „daß die in Tidofeld unterzubringenden Flüchtlinge auf die Anzahl der Zuweisungen für die Stadt Norden angerechnet werden". Wenn diese Zusicherung nicht erfolge, habe die Stadt keinerlei Veranlassung, die mit dem Lager verbundenen erheblichen Kosten und Lasten zu übernehmen. In dieser Situation bildete die Stadt einen aus Ratsmitgliedern und Stadtbaumeister Dorner bestehenden Tidofeld-Ausschuss, der am 16. März 1946 die Baracken in den Lagern 1 und 2, vor allem aber das im Krieg nicht mehr ausgebaute H-förmige Kasernengebäude (H-Gebäude) besichtigte. Im Sitzungsprotokoll heißt es: „Es wird die Frage erörtert, ob es zweckmäßig sei, das Lager auf die Stadt zu übernehmen, da dann zu befürchten sei, daß Norden eine erhöhte Anzahl von Flüchtlingen zugeteilt erhält. Es sei aber anzunehmen, daß Norden schon jetzt einen höheren Prozentsatz an Flüchtlingen erhalten hat als die Landgemeinden und als andere Städte Ostfrieslands und der britischen Zone."

Um Klarheit zu bekommen, begaben sich die Ausschussmitglieder zur Landkreisverwaltung am Fräuleinshof und trugen ihre Bedenken vor. Eine bindende Zusage in puncto „Flüchtlingsquote" erhielten sie zwar nicht, dafür aber die Auskunft, dass der Landkreis einerseits das Lager auf keinen Fall selbst übernehmen werde, andererseits aber bereit sei, alle Gemeinden im Kreisgebiet beim Ausbau und der Betreuung von Baracken in erheblichem Maße finanziell zu unterstützen. Falls Norden dennoch auf Tidofeld verzichte, sei damit zu rechnen, dass die Hafenstadt Emden die Baracken abbaue und in der dortigen Trümmerlandschaft neu errichte. Die Ankündigung veranlasste offensichtlich die Stadt, im Lager Tidofeld auch ohne Rücksicht auf die „Flüchtlingsquote" weiterhin aktiv zu bleiben. In den beiden nächsten Ausschusssitzungen am 25. März und 11. April 1946 ging es bereits um Instandsetzungs- und Einrichtungsarbeiten durch Norder Unternehmen und städtische Arbeiter. Allerdings fehlte es anfangs an Baumaterial und einer ausreichenden Zahl von Handwerkern.

Doch allen Schwierigkeiten zum Trotz konnten bis Mitte April 1946 etwa 400 Flüchtlinge und Vertriebene in Tidofeld untergebracht werden. Die Stadt hatte sich durchgesetzt, es ging voran. Am 5. Juni 1946 nahm der Tidofeld-Ausschuss zur Kenntnis, dass der Landkreis die mit dem Ausbau verbundenen Kosten voraussichtlich voll ersetzen werde. Die größtenteils aus Wohlfahrtsmitteln gedeckten Mieten könnten niedrig gehalten werden. Stadtoberinspektor Albers berichtete, dass im Lager inzwischen eine Krankenstation eingerichtet worden sei. Vertreter der ersten Lagerbewohner äußerten in dieser Sitzung eine Reihe von Wünschen, die sich auf die Wanzen- und Rattenbekämpfung, Dachdichtungen und bessere Beleuchtung bezogen. Ende Juli hieß es in einem Sitzungsprotokoll, dass die Belastung für die Stadt Norden besonders groß sei, weil es sich bei den dahin im Lager untergebrachten 678 Personen fast nur um Wohlfahrtsempfänger sowie um 93 Kinder im Alter von null bis sechs und 139 Kinder im Alter von sechs bis 14 Jahren handele. Für die erwerbsfähigen Lagerbewohner war es in den Anfangsjahren schwer, Arbeit zu finden und den Lebensunterhalt zu sichern. Manche halfen auf Bauernhöfen in der Landwirtschaft aus, andere kamen mit Gelegenheitsarbeiten über die Notzeit hinweg. Die Arbeitslosigkeit im Lager stieg, als nach und nach immer mehr Männer aus der Kriegsgefangenschaft zu ihren Familien nach Tidofeld kamen.

Offensichtlich etwas schönfärberisch berichtete die Oldenburger Nordwest-Zeitung im Dezember 1946: „Jetzt herrscht Leben auf dem weiträumigen Gelände. Wie ein Symbol wirkt die Verwandlung des ehemaligen Exerzierplatzes in Kleingartenland. Der

Das Ende der 1950er-/Anfang der 1960er-Jahre entstandene Foto zeigt einen Teilbereich des Barackenlagers Tidofeld zwischen Norden und Lütetsburg.

Tidofelder Glockenweihe vor der Barackenkirche am 21. Oktober 1951. Am Rednerpult der Norder Superintendent Ibo Kortmann.

Gottesdienst in der Tidofelder Barackenkirche in den 1950er-Jahren.

Kaserne aus der Kriegszeit: Das halbfertige H-Gebäude im Lager Tidofeld.

Gruppenaufnahme mit Lehrer:
Jungen und Mädchen der Tidofelder Lagerschule vor dem H-Gebäude.

Barackenalltag in den 1950er-Jahren: Tidofelder Jugend.

Der Tidofelder Kindergarten im H-Gebäude.

Vertrieb per Fahrrad: Der Tidofelder Lagerbewohner Paul Mickley bringt Störmers Lesemappen zur Kundschaft in Stadt und Land.

Handel und Wandel im Lager Tidofeld: kleine Ladengeschäfte in einer Baracke.

Der Schuhmachermeister Paul Remek und Mitarbeiter in der Tidofelder Barackenwerkstatt.

Alltagsszene im Tidofelder Flüchtlingslager: Nachbarschaftsplausch vor der Baracke.

Februar 1949: Blick in die Leistungsschau „Die Brücke“ im ehemaligen Norder Schützenhaus an der Schulstraße.

Haushalts- und Küchengeräte auf dem Stand von Hermann Bloeß aus dem Lager Tidofeld.

Außenansicht der Dokumentationsstätte Gnadenkirche Tidofeld.

Gnadenkirche Tidofeld: Blick in den großen Dokumentationsraum.

Schotter, von dem er befreit wird, liefert willkommenes Material zur Verbesserung der Wege und Straßen. Die schwierige Frage der Materialbeschaffung, um die Baracken in Einzelwohnungen aufzuteilen, ist einfach und praktisch gelöst. Aus den zerstörten oder nicht fertiggestellten Gebäuden werden die Steine herausgebrochen, gereinigt und damit wieder verwendungsfähig gemacht. Diese Arbeiten bringen den damit beschäftigten Flüchtlingen einen willkommenen Nebenverdienst. In kleinem Umfang stellt die Stadt ihnen Schürzen und Handschuhe als Arbeitskleidung zur Verfügung. Das Mobiliar ist aus ehemaligen Wehrmachtsbeständen entnommen. Die Räume sind hygienisch einwandfrei entwest und frisch gestrichen. Die Küchen sind mit einem eingebauten Herd versehen ... Es werden Barackenälteste gewählt, die aus ihrer Mitte eine Kommission gebildet haben ... Es sind ernsthafte Bestrebungen im Gange, um Industrien für Gebrauchsartikel nach Tidofeld zu ziehen."

Von den Baracken – zur Gnadenkirche

Nachdem sich die ersten Lagerbewohner einigermaßen eingerichtet hatten, entstand schon bald der Wunsch nach kirchlicher Betreuung am Ort. Vor allem für ältere und gehbehinderte Menschen war der Fußweg zu den Gottesdiensten der unterschiedlichen Konfessionen in Norden, aber auch zur Hager Kirche zu weit und beschwerlich. Eine Möglichkeit bot sich in einem unbewohnten Raum der Baracke 2 im Lager 1, der von Anfang als Versammlungsraum genutzt wurde. Für die Nutzung erhob die Stadt Norden eine „Anerkennungs- und Reinigungsgebühr" von einer Reichsmark. Für die Beheizung mussten pro Tag drei Mark und für die Beleuchtung 50 Pfennig zusätzlich gezahlt werden. So ergriff denn zunächst die lutherische Kirchengemeinde Norden die Initiative und begann mit der kirchlichen Betreuung im Lager. Am 1. Dezember 1946 veranstaltete die Gemeindehelferin Mueck eine Adventsstunde, eine Woche danach folgte ein Adventsgottesdienst mit dem Norder Pastor Wilhelm Schmädeke. 1947 standen neben gelegentlichen Sonntagsgottesdiensten auch Kinder- und Schulgottesdienste und schließlich auch Frauenbibelstunden auf dem Programm.

1948 festigte sich die Absicht, den Tidofelder Versammlungsraum ganz für kirchliche Zwecke zu nutzen. Die lutherische und die katholische Kirchengemeinde sowie die Evangelisch-Freikirchliche Gemeinde (Baptisten) in Norden und die Stadt unterstützten das Vorhaben. Das Ziel war die Einrichtung einer ökumenischen Notkirche, für die der Rat der Stadt Norden den Raum im Frühsommer 1948 offiziell freigab und auch ein kleines Quantum Bauholz zur Verfügung stellte. Die Tidofelder Flüchtlingsgemeinschaft erklärte sich bereit, den Raum herzurichten und würdig zu gestalten. Zunächst wurde die noch auf Pfählen stehende halbe Baracke 2 untermauert. Danach konnten neue Fußbodendielen verlegt, neue Fenster eingesetzt und die Wände renoviert werden. Die Innenausstattung des 58 Quadratmeter großen Raumes bestand aus zwölf bis 18 Bänken und 20 Stühlen, einem Harmonium, einem schlichten Altar und für die Katholiken aus einem zusätzlichen Seitenaltar mit einer Christusfigur. In einer breiten Klappbank waren Briketts, Torf und Holz für den eisernen Ofen untergebracht. Die an die Stadt zu entrichtende Miete und die übrigen Kosten trugen die drei Kirchengemeinden zu je einem Drittel. Die Verwaltung übernahm der in Tidofeld wohnende Kirchenvorsteher Christian Kirchhoff. Zusammenkünfte „weltlicher" Art fanden nun in der von August Breinlinger geführten Gaststätte „Onkel Pitt" statt.

Die Einweihung der Barackenkirche erfolgte am 8. August 1948 in getrennten Gottesdiensten der Lutheraner und Katholiken unter Mitwirkung des Norder Posaunenchores. Von da an war die kleine Kirche an Sonn- und Feiertagen zumeist bis auf den letzten Platz besetzt. Die beiden Konfessionen einigten sich auf einen festen Zeitplan. Die Baptisten nutzten die Möglichkeit, ihre Sonntagsschularbeit mit Kindern nicht nur in ihrem Gotteshaus an der Osterstraße, sondern auch in Tidofeld anzubieten; der Zulauf war groß.

Als der lutherische Landesbischof Hans Lilje **1950** im Rahmen einer in Norden veranstalteten Kirchlichen Woche auch die Neubürger in Tidofeld aufsuchte, wurde ihm der Wunsch nach einer Glocke für die kleine Kirche vorgetragen. Lilje sagte seine Unterstützung zu. Er hielt Wort und erreichte, dass der Bochumer Verein, einer der bekanntesten deutschen Glockengusswerke, eine sechs Zentner schwere Stahlgussglocke stiftete. Sie traf am 13. Oktober 1951 auf dem Norder Hauptbahnhof ein und wurde auf einem festlich geschmückten Wagen nach Tidofeld transportiert. Dort sprach der lutherische Pastor Karl Lange vom Wagen herab zum gespannt lauschenden Publikum. Die Glocke sei bei strahlendem Sonnenschein eingeholt worden, sagte er, und dieser Sonnenschein möge sich fernerhin mit den Klängen der Glocke „über die Häupter ausbreiten und vielleicht auch Erinnerungen an die vertrauten Glocken in der alten Heimat wecken". Im Ostfriesischen Kurier berichtete der damalige Redakteur und spätere Liedermacher und Sänger Hannes Flesner: „Auf der Südseite der Kapelle ist inzwischen schon das Fundament des sechs Meter hohen Glockenstuhls fertiggestellt worden. Unter anderem wurden 350 Zentner Beton dazu verwendet. Der Stuhl besteht aus schweren Eisenschienen." Mit dem Ton Cis war die Glocke auf den Klang des Geläuts der benachbarten reformierten Kirche in Bargebur abgestimmt. Den mit einem Schieferdach versehenen Turm errichteten die Tidofelder in Eigenarbeit. Mehrere Firmen spendeten Material. Die von einem lutherischen und einem katholischen Gottesdienst umrahmte Glockenweihe fand am 21. Oktober 1951 unter freiem Himmel und großer Beteiligung der Bevölkerung statt. Die Baptisten waren inzwischen allerdings aus organisatorischen und finanziellen Gründen aus der ökumenischen Partnerschaft ausgeschieden.

Nachdem die Barackenkirche über ein Jahrzehnt das geistliche Zentrum des Lagers gewesen war, entstand der Wunsch nach einem steinernen Gotteshaus. 1961 ließ die evangelisch-lutherische Kirchengemeinde Norden nach den Plänen des Architekten Marquardt an der Donaustraße für 200 000 DM die Gnadenkirche errichten; die ausführende Firma war das Norder Unternehmen Bold. Bereits am 15. Oktober 1961 fand der erste Gottesdienst statt, am 17. Dezember folgte die Kirchweihe. Vom markanten Turm läutete die neue, voller tönende Bronzeglocke. Vor dem Bauwerk wurde im November 1981 – nach einer Zwischenstation auf dem Städtischen Bauhof in Norden – die alte Glocke der abgebrochenen Barackenkirche aufgestellt. Von 1981 bis 2003 war Almut Holler – mit einer halben Stelle – Pastorin im Gemeindebezirk Tidofeld, danach für kurze Zeit Hans Bookmeyer. Aus finanziellen und organisatorischen Gründen musste das Bauwerk dann jedoch als Gotteshaus aufgegeben und zum 1. August 2006 als erste Kirche in Ostfriesland entwidmet werden. Der Entschluss fiel dem Kirchenvorstand schwer.

Die Tidofelder Lagerschule

Als mit den ersten Flüchtlingstransporten auch viele schulpflichtige Kinder nach Tidofeld kamen, konnten sie aus Platzgründen weder in Norden noch in Lütetsburg eingeschult werden. Die Einrichtung einer eigenen Lagerschule war der einzige Ausweg. Als Standort bot sich das halbfertige H-Gebäude an. Kurzfristig gelang es der Stadt Norden, im Westflügel zwei Klassenräume herzurichten, die ab Mitte August 1946 für den Unterricht zur Verfügung standen. Anfangs unterrichteten zwei Lehrkräfte drei Jahrgänge. Die Ausstattung wurde aus gebrauchten Möbeln anderer Schulen zusammengesucht. Lange Mannschaftstische und Schemel aus dem früheren Marinelager ergänzten das bescheidene Inventar.

Doch die Armut war groß und der Ernährungszustand der Kinder schlecht. Sie kamen aus Niederschlesien, Pommern, Westpreußen, Ostpreußen, Oberschlesien, Sudetenland, Brandenburg und sogar aus Ostfriesland. Als Segen erwies sich die Schulspeisung. Allerdings mussten 70 der anfangs 136 Schulkinder vom wöchentlich zu zahlenden Speisungsbeitrag in Höhe von 1,50 Mark befreit werden. 20 konnten nur den halben Beitrag entrichten. Die Bekleidung, vor allem die Fußbekleidung war durchweg dürftig. Einige Kinder konnten in den schweren Holzklumpen kaum gehen, andere hatten weder Strümpfe noch Lappen um die Füße. Während der Sommerferien konnten mehrere Kinder für vier Wochen nach Langeoog und Tannenhausen bei Aurich geschickt werden. Im Februar 1947 wurde in dem Teilbereich des H-Gebäudes, in dem sich außer der Schule ein inzwischen ebenfalls eingerichteter Kindergarten befand, ein kleiner Betrieb angesiedelt, der Blechwaren herstellte. In den Klassen hörte man das Hämmern. Außerdem lebten in diesem Bereich noch 27 Flüchtlingsfamilien. Dennoch konnte in dem weiträumigen Gebäudekomplex von den Schulkindern und Bewohnern nur ein Eingang benutzt werden. Der Lärmpegel war entsprechend.

In den folgenden Jahren bewilligten die Behörden angesichts steigender Schülerzahlen zwei weitere Lehrerstellen, den Bau von zwei zusätzlichen Unterrichtsräumen und eines Lehrerzimmers.

Der Tidofelder Schulstreik

Auf Initiative der Stadt siedelte sich 1962 die Lingener Wäschefabrik (Lincron), die vorher einige Monate in einer Norder Turnhalle untergebracht worden war, im leer stehenden Ostflügel des H-Gebäudes an und begann mit der Produktion von Oberhemden. Die Schule mit inzwischen rund 120 Jungen und Mädchen konnte jedoch bleiben – wenigstens vorerst. Erst als das Unternehmen im November 1964 den gesamten Gebäudekomplex von der Stadt erwarb, musste eine Ausweichlösung gesucht werden. Die meisten Schüler und ihre Lehrer sollten auf die übrigen Schulen im Norder Stadtgebiet verteilt werden. Lediglich das erste und zweite Schuljahr sollten weiterhin vor Ort unterrichtet werden, und zwar im Clubraum des Motorsportclubs Norden (MCN) in der Turnhallen-Ruine auf dem Sportplatz. Der MCN hatte 1957 das ehemalige Marinestadion erworben und veranstaltete hier – wie zuvor auf dem Norder Jahnplatz und später in Halbemond – seine Aschenbahnrennen.

Gegen die Pläne der Stadt erhoben die Tidofelder scharfen Protest. Ende März 1965 forderten sie in einer Elternversammlung einstimmig ein „zweckentsprechendes Schulgebäude“ für ihren Ortsteil. Als es auch in einer kurz darauf einberufenen Sitzung im Norder Rathaus zu keiner Einigung kam, traten viele Eltern nach den Osterferien 1965 in einen Schulstreik und schickten ihre Kinder nicht zum Unterricht. Der spektakuläre Vorgang erregte weit über Ostfriesland hinaus beträchtliches Aufsehen. Der Schulstreik dauerte 16 Tage. Dann gaben die Eltern, die sich daran beteiligt hatten, resigniert auf. Zuvor waren sie in einem von Stadtdirektor Wolfgang Schütze und Schulleiter Bloch unterzeichneten Schreiben darauf hingewiesen worden, dass ihre Aktion gegen das Niedersächsische Schulgesetz verstoße und strafbar sei. Im Herbst 1967 musste auch das unzureichende Notquartier für die unteren Jahrgänge im MCN-Heim geschlossen werden. 1969 stand die Tidofelder Lagerschule nur noch auf dem Papier. Die Lingener Wäschefabrik musste 1974 aus wirtschaftlichen Gründen ihre Pforten schließen. Das wuchtige H-Gebäude, das in seiner ursprünglichen Bauform noch heute zu erkennen ist, wurde ein Jahr danach zunächst teilweise und 1982 ganz von der Lebenshilfe/ Behindertenhilfe übernommen, die darin Werkstätten einrichtete.

Im **September 1952** wurde Tidofeld durch einen Erlass der niedersächsischen Landesregierung auch offiziell ein Ortsteil der Stadt Norden – wenn auch gegen den Widerstand der Gemeinde Lütetsburg, deren Interessenvertreter das Gelände zurückhaben wollten, allerdings ohne die Bewohner. Die Lütetsburger befürchteten eine Überfremdung, die sich vor allem bei Kommunalwahlen zum Nachteil der Einheimischen auswirken könnte. Insgesamt wurden im Lager zwischen 1946 und 1960 rund 6000 Flüchtlinge und Vertriebene untergebracht, zeitweise lebten hier im Durchschnitt 1200 Menschen.

Als **Anfang 1958** das vom Land Niedersachsen aufgelegte Barackenräumungsprogramm konkrete Formen annahm, wollte die Stadt Norden das Lager Tidofeld räumen und den Bewohnern neue Siedlungsgebiete in anderen Stadtteilen anbieten. Zahlreiche Lagerbewohner wollten einerseits endlich feste Häuser haben, aber andererseits auch in ihrer nunmehr „zweiten Heimat“ Tidofeld bleiben. Hier hatten sie sich als Schicksalsgemeinschaft mit einem stark ausgeprägten Gefühl der Zusammengehörigkeit eingelebt und zum Teil eigene Existenzen aufgebaut. Der Lütetsburger Fürst zu Inn- und Knyphausen, mit dem die Stadt und übergeordnete Behörden inzwischen eine Klärung der Rechtsverhältnisse herbeigeführt hatten, zeigte Verständnis. „Ich möchte, daß die Flüchtlinge endlich zur Ruhe kommen“, erklärte er gegenüber dem Ostfriesischen Kurier. Wenn sie und die Stadt es wünschten, sei er sofort bereit, günstige Verkaufsangebote zu machen. In einer Unterredung mit allen Betroffenen beruhigte Bürgermeister Fischer die Gemüter: Die Stadt werde sich nicht über die Wünsche der Bewohner hinwegsetzen. So entstanden zwischen 1958 und 1962 in Tidofeld die ersten 111 Siedlungshäuser, im Herbst 1963 waren es bereits 140 Einfamilien- und neun Mehrfamilienhäuser. Zugleich verschwanden nach und nach alle Baracken. Die letzte hölzerne Unterkunft stand in der Nähe der Gnadenkirche und wurde im Sommer 1968 beseitigt. Damit endete die Geschichte eines der größten deutschen Flüchtlingslager.

Im Ergebnis einer wissenschaftlich fundierten Untersuchung mit der Auswertung lebensgeschichtlicher Interviews (Stand 2020) stellt der Historiker Prof. Dr. Bernhard Parisius unter anderem fest, dass die Flüchtlinge und Vertriebenen in Tidofeld ein „besonderes Gemeinschaftsgefühl" entwickelten und es gemeinsam schafften, aus dem ehemaligen Massenlager in eine auf dem früheren Barackengelände erbaute neue Eigenheimsiedlung zu ziehen. Tidofeld, so Parisius, war kein „abgekapselter Raum" und wurde auch nicht als „menschenunwürdige Notunterkunft" erlebt, sondern durchaus als Chance gesehen, sich über gegenseitige Hilfe und gemeinsame Interessenvertretung gegenüber der einheimischen Bevölkerung und den Behörden eine sichere Lebensgrundlage zu verschaffen. Die Aufnahmegesellschaft nahm den Neubürgern gegenüber eine durchweg positive Haltung ein.

Die zweite Heimat

Viele Flüchtlinge und Vertriebenen, die ihre Heimat verloren hatten, waren bereit, in den Zufluchtsorten aus eigenen Kräften über die Runden zu kommen. Ihre Initiativen, in erster Linie Existenzgründungen, bereicherten auch in Norden das Wirtschaftsleben. Allerdings war es anfangs schwierig, Arbeit zu finden, und noch schwieriger, sich selbstständig zu machen, da häufig die geeigneten Räumlichkeiten fehlten. Dennoch war das Bemühen nicht aussichts- und erfolglos, wie manche Beispiele zeigen.

In Erinnerungen an das Tidofelder Lagerleben werden vor allem die Schlesier Heinrich Siwek, der 1948 in einer Baracke eine Fleischerei und Wustwarenfabrik eröffnete, der Schuhmacher Paul Remek, der Gartenarchitekt Alfred Zimmer sowie Erich Stiebler, der Maschendrahtzäune herstellte, Gertrud Harbich und Etta Giessen, die Kunstblumen produzierten, und mehrere Ladengeschäfte hervorgehoben. Aus Pommern kam

Paul Mickley, der per Fahrrad Störmers Lesemappen vertrieb. Eine der bekanntesten und rührigsten Persönlichkeiten der Lagergemeinschaft war August Breinlinger, der 1948 in einer Baracke seine weithin bekannte Tanzgaststätte „Onkel Pitt“ betrieb, Kinderbelustigungen veranstaltete und am Vorabend des ostfriesischen Nikolaustages als „Sünnerklaas“ durch Norden ritt.

Auch in der Norder Innenstadt und in der nach Kriegsende entstandenen Siedlung Norden-Neustadt gründeten Flüchtlinge und Vertriebene eigene Unternehmen. Im Zusammenhang mit der 1950 abgeschlossenen Neulandgewinnung und Eindeichung an der Leybucht und der dann folgenden Gründung der Gemeinde Leybuchtpolder errichtete die Hannoversche Siedlungsgemeinschaft 102 Siedlerstellen, von denen rund 40 Prozent an Vertriebene vergeben wurden.

Leistungsschau von Einheimischen und Neubürgern

Zu einem im Ostfriesland der Nachkriegsjahre beispielhaften Projekt vereinten sich 1949, wenige Monate nach der Währungsreform, alteingesessene heimische Firmen auf der einen und von Neubürgern gegründete Betriebe auf der anderen Seite: Vom 12. bis zum 17. Februar veranstalteten sie im damaligen Schützenhaus an der Schulstraße in Norden gemeinsam eine Leistungsschau unter dem symbolisch gemeinten Titel „Die Brücke“. Wichtigster Initiator war der Kreisflüchtlingsrat. Im Saal und auf der Bühne war Platz für 67 Stände. Die Raumverhältnisse in den zumeist engen, durch Holz und Pappe voneinander getrennten Boxen waren zwar nicht gerade üppig, aber immerhin ausreichend für eine einigermaßen ansprechende Präsentation. In erster Linie wurden praktische Dinge vorgeführt. Die Notlage der Nachkriegszeit hatte sprichwörtlich erfinderisch gemacht. Auf einem Freigelände zeigten Landmaschinenhersteller ihre Neuheiten. Alles in allem bot die Schau ein repräsentatives Spiegelbild der lokalen und regionalen Wirtschaft, die inzwischen von Einheimischen und Neubürgern gleichermaßen geprägt war.

Der ostfriesische Regierungspräsident Dr. Mimke Berghaus betonte in seiner Eröffnungsansprache, dass von einem „Flüchtlingsproblem“ in der Region nicht mehr gesprochen werden könne. Landschaftspräsident Jann Berghaus unterstrich die „tiefe Symbolik der Brücke“, die in Norden zwischen Einheimischen und Neubürgern geschlagen werde. Für die britische Militärregierung wies der Kreisresident-Officer

Croom-Johnson auf die „beiderseitige Verständnisbereitschaft" hin. Im Rahmen eines umfangreichen Begleitprogramms veranstaltete der Heimatverein im Hafenrestaurant Stürenburg einen „Ostfriesischen Abend" mit Gedichten von Arend Dreesen, die der Volksschauspieler und Sänger Frerich Hokema zu Gehör brachte. Die Niederdeutsche Bühne führte das Lustspiel „Krinten Puffert" auf. Mit der Leistungsschau verbunden waren mehrere Flüchtlingstreffen der Pommern, Schlesier und Ostpreußen. Am Ende registrierte die Ausstellungsleitung über 12 000 Besucher aus ganz Ostfriesland. Die Organisatoren waren von bestenfalls 6000 ausgegangen.

Der Erfolg spornte an: Vom 7. bis zum 18. Dezember 1949 fanden sich die Initiatoren erneut zusammen und organisierten im Schützenhaus einen gemeinsamen Weihnachtsmarkt. Im geschmückten Saal wurden 41 Stände und am Eingang eine große Krippe aufgebaut. Während der Eröffnung, an der Bürgermeister Dr. Albert Schöneberg und Vertreter der Flüchtlingsorganisationen teilnahmen, betonte Johannes Saeger, Vorsitzender des Kreisflüchtlingsrates, dass viele Flüchtlinge dank der Unterstützung der Stadt und des Landkreises „ihr Selbstvertrauen zurückgewonnen und eigene berufliche Existenzen gegründet haben, die aus dem örtlichen Wirtschaftsleben nicht mehr wegzudenken sind". Zwar falle es vor allem älteren Vertriebenen immer noch schwer, in der neuen Heimat zu verwurzeln, aber die Jugend werde festen Fuß fassen. Insgesamt kamen 9000 Besucher. Im Beiprogramm, an dem zahlreiche Alt- und Neubürger engagiert mitwirkten, führten die Orchestergemeinschaft Norden unter Leitung von Richard Groth und mehrere Solisten im Deutschen Haus die Operette „Winzerliesel" von Georg Mielke auf. Das Bühnenbild entwarf Bernhard Grotzeck.

Zu einer Wiederauflage der Veranstaltungen in dieser Form kam es in der Folgezeit allerdings nicht. Im Frühsommer 1950 lehnte die gesamte Norder Wirtschaft ihre Mitwirkung an einer jetzt von der Stadt und einer auswärtigen Agentur veranstalteten Verkaufsmesse ab. In weithin verbreiteten Zeitungsanzeigen begründeten die alten und neuen Unternehmen ihren Verzicht mit der Beteiligung ortsfremder Firmen. Dennoch blieben „Die Brücke" und der Weihnachtsmarkt von 1949 lange in Erinnerung – als Vorzeige-Beispiele für das Miteinander von Einheimischen, Flüchtlingen und Vertriebenen und als Symbol für die Integration in der neuen Heimat.

Die Dokumentationsstätte Gnadenkirche Tidofeld

Doch die Erinnerung blieb und wurde rund dreieinhalb Jahrzehnte später in besonderer Form wieder lebendig. Der Denkanstoß kam von dem Dornumer Pastor und früheren CDU-Landtagsabgeordneten Hans Bookmeyer, die Initiative ergriff der evangelisch-lutherische Norder Superintendent Dr. Helmut Kirschstein, die Idee fand rasch breite Zustimmung und vor allem finanzielle Unterstützung von vielen Seiten: **Mitte Oktober 2005** gründeten Kirschstein als Vorsitzender, der Historiker und damalige Auricher Staatsarchivleiter Prof. Dr. Bernhard Parisius sowie der ehemalige Kurier-Chefredakteur und Buchautor Johann Haddinga eine aus mehreren ehrenamtlich tätigen Mitarbeitern bestehende Projektgruppe des Kirchenkreises Norden mit dem Ziel, in der 2006 entwidmeten Gnadenkirche in Tidofeld eine thematisch vielseitige Dokumentationsstätte zur Integration der Flüchtlinge und Vertriebenen in Niedersachsen und dem übrigen Nordwestdeutschland einzurichten.

Dafür bot Tidofeld die denkbar günstigsten Rahmenbedingungen – als historisch-authentischer Standort eines der größten nordwestdeutschen Flüchtlings- und Vertriebenenlager nach dem Zweiten Weltkrieg und als charakteristische Flüchtlingssiedlung, die in ihrer ursprünglichen Struktur noch erkennbar ist. Die Gnadenkirche von 1961, die eine 1948 eingerichtete Barackenkirche ersetzte, erfüllte die räumlichen Voraussetzungen für eine sinnvolle Nutzung als Ausstellungs- und Informationszentrum. Zudem stellt das seit 2007 unter Denkmalschutz stehende Gebäude in seiner zeittypischen Architektur und mit den kunsthistorisch wertvollen Fenstern des 1999 verstorbenen Oldenburger Künstlers Max Hermann, Meisterschüler von Otto Dix und Max Beckmann, selbst ein beeindruckendes bauliches Zeugnis und herausragendes, erhalten gebliebenes Beispiel einer Vertriebenenkirche dar.

Im Jahr 2007 konnte mit Pastor Anton Lambertus die Position eines Geschäftsführers besetzt werden, um das in dieser Form deutschlandweit einzigartige Projekt nach einem von Bernhard Parisius – inzwischen wissenschaftlicher Leiter – erarbeiteten Konzept und den Planungen des Norder Architekten Heiko Kremer intensiv realisieren zu können. Im **Mai 2009** wurde die Projektgruppe in den nunmehr ins Leben gerufenen Verein Gnadenkirche Tidofeld e.V. unter Vorsitz von Superintendent Kirschstein überführt. In der Trägerschaft des Vereins konnte die Dokumentationsstätte am **2. November 2013** eröffnet werden. 2014 übernahmen zunächst der Pädagoge Gerhard Robbe und ab Herbst 2015 Anna Jakobs die Geschäftsführung; hinzu kam Lennart Bohne als pädagogischer Leiter (Stand 2020). Neben zahlreichen Privatpersonen sind die Stadt Norden, der Landkreis Aurich, das römisch-katholische Bistum Osnabrück und der Kirchenkreis Norden institutionelle Mitglieder. Ein festes Team von ehrenamtlichen Mitarbeitern und ein Bundesfreiwilligendienstler gewährleisten den laufenden Betrieb. Ein wissenschaftlicher Beirat bindet die Dokumentationsstätte an die Forschung an. Mit der Bundesstiftung Flucht, Vertreibung, Versöhnung in Berlin besteht ein inhaltlicher Austausch. Die Schirmherrschaft üben seit 2007 geistliche und politische Persönlichkeiten aus.

Auf 138 Quadratmetern vermittelt die Dauerausstellung in der Gnadenkirche in erster Linie einen eindrucksvollen Einblick in die Themenbereiche Flucht und Vertreibung der Deutschen aus Osteuropa und den ehemaligen Ostgebieten sowie deren Ankunftsgeschichte und Integration in die Gesellschaft der „neuen Heimat" nach 1945. Zugleich wird sie in den großen Zusammenhang der deutschen und europäischen Geschichte des 20. Jahrhunderts gestellt. Nach den unglaublichen Verbrechen der nationalsozialistischen Machthaber war es lange Zeit kaum möglich, diese größte Zwangsmigration in der europäischen Geschichte aufzuarbeiten. Persönlich erfahrenes Unrecht, tiefe Trauer über den Verlust der Heimat, entwürdigende Erlebnisse bei der Ankunft in der Fremde und Traumatisierungen bis hinein in die Generation der Kinder und Enkel blieben oft unausgesprochen. Aber auch die beeindruckende Leistung der Integration von Flüchtlingen und Vertriebenen wurde lange nicht gebührend gewürdigt.

Ein Wandfries mit Daten, Fakten und Hintergrundinformationen begleitet in der Ausstellung die historische Orientierung und globale Einordnung. Mithilfe modernster Technik werden beim Rundgang die verhängnisvollen Folgen der zwölfjährigen nationalsozialistischen Gewaltherrschaft und des von Hitler-Deutschland entfesselten Zweiten Weltkriegs, die in Flucht und Vertreibung mündeten, dargestellt und aus ergänzenden persönlichen Perspektiven vertieft. Das heißt: Auf zahlreichen multimedialen Stationen mit Touchscreen-Bildschirmen („Säulen der Erinnerung") werden in Form von Zeitzeugeninterviews Lebensgeschichten und Schicksale erzählt und vergangene Lebenswelten spürbar.

Unwiederbringliche Exponate, darunter Alltagsgegenstände, die Flucht und Vertreibung überstanden und wichtig blieben, bilden den Hintergrund für die Erzählungen. Die Sammlung umfasst über 1000 Objekte von zeitgeschichtlichem Wert wie beispielsweise ein originaler Handwagen, Fluchtbeutel, Küchengeräte aus eingeschmolzenen

Wehrmachtshelmen oder improvisiertes Bettzeug aus Mehlsäcken der US-Army. Ein interaktives Modell, kombiniert mit historischen Aufnahmen, veranschaulicht die Dimensionen des einstigen Lagerlebens in Tidofeld. Eine Handbibliothek und weitere Computer mit Langfassungen der Interviews sowie Filmbeispielen zum Themenkreis ermöglichen die intensive Vertiefung. Regelmäßige Veranstaltungen, Vorträge und Sonderausstellungen haben im Verlauf der Zeit die Attraktivität der Dokumentationsstätte gesteigert. Speziell für Schulklassen und Konfirmandengruppen gibt es maßgeschneiderte Programmangebote. Ständige Verbesserungen sowohl inhaltlicher als auch technischer Art sind notwendig, um eine jeweils zeitgemäße Inszenierung der Themenbereiche zu gewährleisten.

Von Anfang an hat sich die Dokumentationsstätte für die Aufarbeitung weiterer Themenbereiche zur Migration und Integration offen gehalten. Dabei geht es unter anderem um Schicksalsgeschichten von Gastarbeitern, Aussiedlern, Spätaussiedlern sowie von Kriegsflüchtlingen aus dem ehemaligen Jugoslawien und Asylsuchenden aus Ländern des Nahen Ostens und Afrikas. Ein anderes Beispiel ist die Erinnerung an die vietnamesischen Bootsflüchtlinge, die ab 1978 nach Niedersachsen kamen und vor allem im Sozialwerk Haus Nazareth in Norddeich eine Erstaufnahme fanden. Der Plan, die Integrationsgeschichte dieser Gemeinschaft im Rahmen einer weiteren Dauerausstellung in der Gnadenkirche zu dokumentieren, stand 2020 zur Diskussion, verbunden mit einer baulichen Erweiterung. Deutsch-polnische Jugendbegegnungen, die schon früh auf dem Programm standen, setzen internationale Akzente im Sinne der Friedens- und Versöhnungsarbeit. Aufgrund dieser vielfältigen Arbeitsfelder ist die Dokumentationsstätte Gnadenkirche Tidofeld seit **Oktober 2018** einer von sechs ausgewählten Begegnungsorten des Friedens („Friedensort“) der evangelisch-lutherischen Landeskirche Hannovers.

Zeittafel (Auswahl)

1914

Die Ermordung des österreichischen Thronfolgers durch serbische Nationalisten in Sarajevo löst den Ersten Weltkrieg aus. Kriegserklärung Österreich-Ungarns an Serbien. Mobilmachung in Russland und im deutschen Kaiserreich, das Russland und Frankreich den Krieg erklärt. Kriegserklärung Großbritanniens an das Deutsche Reich.

1917

Revolution in Russland, Zar Nikolaus II. dankt ab. Kriegserklärung der USA an das Deutsche Reich. Waffenstillstand zwischen Russland und dem Deutschen Reich.

1918

Nach Matrosenaufstand in Kiel Anfang November Übergreifen der revolutionären Bewegung auf das übrige deutsche Reichsgebiet; vorübergehende Bildung von Arbeiter- und Soldatenräten. In Berlin Ausrufung der Republik durch den Sozialdemokraten Scheidemann; Kaiser Wilhelm II. flieht in die Niederlande. Ende des Ersten Weltkriegs.

1919

Wahl zur Nationalversammlung, die in Weimar den Sozialdemokraten Friedrich Ebert zum Reichspräsidenten wählt; erstmals Stimmrecht für Frauen. Deutsche Unterzeichnung des Versailler Friedensvertrags.

1921

Adolf Hitler wird Vorsitzender der rechtsgerichteten, antisemitischen Nationalsozialistischen Deutschen Arbeiterpartei (NSDAP).

1923

In München scheitert Hitlers Putschversuch. Höhepunkt und Ende der Inflation in Deutschland, neue Währung.

1925

Nach dem Tod von Ebert wird Generalfeldmarschall Paul von Hindenburg neuer Reichspräsident.

1926

Deutschland tritt in den Völkerbund ein.

1929

Börsenkrach in New York („Schwarzer Freitag"), Weltwirtschaftskrise, rapider Anstieg der Arbeitslosenzahlen in Deutschland.

1933

Hitler wird Reichskanzler. Annahme des Ermächtigungsgesetzes durch den Reichstag gegen die Stimmen der SPD. Auflösung der Gewerkschaften und aller Parteien mit Ausnahme der NSDAP. Austritt Deutschlands aus dem Völkerbund.

1935

Entrechtung der jüdischen Bevölkerung durch die „Nürnberger Gesetze".

1938

Einmarsch deutscher Truppen in Österreich; Pogromnacht vom 9. auf den 10. November mit organisierten Ausschreitungen gegen die deutschen Juden.

Zeittafel (Auswahl)

1939

Mit dem deutschen Überfall auf Polen beginnt der Zweite Weltkrieg. Kriegserklärung Großbritanniens und Frankreichs an das Deutsche Reich.

1940

Die deutsche Wehrmacht überfällt Dänemark, Norwegen und Frankreich und marschiert in die neutralen Länder Belgien, Niederlande und Luxemburg ein.

1941

Das Deutsche Reich greift die Sowjetunion an, Kriegserklärung an die USA.

1942

Die „Wannsee-Konferenz“ in Berlin beschließt die „Endlösung der Judenfrage“ in Europa.

1943

Wende im Zweiten Weltkrieg: Die deutsche 6. Armee kapituliert in Stalingrad.

1944

Alliierte Landung im Nordwesten Frankreichs. Missglücktes Attentat auf Hitler.

1945

Hitler begeht am 30. April Selbstmord; Unterzeichnung der deutschen Kapitulation in Reims und Berlin (7. bis 9. Mai). Nach dem Ende des Zweiten Weltkriegs richten die alliierten Siegermächte USA, Sowjetunion, Großbritannien und Frankreich in Deutschland vier Besatzungszonen ein.

1947

US-Außenminister Marshall kündigt wirtschaftliches Wiederaufbauprogramm (Marshall-Plan) für Europa an.

1948

Währungsreform in den westlichen Besatzungszonen, Einführung der D-Mark, kurz darauf eigene Währungsreform in der sowjetischen Besatzungszone.

1949

Deutschland wird in West (Bundesrepublik Deutschland) und Ost (Deutsche Demokratische Republik DDR.) geteilt. Am 23. Mai wird das Grundgesetz für die Bundesrepublik verkündet und am 14. August wird der erste Deutsche Bundestag gewählt. Der Freidemokrat Theodor Heuss wird Bundespräsident und Konrad Adenauer (CDU) Bundeskanzler. Die Konstituierung der DDR erfolgt am 7. Oktober.

1950

Aufhebung der seit 1939 bestehenden Lebensmittelrationierung in der Bundesrepublik.

Quellen und Literatur

Ostfriesischer Kurier, Jahrgänge 1914-1950, Norden

Ostfriesische Tageszeitung (OTZ), Jahrgänge 1933-1945, Emden

Ostfriesische Rundschau, Jahrgänge 1947/48, Wilhelmshaven

Nordwest-Zeitung, vorher Nordwest-Nachrichten, 1945-1948, Oldenburg

Unser Ostfriesland, Beilage Ostfriesen-Zeitung, versch. Jahrgänge, Leer

Ostfriesische Nachrichten, versch. Jahrgänge, Aurich

Ostfreesland-Kalender, darin: Chronik Toornhahntje, versch. Jahrgänge, Norden

Wege aus dem Chaos, Niedersachsen 1945-1949, Landeszentrale für politische Bildung, Hannover 1985

Heimatverein Norderland, Archivmaterial

Niedersächsisches Staatsarchiv/Landesarchiv, Aurich, Akten der Geheimen Staatspolizei 1939-1944, Kopien Sammlung Haddinga, ferner: Archivarische Quellen zur politischen Krisensituation während der Weimarer Zeit (Regierungsbezirk Aurich), Göttingen 2003

Bausch, Hans (Hg.), Rundfunk in Deutschland, München 1980

Canzler, Gerhard, Doornkaat, Firmenchronik, Norden 2001

Cremer, Ufke/Haddinga, Johann, Norden – Die Stadtchronik, Norden 2001

Delbanco, Hillard, Kirchenkampf in Ostfriesland, Verlag Ostfriesische Landschaft, 1988

Dirksen, Hinrich, Die Erinnerung – Ostfriesen im Ersten Weltkrieg, Hinte 2005

Fest, Joachim, Hitler, Frankfurt/M. 1973

Fiks, Norbert, Die Novemberrevolution in Leer Norderstedt 2007

Folkers, Hans, Als Esens weinte, Eigenverlag, Esens 1998

Forster, Hans/Schwickert, Günther, Eine Kreisstadt unterm Hakenkreuz, Norden 1988

Fricke-Finkelnburg, Renate, Beitrag zur Norder Kommunalpolitik in den 1920er-Jahren, in: Ostfriesland zwischen Republik und Diktatur, Aurich 1998

Gödeken, Lina, Rund um die Synagoge in Norden, Aurich 2000

Haddinga, Johann, Das Buch vom ostfriesischen Tee, Leer 1977/1986

Haddinga, Johann, Das Jahrhundert im Kurier, Serie/Sonderveröffentlichung, Norden 1999

Harenberg, Bodo (Hg.), Chronik, Jahresbände 1914-1950, Dortmund

Jürgens, Hans-Jürgen, Zeugnisse aus unheilvoller Zeit, Jever 1989

Kershaw, Ian, Hitler (1889-1936), Stuttgart 1998

Kolbe, Herbert, Als alles von vorne begann, Emden 1985

Quellen und Literatur

Koop, Volker, Besetzt, Brandenburg 2007

Lüpke-Müller, Inge, Eine Region im politischen Umbruch, Aurich 1998

Meyer, Theo, Materialien Ostfriesland 1945-1949

Nassua, Rudolf, Ostfriesland 1945-1949, Aurich 2005

Pantcheff, T. X. H., Der Henker vom Emsland, Leer 1995

Parisius, Bernhard, Aus dem entlegenen Massenlager eine Eigenheimsiedlung geschaffen: Integration durch Selbsthilfe der Vertriebenen, in: Matthias Frese/Julia Paulus (Hg.), Willkommenskultur?, Münster 2020

Parisius, Bernhard, Viele suchten sich ihre neue Heimat selbst, Aurich 2004

Parisius, Bernhard und Astrid, „Rassenschande" in Norden, in: Ostfreesland-Kalender 2004

Reyer, Herbert (Hg.), Aurich im Nationalsozialismus, Aurich 1989
Reyer, Herbert (Hg.), Ostfriesland im Dritten Reich, Aurich 1999

Schipper, Thomas, Norden nach dem Zweiten Weltkrieg, Hausarbeit, Köln 1998

Schmidt, Heinrich, Politische Geschichte Ostfrieslands, Leer 1975

Schwarzwälder, Herbert, Bremen und Nordwestdeutschland am Kriegsende 1945, Bremen 1972

Stevenson, David, Der Erste Weltkrieg, Düsseldorf 2006

Uphoff, Rolf, Die Wirren im Norder Bürgervorsteherkollegium, in: Heim und Herd, Beilage Ostfriesischer Kurier, 17. 10. 2009

Wulf, Joseph, Presse und Funk im Dritten Reich, Frankfurt/M. 1966/1983

Ziessow, Karl-Heinz, Der Erste Weltkrieg, Cloppenburg 2009

Die tödliche Utopie, Dokumente zum Dritten Reich, Berlin 2008

(Einige Kapitel enthalten detaillierte sowie weitere Quellenhinweise)

Abbildungen

Bildredaktion Soltau-Kurier-Norden, Medienzentrum Norden (vorher Kreisbildstelle Norden), Niedersächsisches Hauptstaatsarchiv Hannover), Dokumentationsstätte Gnadenkirche Tidofeld. – Sammlungen: Heiko Campen, Dr. Gerhard Canzler, Oskar Decker, Hinrich Dirksen, Hans Forster, Wolfgang Gröger, Johann Haddinga, Harald Hauptvogel, Martin Heeren, Dietrich Janssen, Hermann Klaffke, Gerd Rokahr, Etta Salefsky, Arnfried Schmöcker, Martin Stromann, Paul-Anton Tepe, Heiko Wilts.

Der Autor

Johann Haddinga, geboren 1934 in Norden

Abitur; nach Volontariat Redakteur der Ostfriesen-Zeitung in Leer; ab 1959 Redakteur, ab 1968 stellvertretender Chefredakteur der Nordsee-Zeitung in Bremerhaven; von 1983 bis 1999 Chefredakteur der Tageszeitung Ostfriesischer Kurier in Norden; nach Eintritt in den Ruhestand weiterhin für die Publikationen des Verlages Soltau-Kurier-Norden (SKN) tätig.

Mehrere Buchveröffentlichungen zu zeitgeschichtlichen und volkskundlichen Themen aus Ostfriesland.

1999 mit dem Niedersächsischen Verdienstkreuz und 2006 mit der Ubbo-Emmius-Medaille der Ostfriesischen Landschaft ausgezeichnet.

Ehrenmitglied der Ostfriesischen Landschaftsversammlung und des Heimatvereins Norderland.